KB084713

易知
중국어와 한자

易知 중국어와 한자

개정 2판 1쇄 발행일	2019년 4월 5일
개정 2판 1쇄 인쇄일	2019년 2월 22일
초판인쇄일	2015년 6월 30일

발 행 인 박영일
책임편집 이해욱

저   자 이기형
편집진행 이영주 · 구설희 · 이여진
표지디자인 김미숙
편집디자인 하한우 · 표미영

발 행 처 (주)시대고시기획
출판등록 제10-1521호
주   소 서울특별시 마포구 큰우물로 75 [도화동 538 성지 B/D] 9F
전   화 1600-3600
팩   스 02-701-8823
홈페이지 www.sidaegosi.com

I S B N 979-11-254-5490-8(13720)
가   격 15,000원

※ 저자와의 협의에 의해 인지를 생략합니다.
※ 잘못된 책은 구입하신 서점에서 바꾸어 드립니다.
※ 이 책은 저작권법에 의해 보호를 받는 저작물이므로 동영상 제작 및 무단전재와 복제를 금합니다.

易知

중국어와
한자

흔히 21세기를 '동아시아 한자문화권 시대'라고 칭한다. 2014년 韓·中·日 공용한자 808字가 새롭게 제정되어 確定 發表되었다. 21世紀 漢字文化圈 時代의 본격적인 始作을 선포한 것이다. 그뿐만 아니라 2014년 9월 24일 우리나라 教育部에서 2018년부터 초등학교 3학년 이상 教科書에 漢字 500~600字를 倂記하여 교육하도록 결정하였다. 이제 중국어와 한자를 잘 모르면 국내에서는 물론 아시아에서도 '왕따' 신세를 면하기 힘들어졌다.

필자는 경기도 구리에서 中國語와 漢字 教習所를 운영하면서 많은 학부모를 상대하며 教育 相談을 한 후 학원 등록 신청서를 작성하게 하는데, 이때 학부모들에게 반드시 자녀들의 이름을 漢字로 作成하도록 요구한다. 그런데 놀랍게도 많은 학부모가 자녀들의 한자 이름을 제대로 쓰지 못하는 경우가 많았다. 예전에 초등학교나 중학교 교육밖에 받지 못했던 필자의 부모님 세대보다도 뒤처지는 현실이다. 심지어는 자신의 한자 이름 석 자도 제대로 쓸 줄 모르는 중·고등학생, 대학생들도 많다. 안타깝게도 이런 현상이 더욱 심해지고 있다.

우리 국민 중에서 G2 국가로 부상한 중국은 우리에게 가장 큰 교역 국가로서, 우리나라에 가장 큰 관광수입을 가져다주는 나라임을 모르는 사람은 없을 듯하다. 그런데도 아직도 중국어를 건성으로 공부하려고 한다든가 한자 학습을 등한시 하고 회화만 배우겠다고 하는 사람들이 많은 것 같다.

중국어를 잘하고 싶은가? 그렇다면 한자부터 마스터하자. 한자 지식이 부족한 사람치고 중국어의 고수인 사람은 아직 본 적이 없다. 한자 지식이 겸비된 중국어 학습자는 오래도록 생명력 있는 중국어를 구사할 수 있고, 이렇게 익힌 중국어는 쉽게 잊히지 않고 오래 기억될 것임은 두말할 나위가 없다.

통계에 의하면 중국 상용한자 1,000자만 알면 중국의 출판물 89%를 읽을 수 있고, 1,500자를 알면 94%, 2,000자를 알면 98%를, 3,000자를 알면 99%를 읽을 수 있다고 한다. 게다가 우리말 어휘의 약 70% 정도가 한자어로 되어 있어서 한자 학습이 중요하다는 것은 거듭 강조해도 지나치지 않을 것 같다.

이 책은 PART 1에서는 중국어에 대한 기초적인 정보를 수록하여 처음으로 중국어를 공부하는 학습자에게 도움이 되도록 하였다. PART 2에서는 중국 사용빈도 1~500위의 한자를 新HSK 어휘와 함께 자세히 수록하였다. PART 3에서는 501~1,000위의 한자를 간단하게 실었다. 중국 상용한자를 우리나라에서 사용하고 있는 정체자와 비교하면서 공부하기에 편하도록 구성하였다.

사용빈도가 높은 중국 상용한자를 선택한 이유는 우리가 중국과 교류하는 데 있어서 이러한 중국 상용한자의 활용빈도가 높기 때문이다. 여기서 한 가지 看過해서는 안 될 점은 우리나라에서 쓰고 있는 번체자를 먼저 학습한 후에 간체자를 학습해야 한다는 점이다. 필자는 번체자를 마스터한 학습자가 간체자를 익히기는 쉽지만, 번체자를 익히는 것은 그 두 배 이상의 힘든 노력이 뒤따른다는 점을 밝혀 두고자 한다.

필자가 중국어를 공부하는 학습자들에게 권하고 싶은 세 가지가 있다.

 한자 학습을 소홀히 하지 말자.

중국어는 한자를 문자로 사용하는 언어라는 점을 명심하자. 알파벳도 제대로 익히지 않고 영어를 잘할 수 있겠는가? 한자를 많이 알면 방언이 다양한 중국의 어느 지역에 가도 말이 통할 수 있고, 어디서든 중국인을 만나는 것이 즐거울 것이다.

 큰 목소리로 적극적으로 소리를 내자.

중국어를 공부하는 한국인이 범하는 가장 큰 오류는 중국어를 마치 한국어 말하듯 작은 소리로 성의 없이 발음하는 것이다. 작은 소리로 말하면 성조의 구분이 불분명하여 중국인과의 의사소통이 어려울 것이다. 우리말과는 완전히 다른 언어가 중국어이기 때문이다.

셋째 중국어를 매일 꾸준하게 일정 시간 동안 소리를 내서 읽자.

이는 입문 · 초급 · 중급 · 고급 어느 단계의 학습자를 막론하고 누구에게나 공통으로 요구되는 사항이다. 중국어는 절대 눈으로만 공부해서는 안 된다. 왜냐하면 성조의 구분이 의미를 크게 좌우하기 때문이다.

모쪼록 이 책을 통하여 중국어 공부를 시작하는 학습자가 많아지길 바라며, 한자 때문에 중국어 공부를 못 하겠다고 푸념하는 이가 없기를 바라는 마음 또한 간절하다. 본서에서 한자의 풀이와 해석 가운데 간혹 성경적인 내용이 있다. 이는 필자가 중국 북경의 한 대학원에서 한자를 전공하며 중국인 교수님들과의 브리핑 과정에서 충분히 설득력을 인정받은 내용이라는 것을 미리 밝혀둔다.

끝으로 이 책이 중국어를 처음 시작하는 이, 한자가 어렵다고 느껴서 공부하다가 중단한 이, 초급 단계에서 더 이상 공부해도 진보가 없다고 느끼는 이, 중국으로 유학이나 사업차 떠나려고 급히 서두르는 이 등 누구에게나 도움을 줄 수 있는 책이 되기를 바란다. 이 자리를 빌어 책의 편집과 교정 작업으로 애쓴 (주)시대고시기획 여러분께 감사의 마음을 전한다. 또한 이 책을 쓰는 동안 기도와 응원을 아끼지 않았던 우리 가족들과 주변 지인들에게도 다시 한번 감사의 마음을 전하고자 한다.

경기도 구리 맛있는 중국어 · 한자 교습소에서

저자 *이기형* 드림

50 일 완성 Study Planner

중국어와 한자를 동시에 공부할 수 있는 체계적인 **Study Planner**를 통해, 사용빈도가 높은 500자의 중국어와 한자를 한 번에 익힐 수 있습니다.

1일	2일	3일	4일	5일
的~这	中~他	时~出	就~动	同~种

6일	7일	8일	9일	10일
面~所	民~部	度~自	二~都	两~本

11일	12일	13일	14일	15일
去~因	由~日	那~间	样~正	心~比

16일	17일	18일	19일	20일
或~变	条~公	无~想	已~五	果~总

21일	22일	23일	24일	25일
次~长	求~少	图~见	计~农	指~干

26일	27일	28일	29일	30일
做~处	队~北	造~东	导~阶	油~六

31일	32일	33일	34일	35일
共~采	转~花	带~万	每~报	斗~科

36일	37일	38일	39일	40일
张~况	今~石	记~且	究~音	众~非

41일	42일	43일	44일	45일
验~委	素~响	约~酸	历~太	准~标

46일	47일	48일	49일	50일
写~查	江~派	层~识	适~局	照~严

 본서는 매일 10자의 중국어와 한자를 50일 동안 학습하는 형식으로 구성되어 있으며, 중국 상용한자 1위부터 500위에 해당되는 간체자의 풀이가 수록되어 있다. 뿐만 아니라 간체자에 해당되는 번체자의 풀이도 함께 수록하여 중국어를 공부하는 초·중급 학습자에게 도움을 주고자 하였다. 이 책은 중국에서 사용 빈도가 가장 높은 상용한자를 빈도순으로 정리한 중국어와 한자의 종합 학습서라 할 수 있다.

1 **PART 1** 에서는 중국어에 대한 기초적인 정보를 소개하고 있다. 또한 중국어의 명칭과 발음, 중국어의 특징, 중국어 한자와 한국어 한자의 차이 등을 설명하고 있다. 중국어를 처음 공부하는 이들은 **중국어의 기초적인 정보**를 소개한 PART 1을 먼저 익힌 후 중국어를 학습하면 효과적이다.

ⓒ 반 3성 : 3성은 제1, 2, 4성과 경성 앞에서는 3성(레 → 도 → 파)의 발음 부분 중 내려가는(레 → 도) 앞부분만 소리를 내는데 이를 '반 3성'이라고 합니다.

예 3성 + 1성 : Běi jīng(北京) 북경 lǎo shī(老师) 선생님 hǎo chī(好吃) 맛있다

　　3성 + 2성 : cǎo méi(草莓) 딸기 wǎng qiú(网球) 테니스 Měi guó(美国) 미국

　　3성 + 4성 : kě lè(可乐) 콜라 hǎo kàn(好看) 예쁘다 wǎn fàn(晚饭) 저녁밥

　　3성 + 경성 : nǎi nai(奶奶) 할머니 wǒ men(我们) 우리들 yǐ zi(椅子) 의자

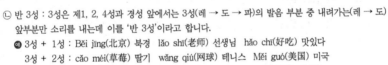

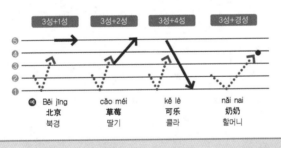

예 Běi jīng　　cǎo méi　　kě lè　　nǎi nai
北京　　草莓　　可乐　　奶奶
북경　　딸기　　콜라　　할머니

Guide

2 PART 2에서는 한자별로 관련된 **중국어 新HSK 어휘를 1급부터 5급까지 순서대로 수록**하여, 시험을 준비하는 수험생들에게도 도움이 되도록 하였다. 단, 각 간체자의 필수어휘라고 판단되는 어휘의 경우 新HSK 6급 어휘라도 일부 수록하였다.

본서의 PART 2를 활용하여 新HSK 시험을 준비하고자 하는 수험생은 다음과 같이 학습하면 시험 준비에 도움이 될 것이다.

▶ 新HSK 1급 준비생 – ❶ 로 표기된 新HSK 1급 어휘 학습

▶ 新HSK 2급 준비생 – ❶❷ 로 표기된 新HSK 1, 2급 어휘 학습

▶ 新HSK 3급 준비생 – ❶❷❸ 으로 표기된 新HSK 1, 2, 3급 어휘 학습

▶ 新HSK 4급 준비생 – ❶❷❸❹ 로 표기된 新HSK 1, 2, 3, 4급 어휘 학습

▶ 新HSK 5급 준비생 – ❶❷❸❹❺ 로 표기된 新HSK 1, 2, 3, 4, 5급 어휘 학습

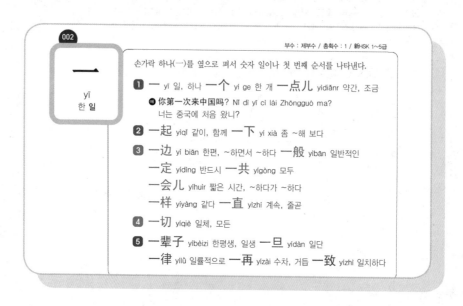

3 PART 3에서는 중국 상용한자 501~1,000위에 해당되는 **번체자, 간체자, 한어병음, 한자의 훈과 음을 수록**하였다. 한자를 학습할 때는 반드시 우리가 사용하는 정체자(중국에서는 '번체자'라고 한다)를 먼저 학습하고 본서의 (Tip) 한자의 간화 원리(1)~(4)를 익힌 다음 중국어 간체자를 학습하면 효과적이다.

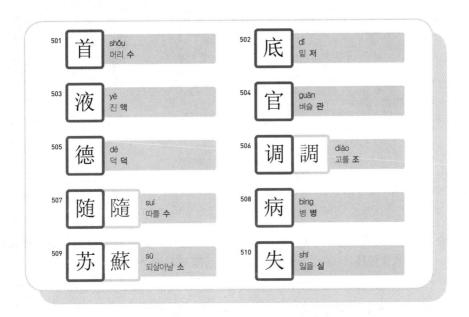

501 首	shǒu 머리 수	502 底	dǐ 밑 저
503 液	yè 진액	504 官	guān 벼슬 관
505 德	dé 덕 덕	506 调 調	diào 고를 조
507 随 隨	suí 따를 수	508 病	bìng 병 병
509 苏 蘇	sū 되살아날 소	510 失	shī 잃을 실

4 부록으로는 **본문의 순서에 따른 500자 쓰기 노트를 수록**하였다. 쓰기의 기본이 되는 한자 필순의 원칙을 쓰기 노트 앞부분에 수록하여, 학습자들이 정확하게 중국어와 한자를 익히고 쓰는 데 도움이 되도록 하였다.

| 是
shì
옳을 시 | 是
shì | 是 | 是 | 是 | 是 |
| 在
zài
있을 재 | 在
zài | 在 | 在 | 在 | 在 |

5 중국어를 공부하는 데 있어서 한자에 대한 지식이 부족하다고 생각하는 학습자는 본서의 (Tip) **주요 한자의 부수 알기** (1)~(15) 부분을 먼저 익힌 후 중국어를 학습하면 효과적이다.

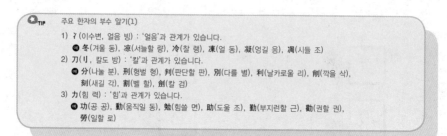

주요 한자의 부수 알기(1)

1) 冫(이수변, 얼음 빙) : '얼음'과 관계가 있습니다.
   예) 冬(겨울 동), 凉(서늘할 량), 冷(찰 랭), 凍(얼 동), 凝(엉길 응), 凋(시들 조)
2) 刀(刂, 칼도 방) : '칼'과 관계가 있습니다.
   예) 分(나눌 분), 刑(형벌 형), 判(판단할 판), 別(다를 별), 利(날카로울 리), 削(깎을 삭), 刻(새길 각), 割(벨 할), 劍(칼 검)
3) 力(힘 력) : '힘'과 관계가 있습니다.
   예) 功(공 공), 動(움직일 동), 勉(힘쓸 면), 助(도울 조), 勤(부지런할 근), 勸(권할 권), 勞(일할 로)

6 중국어를 공부하는 데 있어서 어법에 대한 지식이 부족하다고 생각하는 학습자는 본서의 (Tip) **중국어의 문장성분** (1)~(5)와 **중국어의 품사** (1)~(10) 부분을 먼저 익힌 후 중국어를 학습하면 효과적이다.

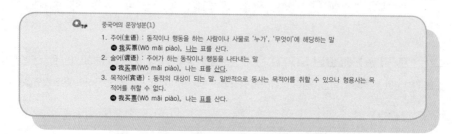

중국어의 문장성분(1)

1. 주어(主语) : 동작이나 행동을 하는 사람이나 사물로 '누가', '무엇이'에 해당하는 말
   예) 我买票(Wǒ mǎi piào)。나는 표를 산다.
2. 술어(谓语) : 주어가 하는 동작이나 행동을 나타내는 말
   예) 我买票(Wǒ mǎi piào)。나는 표를 산다.
3. 목적어(宾语) : 동작의 대상이 되는 말. 일반적으로 동사는 목적어를 취할 수 있으나 형용사는 목적어를 취할 수 없다.
   예) 我买票(Wǒ mǎi piào)。나는 표를 산다.

7 중국어를 공부하는 데 있어서 발음에 대한 지식이 부족하다고 생각하는 학습자는 본서의 (Tip) **한국 한자음과 중국어 병음·성조와의 연관성** (1)~(9) 부분을 먼저 익힌 후 중국어를 학습하면 효과적이다.

> 한국 한자음과 중국어 병음·성조와의 연관성(1)
>
> 한자어의 받침은 '~ㄴ, ~ㅁ, ~ㅇ, ~ㄹ, ~ㄱ, ~ㅂ'의 6가지뿐입니다. 이는 고대 중국어의 받침 개수와 일치합니다. 이 중 받침이 '~ㄴ, ~ㅁ'으로 된 한자의 중국어 병음은 일률적으로 받침 '~ㄴ(~n)'입니다.
>
> ◎ 인(人) – ren, 선(船) – chuan, 만(萬) – wan, 란(蘭) – lan, 판(判) – pan, 감(感) – gan
> 담(膽) – dan, 탐(探) – tan, 산(山) – shan, 삼(三) – san, 함(咸) – xian, 엄(嚴) – yan
> 참(站) – zhan

8 중국어를 공부하는 데 있어서 어휘에 대한 지식이 부족하다고 생각하는 학습자는 (Tip) **왜 중국에는 한국에서 사용하지 않는 한자가 많은 걸까요? 한국 한자어와 중국어 단어의 연관성, 2음절 어휘 중 한국어·중국어 간에 앞뒤 글자가 뒤바뀌어 사용하는 어휘, 우리 한자어와 다른 뜻으로 사용되는 중국어 어휘** 등의 내용을 먼저 익힌 후 중국어를 학습하면 효과적이다.

> 2음절 어휘 중 한국어·중국어 간에 앞뒤 글자가 뒤바뀌어 사용하는 어휘
>
> 소개(紹介) – 介绍, 시설(施設) – 设施, 고통(苦痛) – 痛苦, 언어(言語) – 语言
> 기력(氣力) – 力气, 도달(到達) – 达到, 적합(適合) – 合适, 매매(賣買) – 买卖
> 전개(展開) – 开展, 제한(制限) – 限制, 치아(齒牙) – 牙齿, 평화(平和) – 和平
> 상호(相互) – 互相, 포옹(抱擁) – 拥抱, 생산(生産) – 产生, 형제(兄弟) – 弟兄
> 축적(蓄積) – 积蓄, 채소(菜蔬) – 蔬菜, 정열(情熱) – 热情, 응답(應答) – 答应
> 음성(音聲) – 声音, 운반(運搬) – 搬运, 운명(運命) – 命运, 연관(聯關) – 关联
> 암흑(暗黑) – 黑暗, 선조(先祖) – 祖先, 목축(牧畜) – 畜牧, 등반(登攀) – 攀登
> 누적(累積) – 积累, 구급(救急) – 急救, 논쟁(論爭) – 争论, 영광(榮光) – 光榮

Contents

易知 중국어와 한자

PART 1

중국어 한자

I wish you the best of luck!

(주)시대고시기획
(주)시대교육

www. **sidaegosi**.com

시험정보 · 자료실 · 이벤트
합격을 위한 최고의 선택

시대에듀

www. **sdedu**.co.kr

자격증 · 공무원 · 취업까지
BEST 온라인 강의 제공

01 중국어란?

중국어를 '한어(漢語)'라고 합니다. 이 말은 '한족(漢族)의 언어(言語)'를 줄여서 나타낸 말입니다. 중국은 현재 세계 인구의 약 5분의 1에 해당하는 14억 2,000만의 인구를 가진 세계 최대의 인구 대국이며, 한족과 55개의 소수민족이 거주하고 있습니다. 특히 전체 인구에서 한족이 차지하는 비율은 약 91.5%로 가장 높게 나타나며, 소수민족의 비율은 약 8.5%로 추정되고 있습니다. 중국은 한반도 국토면적의 44배에 해당하는 광대한 영토에 다양한 민족이 거주하고 있어서 자국민들끼리도 언어소통에 많은 어려움을 겪습니다. 이에 중국 정부에서 중국 인구의 절대다수를 차지하고 있는 한족의 언어를 표준어로 삼아서 '보통화(普通話)'라고 하였고, 그래서 중국어를 한어(漢語)라고 부르게 된 것입니다.

02 중국어의 발음

1. 한어병음

중국어는 전 세계에서 유일하게 표의문자(表意文字)인 한자(漢字)를 사용하는 언어입니다. 그러나 한자는 의미만을 나타내기 때문에 중국어를 읽는 방법을 표기할 발음 표기법이 필요했습니다. 그래서 알파벳을 이용하여 중국어의 발음을 표시하게 되었는데, 이 발음기호를 '한어병음'이라고 합니다. 한어병음이란 중국어의 다른 명칭인 '한어(漢語)에 음을 병기(倂記)하다'라는 뜻으로 한어병음은 '성모(우리말의 자음)+ 운모(우리말의 모음)+ 성조(음의 고·저 표시)'로 이루어져 있습니다.

예 성조
  Hán guó
  성모 운모

2. 중국어의 성조(聲調)

중국어는 전 세계의 언어 가운데 독특하게 성조(聲調)를 가진 언어입니다. 중국어를 들으면 마치 노래를 하듯 소리의 고저(高低)와 장단(長短)이 골고루 들리는데 이것은 바로 성조가 있기 때문입니다. 성조(聲調)란 말 그대로 '소리의 고저와 장단을 조절한다'는 뜻입니다. 이 성조는 중국어가 가진 가장 중요한 특징 중의 하나라고 할 수 있습니다. 중국어의 한자는 각 글자마다 기본적으로 1성, 2성, 3성, 4성의 네 가지 성조가 있어서 이를 '4성(四聲)'이라고 합니다. 중국어에서 성조가 중요한 이유는 발음이 같은 한자일지라도 성조에 따라서 그 뜻이 달라지기 때문입니다.

예 한어(漢語) : Hànyǔ라고 읽으며 '중국어'라는 뜻이다.
  한어(韓語) : Hányǔ라고 읽으며 '한국어'라는 뜻이다.

① 1성 : 높고 평탄한 소리를 길게 발음합니다(솔~).
  예 妈 mā 엄마
② 2성 : 중간 소리에서 시작하여 높은 소리까지 반문하듯 짧게 끌어 올립니다(미 → 솔).
  예 麻 má 삼, 마
③ 3성 : 2성보다 낮은 소리에서 시작하여 가장 낮은 소리까지 내려갔다가 약간 높은 소리까지 끌어 올립니다 (긴소리, 레 → 도 → 파).
  예 马 mǎ 말

④ 4성 : 가장 높은 소리에서 가장 낮은 소리까지 단번에 끌어내립니다(짧고 강하게, 솔 → 도).

　예 骂 mà 욕하다, 꾸짖다

⑤ 경성(輕聲) : 가볍게 여리고 짧게 발음하며 따로 성조 표시를 하지 않습니다.

　예 吗 ma ~입니까? (의문 조사)

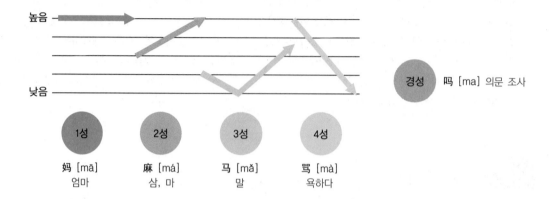

3. 중국어의 성조 표기 방법

① 하나의 음절에 모음이 한 개만 있을 때는 그 모음 위에 표기하며 모음 'i'에 성조 부호를 붙일 때는 'i' 위의 점을 없애고 표기합니다.

　예 nǐ(你) 너, 당신

② 한 음절에 두 개 이상의 모음이 있을 경우, 성조 부호는 주요 모음(입이 크게 벌어지는 'a, e, o') 위에 표기합니다. 즉, 모음 'a'가 있으면 그 위에 붙이고 'a'가 없으면 'e, o' 위에 표기합니다.

　예 lǎo(老) 늙다, 오래된　zuò(做) 하다

③ 모음 중에 'i, u, ü'가 있을 경우에는 마지막 모음 위에 표기합니다.

　예 jué(决) 결정하다　huì(会) ~할 수 있다

④ 경성은 성조 표시를 하지 않습니다.

　예 ba(吧) ~는요?　guo(过) ~한 적이 있다

⑤ 격음부호는 'a, o, e'로 시작되는 음절이 다른 음절의 뒤에 올 때 두 음절의 구분을 확실히 하기 위해서 그 사이에 표기합니다.

　예 nǚ'ér(女儿) 딸　Tiān'ānmén(天安门) 천안문　Shǒu'ěr(首尔) 서울

4. 성조의 변화

① 경성으로 소리를 내야 하는 경우

　㉠ 음이 같거나 뜻이 같은 말이 중복되어 쓰이는 경우

　　예 nǎinai(奶奶) 할머니　xièxie(谢谢) 감사하다　gēge(哥哥) 형, 오빠

　㉡ 접미사로 쓰이는 경우

　　예 zhuōzi(桌子) 책상　nǐmen(你们) 너희들　quántou(拳头) 주먹

　㉢ 뜻이 같은 한자끼리, 또는 반대인 한자끼리 같이 쓰이는 경우

　　예 xiūxi(休息) 쉬다　péngyou(朋友) 친구　dōngxi(东西) 물건

ㄹ 조사로 쓰이는 경우
- 예 Wǒmen zǒu ba. (我们走吧。) 우리 갑시다.
  Ni ne? (你呢?) 당신은요?
  Zhè shì shéi de? (这是谁的?) 이것은 누구의 것입니까?

② 제3성의 성조 변화
ㄱ 제3성 뒤에 3성이 연이어 올 경우 발음상의 편리를 위하여 앞의 3성은 2성으로 발음합니다(그러나 표기는 그대로 3성으로 함).
- 예 你好! 안녕하세요!
  Nǐ hǎo! → Ní hǎo!
  我也很高兴。 나도 매우 기뻐요.
  Wǒ yě hěn gāoxìng. → Wó yé hěn gāoxìng.
ㄴ 반 3성 : 3성은 제1, 2, 4성과 경성 앞에서는 3성(레 → 도 → 파)의 발음 부분 중 내려가는(레 → 도) 앞부분만 소리를 내는데 이를 '반 3성'이라고 합니다.
- 예 3성 + 1성 : Běi jīng(北京) 북경   lǎo shī(老师) 선생님   hǎo chī(好吃) 맛있다
  3성 + 2성 : cǎo méi(草莓) 딸기   wǎng qiú(网球) 테니스   Měi guó(美国) 미국
  3성 + 4성 : kě lè(可乐) 콜라   hǎo kàn(好看) 예쁘다   wǎn fàn(晚饭) 저녁밥
  3성 + 경성 : nǎi nai(奶奶) 할머니   wǒ men(我们) 우리들   yǐ zi(椅子) 의자

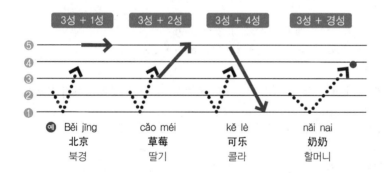

③ '不'의 성조 변화
'不 bù'는 원래 4성이지만 4성 앞에서는 제2성으로 발음합니다.
- 예 bú yào(不要) ~하지 말아라   bú qù(不去) 가지 않는다   bú cuò(不错) 맞다, 괜찮다

④ '一'의 성조 변화
'一 yī'는 원래 1성이지만 4성이나 4성이 변한 경성 앞에서는 제2성으로 발음합니다. 또한, 제1, 2, 3성 앞에서는 4성으로 발음합니다.
- 예 一 + 4, 경성 : yí dìng(一定) 반드시   yí kuài(一块) 1위안   yí ge(一个) 한 개
  一 + 1, 2, 3성 : yì tiān(一天) 하루   yì zhí(一直) 줄곧   yì qǐ(一起) 함께
  一 + 단독/서수 : yī(一) 하나   dì yī kè(第一课) 제1과   yī yuè(一月) 1월

5. 얼화 儿化(북경식 발음)의 특징

명사 중에서 접미사 '儿'을 동반하는 경우, '儿'의 본래의 음인 '-er'음을 생략하고 'r'만 발음하는 것을 말합니다.

① 마지막 모음이 '-a, -o, -e, -u'로 끝날 때는 '-r'만 첨가합니다.

> 예 gē(歌) → gēr(歌儿) 노래   huā(花) → huār(花儿) 꽃

② 마지막 모음이 '-ai, -ei, -n, -ng'로 끝날 때는 '-i'나 '-n, -ng'음이 탈락하면서 '-r'음만 첨가합니다.

> 예 nán hái(男孩) → nán háir(男孩儿) 남자아이
>
> Běi dà dōng mén(北大东门) → Běi dà dōng ménr(北大东门儿) 북경대학 동문

③ 일부 형용사는 중첩하여 부사로 쓰이는 경우, 두 번째 음절의 성조가 원래의 성조와 상관없이 1성으로 변하고 소리는 얼화(儿化)가 이루어집니다.

> 예 mànmàn(慢慢) → mànmānr(慢慢儿) 천천히
>
> hǎohǎo(好好) → hǎohāor(好好儿) 잘, 아주

④ 마지막 모음이 '-i, -ü'로 끝날 때는 '-er'음이 첨가됩니다. 또한 '-in, -ing'로 끝날 때는 '-n, -ng'음이 탈락하면서 '-er'음이 첨가됩니다.

> 예 shuǐ(水) → shuǐr(水儿) 물, 즙   xìn(信) → xìnr(信儿) 편지

6. 주의해야 할 한어병음 표기

① 운모 'i, u, ü'가 단독으로 음절을 구성할 경우 'i' 앞에는 'y'를, 'u' 앞에는 'w'를 붙여서 표기하고, 'ü'는 'yu'로 표기합니다.

> 예 i → yi   ia → ya   ie → ye   iou → you   ing → ying
>
> u → wu   ua → wa   uo → wo   uei → wei   uang → wang
>
> ü → yu   üe → yue   ün → yun

② 성모 'j, q, x' 뒤에 'ü'가 올 때는 'ü' 위의 두 점을 생략한 채 'ju, qu, xu'로 표기합니다.

> 예 j + ü → ju   q + ü → qu   x + ü → xu

③ 운모 'iou' 앞에 성모가 오면 가운데 운모 'o'가 없어지고 '-iu'로 표기합니다.

> 예 jiou → jiu   liou → liu   qiou → qiu   xiou → xiu

④ 운모 'uei, uen' 앞에 성모가 오면 운모 'e'가 없어지고 '-ui, -un'으로 바뀝니다.

> 예 duei → dui   duen → dun   shuei → shui   cuen → cun   zhuen → zhun

⑤ 문장의 맨 앞, 인명, 지명, 고유명사 등의 첫 자모는 대문자로 표기합니다.

> 예 Xí jìn píng 习近平 (인명)   Běijīng 北京 (지명)   Zhōngguó 中国 (국명)

03 중국어의 특징

1. 중국어의 어휘는 두 글자 위주이다.

중국어의 한자는 글자 하나가 하나의 음절을 이루는 단음절이며 각각의 글자마다 독립된 뜻을 가지고 있습니다.

> 예 书(shū) 책   念(niàn) 읽다   难(nán) 어렵다

그러나 최근에 와서는 한자가 두 개 이상 모여서 하나의 뜻을 이루는 다음절화(多音節化) 되어가는 추세입니다.

> 예 电 + 脑 → 电脑(diànnǎo) 컴퓨터   报 + 纸 → 报纸(bàozhǐ) 신문

2. 중국어는 양사(量詞)가 풍부한 언어이다.

언어학자들은 중국어의 양사는 그 가짓수만 260가지가 넘는다고 합니다. 양사(量詞)란 사물이나 물건을 세는 단위나 동작의 횟수를 나타내는 단어를 말합니다. 양사(量詞)에는 명량사(名量詞)와 동량사(動量詞)가 있습니다. 그러나 그 많은 양사를 다 외우려고 할 필요까지는 없습니다. 자주 등장하는 것들만 소개하면 아래와 같습니다.

① 명량사(名量词) : 사물의 수량을 세는 단위로, 어순은 '수사 + 양사 + 명사'입니다.

예			
01	本(běn)	책, 잡지, 교과서 등을 셀 때	一本书(yì běn shū) 한 권의 책
02	把(bǎ)	손잡이가 달린 물건을 셀 때	一把伞(yì bǎ sǎn) 한 자루의 우산 一把椅子(yì bǎ yǐzi) 한 개의 의자
03	个(ge)	사물이나 사람을 셀 때	两个苹果(liǎng ge píngguǒ) 사과 두 개
04	位(wèi)	사람을 높여서 부를 때	三位老师(sān wèi lǎoshī) 세 분의 선생님
05	件(jiàn)	일 또는 사건, 옷을 셀 때	一件事(yí jiàn shì) 한 건의 일 一件衣服(yí jiàn yīfu) 한 벌의 옷
06	张(zhāng)	네모진 것을 셀 때	一张桌子(yì zhāng zhuōzi) 하나의 탁자 一张纸(yì zhāng zhǐ) 한 장의 종이
07	双(shuāng)	한 쌍을 이루는 물건을 셀 때	一双皮鞋(yì shuāng píxié) 한 켤레의 구두 一双耳环(yì shuāng ěrhuán) 한 쌍의 귀걸이
08	瓶(píng)	병에 담긴 음료수를 셀 때	两瓶啤酒(liǎng píng píjiǔ) 두 병의 맥주
09	家(jiā)	건물을 셀 때	一家商店(yì jiā shāngdiàn) 한 곳의 상점

② 동량사(动量词) : 동작의 횟수를 나타내며, 어순은 '동사 + 수사 + 양사'입니다.

예			
01	遍(biàn)	동작의 처음부터 끝까지의 전 과정을 가리킬 때	说一遍(shuō yí biàn) 한 차례 말하다
02	场(chǎng)	비교적 긴 시간의 경과 또는 비, 바람, 전쟁, 꿈 등의 횟수를 나타낼 때	哭一场(kū yì chǎng) 한 차례 울다
03	次(cì)	~회, ~번	吃一次(chī yí cì) 한 번 먹다
04	回(huí)	~회, ~번	去了一回(qù le yì huí) 한 번 가다
05	趟(tàng)	왕복으로 하는 동작을 셀 때	走了一趟(zǒu le yí tàng) 한 번 갔다 왔다
06	阵(zhèn)	단기간의 횟수를 셀 때 (비, 바람, 소리, 전쟁 등)	下了一阵雨(xià le yí zhèn yǔ) 한바탕 비가 왔다
07	下(xià)	단시간의 동작, 가벼운 동작의 횟수를 셀 때	等一下(děng yí xià) 잠시 기다리세요
08	番(fān)	시간을 들여서 꼼꼼하게 하는 동작의 횟수를 셀 때	研究一番(yánjiū yì fān) 시간을 들여 꼼꼼히 연구하다
09	顿(dùn)	'먹다, 야단치다, 때리다' 등의 동사와 관련된 횟수를 나타낼 때	骂一顿(mà yí dùn) 한 번 야단치다

3. 중국어는 동사의 변화가 없고 인칭에 따라 한자가 변하지 않는다.

우리말은 격에 따라서 단어 뒤에 조사가 붙고 영어는 격에 따라 형태가 변하지만 중국어는 인칭에 따라 한자가 변하지 않습니다. 중국어는 시간명사나 부사를 사용하거나 동사 뒤에 조사를 넣어서 시제를 표현합니다.

예 [한국어] 나는 그녀를 좋아한다. 그녀는 나를 좋아한다. (주어 + 목적어 + 서술어)

　　[영어]　 I　like　her.　She　likes　me. (주어 + 서술어 + 목적어)

　　[중국어] 我　喜欢　她。　她　喜欢　我。 (주어 + 서술어 + 목적어)

　　去年我去过一趟中国。　Qùnián wǒ qùguo yítàng Zhōngguó.
　　 ↑　　 ↑　　　　　　나는 작년에 중국에 한 번 다녀온 적이 있다.
　(시간명사) (조사)

4. 중국어는 명사의 성 구별과 단수, 복수에 따른 변화가 없고 관계대명사나 관사가 없다.

중국어는 우리말에 발달한 '은, 는, 을, 를'과 같은 조사가 없고 존칭어의 쓰임도 단순하여 '请, 敬, 老' 등만 사용해도 존칭어로 충분합니다.

예 坐(Zuò)。앉다. → 请坐(Qǐng zuò)。앉으세요.

你姓什么(Nǐ xìng shénme)? 너는 성이 뭐니? → 您贵姓(Nín guì xìng)? 당신은 성씨가 무엇인가요?

04 중국어 한자와 한국어 한자

1. 간체자와 번체자

중국에서 사용하는 한자는 '간체자(簡體字)'라고 합니다. 중국에서 문맹률을 낮추기 위하여 한자의 필획을 줄여서 쓰기 간단한 글자체를 만든 것이고, 이는 현재 우리나라에서 사용하고 있는 정자체와 달리 복잡한 필획을 간단하게 줄여서 나타낸 글자라는 뜻입니다. 중국에서는 우리나라에서 쓰는 한자를 '번체자(繁體字)'라고 부릅니다. 1964년 2,238개의 간체자가 공표된 이래, 현재는 모두 2,235개의 간체자가 중국에서 정식문자로 사용되고 있습니다.

예 한국(韓國) → 韩国　중화인민공화국(中華人民共和國) → 中华人民共和国
　 번체자　 간체자　　　　　　　번체자　　　 간체자

2. 한자의 부수(部首)와 부수의 위치

① 한자의 부수

한자의 부수(部首)란 한자를 자형상(字形上) 비슷한 요소로 분류하고 배열할 경우, 체계적으로 분류하기 위해 만들어진 기준이 되는 기본 글자를 말합니다.

② 부수의 위치

㉠ 변(邊) : 부수가 글자의 왼쪽에 있는 경우

예 어질 인 仁, 지을 작 作(사람 인 亻 변)

구를 전 轉(수레 거 車 변), 맑을 청 淸(삼수 氵 변)

㉡ 방(傍) : 부수가 글자의 오른쪽에 있는 경우

예 놓을 방 放(등글월 문 攴 방), 판단할 판 判(칼 도 刀 방)

섞일 잡 雜(새 추 隹 방), 공 공 功(힘 력 力 방)

ⓒ 머리 : 부수가 글자의 위에 있는 경우

예 편안할 안 安(갓 ﹁ 머리), 대답할 답 答(대나무 죽 竹 머리)
꽃 화 花(풀 초 ⺿ 머리), 높을 숭 嵩(뫼 산 山 머리)

ⓔ 발 : 부수가 글자의 아래에 있는 경우

예 성할 성 盛(그릇 명 皿 발), 시름 수 愁(마음 심 心 발)
그러할 연 然(불 화 火 발), 갖출 구 具(여덟 팔 八 발)

ⓜ 받침 : 부수가 왼쪽과 아래에 걸쳐있는 경우

예 끌 연 延(민 廴 책받침), 나아갈 진 進(辶 책받침)
일어날 기 起(달아날 주 走 받침)

ⓗ 엄 : 부수가 위쪽과 왼쪽에 걸쳐 있는 경우

예 넓을 광 廣(广 엄호), 병 병 病(疒 병질 엄)
범 호 虎(虍 범호 엄), 근원 원 原(厂 민 엄호)

ⓢ 에운담 몸 : 부수가 글자를 둘러싸고 있는 경우

예 나라 국 國(큰 입구 口 몸)
인할 인 因(큰 입구 口 몸)

ⓞ 에운담 안 : 부수가 위, 왼쪽, 오른쪽을 둘러싸고 있는 경우

예 사이 간 間(문 문 門 몸)
빛날 경 冏(멀 경 冂 몸)

ⓩ 제부수 : 부수 자체가 글자인 경우

예 나무 목 木, 쇠 금 金, 바람 풍 風
용 룡 龍, 검을 흑 黑, 푸를 청 靑

자격증 / 공무원 / 취업까지 Best 온라인 강의 제공
www.Sdedu.co.kr

Begin
Again

여기서 멈출 거예요?
고지가 바로 눈앞에 있어요.
마지막 한 걸음까지 시대에듀가 함께할게요!

PART 2

중국 상용한자
(1~500위)

우선순위 중국어 한자(1~500위)

001

的
de
과녁 **적**

흰(白) 종이 위에 둥그렇게(勺) 둘러싼 판에 점(丶)을 찍어 놓은 과녁(的)

白 : 흰 (백), 勹 : 쌀 (포)

1 的 de

(1) ~의 (소유관계)

예 **我的铅笔** Wǒ de qiānbǐ 나의 연필

(2) ~한 (수식관계)

예 **妈妈做的菜** Māma zuò de cài 엄마가 만든 요리

- 的(de)는 중국에서 가장 많이 사용하는 한자인데 주로 주어나 목적어 앞에서 구조조사(관형격)로 쓰이며 소유관계나 수식관계를 나타내고 뒤에 명사가 옵니다.

  예 **老师的书包**(lǎoshī de shūbāo) 선생님의 가방 (소유관계)

  买票的人(mǎi piào de rén) 표를 사는 사람 (수식관계)

  他是我的汉语老师(Tā shì wǒ de Hànyǔ lǎoshī)。

  그는 나의 중국어 선생님이다.

- 的(di)가 2성과 4성으로 소리 나는 경우에는 중국 사용빈도 616위에 올라있는데 이 경우 주로 명사나 부사로 쓰입니다.

  예 **目的**(mùdì) 목적   **的确**(díquè) 확실히

002

부수 : 제부수 / 총획수 : 1 / 新HSK 1~5급

一
yī
한 **일**

손가락 하나(一)를 옆으로 펴서 숫자 일이나 첫 번째 순서를 나타낸다.

1 一 yī 일, 하나 一个 yí ge 한 개 一点儿 yìdiǎnr 약간, 조금

예 你第一次来中国吗? Nǐ dì yī cì lái Zhōngguó ma?
너는 중국에 처음 왔니?

2 一起 yìqǐ 같이, 함께 一下 yí xià 좀 ~해 보다

3 一边 yì biān 한편, ~하면서 ~하다 一般 yìbān 일반적인
一定 yídìng 반드시 一共 yígòng 모두
一会儿 yíhuìr 짧은 시간, ~하다가 ~하다
一样 yíyàng 같다 一直 yìzhí 계속, 줄곧

4 一切 yíqiè 일체, 모든

5 一辈子 yíbèizi 한평생, 일생 一旦 yídàn 일단
一律 yílǜ 일률적으로 一再 yízài 수차, 거듭 一致 yízhì 일치하다

• 一(yi)는 원래 단독으로 쓰이거나 서수로 쓰이면 1성으로 발음하지만, 제1, 2, 3성 앞에서는 4성으로 발음하고, 4성 앞에서는 2성으로 발음함에 유의합니다.

예 一 + 단독/서수 : 一(yī) 第一课(dì yī kè) 一月(yī yuè)
一 + 1, 2, 3성 : 一天(yì tiān) 一直(yìzhí) 一起(yìqǐ)
一 + 4성, 경성 : 一万(yíwàn) 一块(yíkuài) 一个(yí ge)

003

부수 : 日 / 총획수 : 9 / 新HSK 1, 4급

是
shì
옳을 **시**

태양(日) 아래(下)에서 사람(人)들은 올바르(是) 살아가야 한다.
日 : 해 날 (일), 下 : 아래 (하), 人 : 사람 (인)

1 是 shì ~이다
> 예 我是韩国人。 Wǒ shì Hánguórén. 나는 한국인이다.

4 是否 shìfǒu ~인지 아닌지

- 是(shì)는 영어의 be 동사처럼 '~이다'라는 뜻으로 많이 쓰이며 'A是B(A는 B이다)'의 구문이 널리 쓰입니다.
> 예 北京是中国的首都(Běijīng shì Zhōngguó de shǒudū)。
> 북경은 중국의 수도이다.

004

부수 : 土 / 총획수 : 6 / 新HSK 1, 5급

在
zài
있을 **재**

하나(一)의 사람(亻)을 흙(土)으로 만들어 이 세상에 존재하게 하다.
一 : 한 (일), 亻 : 사람 (인), 土 : 흙 (토)

1 在 zài ~에 있다, ~에/~에서
> 예 我在学校。 Wǒ zài xuéxiào. 나는 학교에 있다.
> 我在北京大学学习汉语。 Wǒ zài Běijīng dàxué xuéxí Hànyǔ.
> 나는 북경 대학에서 중국어를 공부한다.

5 在乎 zàihu 마음에 두다, 개의하다 在于 zàiyú ~에 달려 있다
存在 cúnzài 존재하다

- 在는 주로 동사로 많이 쓰이지만, 일반적으로 명사 앞에서는 전치사(개사)로 쓰여서 '~에/~에서'의 의미로 사용되고, 동사 앞에서는 부사로 쓰여서 '~하고 있는 중이다(현재 진행형)'의 의미로 사용되며 呢가 문장 끝에 붙기도 합니다.
> 예 他在看电视(Tā zài kàn diànshì)。 그는 텔레비전을 보고 있는 중이다.
> 我在做作业呢(Wǒ zài zuò zuòyè ne)。 나는 숙제를 하고 있는 중이다.

005

不
bù
아니 불/부

부수 : 一 / 총획수 : 4 / 新HSK 1, 3~5급

하나(一)의 작은(小) 잘못도 하지 아니하다(不).
一 : 한 (일), 小 : 작을 (소)

1 不 bù (동사/형용사/부사 앞에서) 부정을 나타낸다.

> 예 我不忙。 Wǒ bù máng. 나는 바쁘지 않다.
> 不客气。 Bú kèqi. 천만에요.

3 不但~ 而且~ búdàn~ érqiě~ ~뿐만 아니라, 게다가

> 예 他不但会开汽车，而且会修理。
> Tā búdàn huì kāi qìchē, érqiě huì xiūlǐ.
> 그는 자동차를 운전할 줄 알 뿐만 아니라 수리도 할 줄 안다.

4 不得不 bùdébù 어쩔 수 없이 不过 búguò 그렇지만, 그러나
不仅 bùjǐn ~뿐만 아니라 不管 bùguǎn ~에 관계없이, ~을 막론하고

5 不得了 bùdéliǎo (정도가) 심하다 不然 bùrán 그렇지 않으면
不如 bùrú ~만 못하다 不安 bù'ān 불안하다
不断 búduàn 계속해서 不见得 bújiàndé 확정할 수 없다
不耐烦 búnàifán 못 참다, 귀찮다 不要紧 búyàojǐn 괜찮다
不足 bùzú 부족하다, (일정한 숫자에) 이르지 못하다

- 不는 뒤에 4성이 오면 2성으로 발음해야 합니다.

> 예 我不去(Wǒ bú qù)。 나는 가지 않는다.
> 你不累吗(Nǐ bú lèi ma)? 당신은 피곤하지 않습니까?

- 동보구조(動補構造)의 중간에 쓰여 불가능을 표시합니다.

> 예 今天我有事，去不了了(Jīntiān wǒ yǒu shì, qù bu liǎo le)。
> 오늘 나는 일이 있어서 갈 수 없다.

- 不은 'ㄷ, ㅈ'으로 소리가 나는 글자 앞에서는 '부'로 읽습니다.

> 예 不動(부동) 不正(부정) 不當(부당) 不足(부족)

006

了
le/liǎo

瞭
마칠 료

부수 : 亅 / 총획수 : 2 / 新HSK 1, 3, 5급

못걸이(⼀)에 갈고리(亅)를 걸어 놓고 작업을 마쳤다 (了).
⼀ : 못걸이, 亅 : 갈고리 (궐)

1 了(le) 동사 뒤에 와서 동작의 완료를 나타낸다(동태조사).

예 **我喝了一杯咖啡**° Wǒ hē le yì bēi kāfēi.
나는 한 잔의 커피를 마셨다.
我买了一本杂志° Wǒ mǎi le yì běn zázhì.
나는 한 권의 잡지를 샀다.

了(le) 문장 맨 끝에 와서 상태의 변화를 나타낸다(어기조사).

예 **天亮了**° Tiān liàng le. 날이 밝아졌다.
我买杂志了° Wǒ mǎi zázhì le. 나는 잡지를 샀다.

3 **了解** liǎojiě 자세하게 알다, 이해하다

5 **了不起** liǎobuqǐ 대단하다, 뛰어나다

• 了(liǎo)는 동사 뒤에 놓여서 '得', '不'와 연용해서 가능이나 불가능을 표시합니다(가능보어).

예 **受得了**(shòu de liǎo) 참을 수 있다 ↔ **受不了**(shòu bu liǎo) 참을 수 없다
来得及(lái de jí) 늦지 않다 ↔ **来不及**(lái bu jí) 제 시간에 댈 수 없다

007

有

yǒu
있을 유

부수 : 月 / 총획수 : 6 / 新HSK 1, 3~5급

손(ナ)에 고기(月)를 가지고 있다(有).
ナ : 사람의 왼손 모양, 月(肉) : 고기 (육)

1 有 yǒu 있다

⑩ 我有手机° Wǒ yǒu shǒujī. 나는 휴대 전화가 있다.

3 有名 yǒumíng 유명하다

4 有趣 yǒuqù 재미있다

5 有利 yǒulì 유리하다

• 有의 부정은 没有(méiyǒu)를 사용합니다.

⑩ 我没有钱(Wǒ méiyǒu qián)° 나는 돈이 없다.

• 有가 '~를 가지고 있다(소유)'의 의미를 나타낼 때 주어는 사람이 되고, '~에
~이 있다(존재)'의 의미를 나타낼 때는 주어가 장소입니다.

⑩ 我有汽车(Wǒ yǒu qìchē)° 나는 자동차를 가지고 있다(소유).
首尔有很多公园(Shǒu'ér yǒu hěn duō gōngyuán)°
서울에는 수많은 공원이 있다(존재).

008

和

hé
화목할 화

부수 : 口 / 총획수 : 8 / 新HSK 1, 4~5급

벼(禾)가 풍년이 되어 식구들의 입(口)에 웃음이 가득하니 가정이 화목하다(和).
禾 : 벼 (화), 口 : 입 (구)

1 和 hé ~와(과)

⑩ 我和姐姐 wǒ hé jiějie 나와 언니

4 暖和 nuǎnhuo (날씨가) 따뜻하다

5 和平 hépíng 평화

• 和(hé)가 접속사로 쓰일 때 跟(gēn)과 바꾸어 쓸 수 있습니다.

⑩ 爸爸跟妈妈(bàba gēn māma) 아빠와 엄마

• 우리 한자어 平和(평화)를 중국어에서는 앞뒤 글자를 서로 바꾸어 和平
(hépíng)이라고 하며 이렇게 쓰이는 한자어들이 종종 발견됩니다.

⑩ 언어(言語) → 语言(yǔyán)   매매(賣買) → 买卖(mǎimai)
생산(生産) → 产生(chǎnshēng)   채소(菜蔬) → 蔬菜(shūcài)

17

009

부수 : 제부수 / 총획수 : 2 / 新HSK 1, 5급

人
rén
사람 인

사람(亻)이 서 있는 옆모습을 상형. 또는 남자(丿)와 그 갈빗대(乀)로 만든 여자가 만나 서로 의지하며 인간(人) 세상을 이룩함
丿 : 누워 있는 사람의 옆모양, 乀 : 사람의 갈빗대

1 人 rén 사람, 인간

> 你是哪国人? Nǐ shì nǎ guó rén? 너는 어느 나라 사람이니?

5 人口 rénkǒu 인구 人类 rénlèi 인류 人生 rénshēng 인생
人物 rénwù 인물 人才 réncái 인재 人事 rénshì 인간사
人员 rényuán 인원, 요원 人民币 rénmínbì 인민폐(중국의 화폐)

010

부수 : 辶 / 총획수 : 7 / 新HSK 1급 / 중국에서만 사용하는 한자

这
zhè

這
이 저

걸어서(辶) 글(文)을 읽어 주고자 이(这)곳까지 왔다. 또는 걸어서(辶) 말씀(言)을 전하고자 이(這)곳까지 오신 선교사님
辶 : 가다, 文 : 글월 (문), 辶 : 가다, 言 : 말씀 (언)

1 这 zhè 이, 이것

> 这是什么? Zhè shì shénme? 이것은 무엇입니까?

[참고] 这位 zhè wèi 이 분, 이 사람
这些 zhè xiē 이런 것들, 이러한

18

TIP 한국 한자음과 중국어 병음 · 성조와의 연관성(1)

한자어의 받침은 '~ㄴ, ~ㅁ, ~ㅇ, ~ㄹ, ~ㄱ, ~ㅂ'의 6가지뿐입니다. 이는 고대 중국어의 받침 개수와 일치합니다. 이 중 받침이 '~ㄴ, ~ㅁ'으로 된 한자의 중국어 병음은 일률적으로 받침 '~ㄴ(~n)'입니다.

◉ 인(人) – ren, 선(船) – chuan, 만(萬) – wan, 란(蘭) – lan, 판(判) – pan, 감(感) – gan
담(膽) – dan, 탐(探) – tan, 산(山) – shan, 삼(三) – san, 함(咸) – xian, 엄(嚴) – yan
참(站) – zhan

011

부수 : ㅣ / 총획수 : 4 / 新HSK 1, 3, 5급

中
zhōng
가운데 **중**

사물(口)의 한가운데를 뚫으니(ㅣ) '가운데(中)'라는 뜻
口 : 사물의 모양, ㅣ : 뚫을 (곤)

1 中国 Zhōngguó 중국 中午 zhōngwǔ 정오

3 中间 zhōngjiān 중간, 가운데 中文 Zhōngwén 중국어

5 中心 zhōngxīn 한가운데, 중심 中旬 zhōngxún 중순

中介 zhōngjiè 매개

- 中(zhòng)을 4성으로 발음하면 동사로 쓰여서 '맞히다, 명중하다, 입다, 당하다, 맞다'의 의미가 됩니다.

  예 **中了头奖**(zhòng le tóujiǎng)° 1등상에 당첨되다.
  中了煤气(zhòng le méiqi)° 가스에 중독되다.

012

부수 : 제부수 / 총획수 : 3 / 新HSK 1~2, 4~5급

大
dà
큰 **대**

양팔과 양다리를 벌리고 이 세상 모든 만물을 지배하며 살아가는 가장 큰(大) 권능의 존재가 인간이라는 데서 '크다'라는 뜻

1 大 dà (면적/체적이) 크다, 넓다

  예 **地大人多**° Dì dà rén duō. 땅이 넓고 사람이 많다.

2 大家 dàjiā 모두, 다들

  예 **大家好**! Dàjiā hǎo! 여러분, 안녕하세요!

4 大约 dàyuē 대략 大概 dàgài 대개 大使馆 dàshǐguǎn 대사관

5 大方 dàfang (언행이) 시원시원하다, 인색하지 않다

  大厦 dàshà 빌딩 大象 dàxiàng 코끼리 大型 dàxíng 대형의

- 大가 예외적으로 (dài)로 발음되는 경우도 있습니다.

  예 4급 어휘 : **大夫**(dàifu) 의사

013

为
wèi

爲
할 위

땀(丶丶)을 흘릴 정도로 힘(力)써 행하다(为). 또는 코끼리가 코를 손(爫)처럼 사용하여 무엇을 한다는 데서 '하다(爲)'라는 뜻

丶丶 : 땀방울 모양, 力 : 힘 (력), 爫(爪) : 손톱 (조)

2 为什么 wèishénme 왜, 어째서

예 你为什么不去学校? Nǐ wèishénme bú qù xuéxiào?
너는 왜 학교에 가지 않니?

3 为 wèi ~를 위하여

예 为人民服务 wèi rénmín fúwù 인민을 위한 봉사・서비스 하다
指鹿为马 zhǐ lù wèi mǎ 사슴을 가리켜 말이라고 하다
为了 wèile ~를 하기 위하여

• 因为~, 所以~(yīnwèi~, suǒyǐ~) : ~때문에, 그래서 ~하다

예 因为他身体不舒服, 所以不能上课(Yīnwèi tā shēntǐ bù shūfu, suǒyǐ bù néng shàngkè)。
그는 몸이 편치 않았기 때문에, 그래서 수업에 출석할 수 없었다.

014

上
shàng
위 상

일정한 기준(一)보다 위(卜)로 향하여 오르다(上).

1 上 shàng 위, 지난(번), 오르다 上午 shàngwǔ 오전

2 上班 shàngbān 출근하다

3 上网 shàngwǎng 인터넷을 하다

5 上当 shàngdàng 속다, 꾐에 빠지다

015

부수 : ㅣ / 총획수 : 3 / 新HSK 1, 3, 5급

个
gè

個
낱 개

사람(人)의 수를 하나(ㅣ)씩 낱낱이 세다(个). 사람(亻)들이 고정된(固) 대형을 이루고 있으면 낱낱의 개수를 셀 수 있다는 데서 '낱(個)'이라는 뜻
人 : 사람 (인), ㅣ : 막대 하나, 固 : 굳을 (고)

1 个 gè 개, 명, 사람

> 예 **两个苹果** liǎng ge píngguǒ 두 개의 사과
> **一个星期** yí ge xīngqī 일주일 **这个人** zhè ge rén 이 사람

3 个子 gèzi (사람의) 키

5 个别 gèbié 개별적인, 개개의 个人 gèrén 개인 个性 gèxìng 개성

016

부수 : 口 / 총획수 : 8 / 新HSK 3~5급

国
guó

國
나라 국

사방을 둘러싸고(口) 구슬(玉)처럼 소중히 지켜야 할 나라(国). 또는 국경선 사방(口) 내에 국민(口)과 영토(一)와 주권(戈 : 군사력)이 있으니 나라(國)이다.
口 : 에운담 큰 입구, 玉 : 구슬 (옥), 口 : 국민, 一 : 영토, 戈 : 무기·창

3 国家 guójiā 국가, 나라

4 国际 guójì 국제 国籍 guójí 국적

5 国庆节 Guóqìngjié 국경절 国王 guówáng 국왕

017

부수 : 戈 / 총획수 : 7 / 新HSK 1급

我
wǒ
나 아

손(手)에 창(戈)을 들고 지켜야 할 나(我)의 목숨
手 : 손 (수), 戈 : 창 (과)

1 我 wǒ 나

> 예 这是我的° Zhè shì wǒ de. 이것은 나의 것이다.
> 我们 wǒmen 우리(들)

[참고] 自我 zìwǒ 자기

018

부수 : 人 / 총획수 : 5 / 新HSK 3~5급

以
yǐ
써 이

사람(人)이 쟁기(レ)로 일해서 땀(ヽ)을 흘린 까닭(以)으로써 가치를 창조하다.
人 : 사람 (인), レ : 쟁기, ヽ : 땀방울

3 以前 yǐqián 이전, 예전

4 (1) 以 yǐ ~(으)로서

> 예 以代表的资格 yǐ dàibiǎo de zīgé 대표의 자격으로서

(2) 以为 yǐwéi 여기다, 간주하다

> 예 我以为他是中国人° Wǒ yǐwéi tā shì Zhōngguórén.
> 나는 그가 중국인이라고 생각했다.

以义为利 yǐ yì wéi lì 의리를 이익으로 여기다

5 以及 yǐjí 및, 그리고 以来 yǐlái 이래, 동안

• 以는 주로 방위사 앞에서 (시간·장소·방향·수량)의 한계를 나타냅니다.
  예 以后(yǐhòu) 이후 以内(yǐnèi) 이내 以上(yǐshàng) 이상

019

부수 : 襾 / 총획수 : 9 / 新HSK 2~5급

要
yào
중요할 **요**

몸을 덮어서(襾) 가려줄 것을 여인(女)들은 중요시한다(要).
襾 : 덮을 (아), 女 : 여자 (녀)

2 要 yào ~하려고 하다, 필요하다, 원하다

⊙ 我要去中国° Wǒ yào qù Zhōngguó. 나는 중국에 가려고 한다.
你要什么? Nǐ yào shénme? 당신은 무엇이 필요합니까?

3 要求 yāoqiú 요구하다

⊙ 老师的要求太严格了° Lǎoshī de yāoqiú tài yángé le.
선생님의 요구가 너무 엄격하다.

4 要是 yàoshi 만약 ~이라면

5 要不 yàobù 그렇지 않으면

● 要가 1성(yāo)으로 발음되면 명사(동사) '요구(하다)'의 의미로 쓰입니다.
⊙ 要求(yāoqiú) 요구하다

020

부수 : 亻 / 총획수 : 5 / 新HSK 1, 3급

他
tā
다를 **타**

사람(人)과 뱀(也)은 완전히 다른(他) 존재
亻(人) : 사람 (인), 也 : 뱀 (야)

1 他 tā 그, 그 사람

⊙ 他是谁? Tā shì shéi? 그는 누구입니까?

3 其他 qítā 기타, 그 외

한국 한자음과 중국어 병음·성조와의 연관성(2)

받침이 '~ㅇ'으로 된 한자는 중국어로도 받침이 '~ㅇ(~ng)'입니다.

예 강(江) – jiang, 장(長) – chang, 망(忙) – mang, 정(丁) – ding

왕(王) – wang, 홍(紅) – hong, 상(床) – chuang

021

부수 : 日 / 총획수 : 7 / 新HSK 1~2, 5급

时

shí

時

때 시

날(日)마다 규칙(寸)적으로 흘러가는 것이 시간(时). 또는 날(日)마다 절(寺 : 관청)에서 규칙적으로 종을 쳐서 때(時)를 알려주다.

日 : 날 (일), 寸 : 규칙·법도 (촌), 寺 : 절 (사)

① **时候** shíhou 때, 시각

② **时间** shíjiān 시간

⑤ **时刻** shíkè 시각 **时髦** shímáo 최신식이다, 유행이다

时期 shíqī 시기 **时尚** shíshàng 유행이다, 시대적 유행

时差 shíchā 시차 **时代** shídài 시대

부수 : 木 / 총획수 : 7 / 新HSK 1, 4급

022

来
lái

來
올 래

열(十) 명의 사람(人)이 양(丶丿)쪽에서 한(一) 줄로 나란히 오다(来). 또는 십자가(十)를 지신 예수님이 인간(人)의 모습으로 사람들(人人)을 구원하고자 이 세상에 오셨다(來). 또는 두 사람(人人)이 목표 지점의 나무(木)를 향하여 오고 있다(來).

十 : 열 (십), 丶丿 : 양 쪽, 人 : 사람 (인)

1 来 lái

(1) 오다

> 例 **你是从哪儿来的？** Nǐ shì cóng nǎr lái de?
> 당신은 어디에서 오셨나요?
> **请跟我来。** Qǐng gēn wǒ lái. 저를 따라 오세요.

(2) (어떤 동작이나 행동을) 하다

> 例 **我来介绍一下。** Wǒ lái jièshào yíxià. 제가 소개 좀 할게요.
> **再来一碗米饭。** Zài lái yì wǎn mǐfàn. 밥 한 공기 더 주세요.

4 **来得及** lái de jí 늦지 않다

来不及 lái bu jí 따라가지 못하다, 제 시간에 댈 수 없다

来自 láizì ~로부터 오다, ~에서 나오다

● 来는 동사 뒤에서 방향보어로 쓰일 때 경성으로 발음하고 동작의 주체가 말하는 사람에게 접근함을 나타냅니다. 이와 반대의 경우에는 去를 사용합니다.

> 例 **你快上来**(Nǐ kuài shàng lai)。 너 어서 올라와.
> **外边很冷，你们快进来**(Wàibian hěn lěng, nǐmen kuài jìnlai)。
> 밖이 추우니, 빨리 들어와.

● 来는 동사 뒤에 와서 동작의 결과를 나타내기도 합니다.

> 例 **说起来容易，做起来很难**(Shuō qǐlai róngyì, zuò qǐlai hěn nán)。
> 말하기는 쉬워도 행하기가 매우 어렵다.

부수 : 제부수 / 총획수 : 5 / 新HSK 3, 5급

023

用
yòng
쓸 용

도구로 사용하던(用) 거북이의 등껍질 모양을 본떠서 만든 글자. 또는 나무를 가로와 세로로 엮어서 만든 목장의 울타리 모양

3 用 yòng 쓰다, 사용하다

예 这是用什么做的? Zhè shì yòng shénme zuò de?
이것은 무엇을 사용하여 만든 것인가요?

5 用途 yòngtú 용도 用功 yònggōng 열심히 공부하다

부수 : 亻 / 총획수 : 5 / 新HSK 1급 / 중국에서만 사용하는 한자

024

们
men

們
들 문

사람(亻 : 문지기)이 대문(门) 옆에 지키고 서서 출입하는 많은 사람(们)을 통제한다(참고로 중국은 어디를 가도 문지기 문화가 발달되어 있다).
亻(人) : 사람 (인), 门(門) : 문 (문)

1 (접미) ~들(복수)

예 我们 wǒmen 우리들(1인칭)
你们 nǐmen 너희들(2인칭)
他们 tāmen 그들(3인칭)

- 我们은 상대방을 포함하지 않은 '우리'를 의미하고, 咱们은 반드시 상대방을 포함하는 '우리'를 의미합니다.

예 我们去打保龄球, 咱们一起去吧(Wǒmen qù dǎ bǎolíngqiú, zánmen yìqǐ qù ba)。
우리 볼링을 치러 가는데, 우리 같이 갑시다.

025

부수 : 제부수 / 총획수 : 5 / 新HSK 2~5급

生
shēng
날 생

사람(宀)이 흙(土)으로 빚어져 이 세상에 나서 살아가다(生). 또는 새싹(宀)이 흙(土) 위로 돋아나 생겨나다(生).
人 : 사람 (인), 土 : 흙 (토)

2 生病 shēngbìng 병이 나다　生日 shēngrì 생일

3 生气 shēngqì 화내다

4 生意 shēngyi 장사, 사업　生命 shēngmìng 생명
生活 shēnghuó 생활

5 生产 shēngchǎn 생산하다　生长 shēngzhǎng 자라다, 성장하다
生动 shēngdòng 생동감 있다

026

부수 : 刂 / 총획수 : 8 / 新HSK 2, 4~5급

到
dào
이를 도

무사히 목적지까지 이르도록(至) 위험한 상황에 대비해서 칼(刂)을 가지고 도착했다(到). 至 : 이를 (지), 刂(刀) : 칼 (도)

2 到 dào 도착하다

4 到处 dàochù 도처, 곳곳　到底 dàodǐ 도대체

5 到达 dàodá 도달하다, 도착하다　达到 dádào 도달하다, 이르다

• 5급 어휘 到达(dàodá)와 达到(dádào)는 의미가 유사하지만 到达(dàodá) 뒤에는 장소명사, 达到(dádào) 뒤에는 주로 추상명사가 목적어가 됩니다.
예 장소명사 : 北京(běijīng) 베이징　山顶(shāndǐng) 산꼭대기, 산 정상
추상명사 : 水平(shuǐpíng) 수준　程度(chéngdù) 정도, 수준
理想(lǐxiǎng) 이상

027

부수 : 亻 / 총획수 : 7 / 新HSK 1, 3~5급

作
zuò
지을 **작**

사람(亻)이 잠깐(乍) 사이에 무엇을 만들고 짓다(作).
亻(人) : 사람 (인), 乍 : 잠깐 (사)

1 工作 gōngzuò 일하다

3 作业 zuòyè 숙제

4 作家 zuòjiā 작가 作用 zuòyòng 작용, 효능

  作者 zuòzhě 저자, 필자

5 作品 zuòpǐn 작품 作文 zuòwén 작문 作为 zuòwéi ~로 여기다

028

부수 : 土 / 총획수 : 6 / 新HSK 3급

地
de
땅 **지**

흙(土) 또한(也) 땅(地)이다. 또는 뱀(也)은 종신토록 흙(土)만 먹고 땅(地)에서
기어 다닌다.
土 : 흙 (토), 也 : 또 · 뱀 (야)

• 地(de)는 구조조사로 2음절 형용사 뒤에서 부사어를 만드는 역할을 합니다
 (~하게).

 예 **我仔细地看了一遍。** Wǒ zǐxì de kàn le yí biàn.
  나는 자세하게 다시 한 번 봤다.
  她高高兴兴地唱歌。 Tā gāogaoxìngxing de chàng gē.
  그녀는 기뻐하며 노래를 불렀다.

029

부수 : 二 / 총획수 : 3 / 新HSK 4~5급

于 於
yú · 어조사 우

위와 아래 두 곳(二)을 갈고리(亅)로 연결하다. 또는 어느 방향(方)으로 가도 사람(人)들은 남녀가 둘(二)씩 짝을 지어서 대를 이어간다는 데서 '~에, ~로, ~와, ~보다'의 뜻을 갖는 어조사로 쓰임
二 : 두 (이), 亅 : 갈고리 (궐), 方 : 방위 (방), 人 : 사람 (인)

④ 由于 yóuyú ~때문에 于是 yúshì 그래서, 그리하여
⑤ 位于 wèiyú ~에 위치하다 在于 zàiyú ~에 달려 있다

030

부수 : 凵 / 총획수 : 5 / 新HSK 1~2, 4~5급

出
chū
날 출

발(止)이 구덩이(凵)에서 빠져나가는 모양. 또는 화분(凵) 위로 풀 싹(屮)이 돋아나는 모양(出)

① 出租车 chūzūchē 택시
② 出 chū 나가다
④ 出现 chūxiàn 나타나다 出发 chūfā 출발하다
   出差 chūchāi 출장가다 出生 chūshēng 출생하다
⑤ 出席 chūxí 회의에 참가하다, 출석하다 出示 chūshì 제시하다
   出版 chūbǎn 출판하다 出色 chūsè 대단히 뛰어나다
   出口 chūkǒu 수출하다, 출구

⭐**TIP** 한국 한자음과 중국어 병음·성조와의 연관성(3)

받침이 '~ㄱ, ~ㄹ, ~ㅂ'이며, 초성이 'ㅁ~, ㄴ~, ㄹ~'인 한자의 중국어 성조는 일률적으로 4성입니다.

예 납(納) – nà, 랄(辣) – là, 말(末) – mò, 멸(滅) – miè, 모(莫) – mò, 록(錄) – lù
   락(樂) – lè, 랍(蠟) – là, 물(物) – wù, 묵(墨) – mò

부수 : 尢 / 총획수 : 12 / 新HSK 2급

031

就
jiù
나아갈 **취**

서울(京)로 더욱(尤) 원대한 꿈을 펼치러 나아가다(就).
京 : 서울 (경), 尤 : 더욱 (우)

2 就 jiù 곧, 바로, 즉시

예 **马上就来°** Mǎshàng jiù lái. 곧 바로 옵니다.
我一听就知道你是中国人°
Wǒ yì tīng jiù zhīdao nǐ shì Zhōngguórén.
나는 한 번 듣자마자 바로 당신이 중국인이란 것을 알았다.

(부) 이미, 벌써

예 **妈妈上个星期就到韩国了°**
Māma shàng ge xīngqī jiù dào Hánguó le.
엄마는 지난주에 이미 한국에 도착했다.

부수 : 刀 / 총획수 : 4 / 新HSK 1, 3, 5급

032

分
fēn
나눌 **분**

나무토막(一)을 칼(刀)로 쳐서 둘로 나누어(八) 놓다(分).
刀 : 칼 (도), 八 : 나눌 (팔)

1 分钟 fēnzhōng 분

3 分 fēn 나누다, 분

5 分手 fēnshǒu 헤어지다, 이별하다

分别 fēnbié 헤어지다, 이별하다, 각각, 따로따로

分配 fēnpèi 분배하다 分析 fēnxī 분석하다

分布 fēnbù 분포하다, 널려 있다

• 分이 4성(fèn)으로 발음될 때는 명사로써 '성분, 직분, 본분'이라는 의미를 나
타냅니다.

예 **成分**(chéngfèn) 성분, 요소 **水分**(shuǐfèn) 수분 **本分**(běnfèn) 본분, 직책

033

부수 : 寸 / 총획수 : 5 / 新HSK 1~2, 4~5급

对 对
dui 대답할 대

손(又)으로 법도(寸)에 맞게 대답하다(对). 또는 풀밭(业)의 양(羊)을 잡아서 법도(寸)에 맞게 신에게 제사를 드리고 하나님의 대답을 기다린다는 데서 '대답하다(對)'라는 뜻
又 : 오른손 (우), 寸 : 법도 (촌), 业 : 풀밭의 모양,
羊 : 양 (양)

1 对不起 duìbuqǐ 미안합니다, 죄송합니다

2 对 duì 맞다, ~에게, ~를 향하여

4 对面 duìmiàn 맞은편, 반대편 对话 duìhuà 대화, 대화하다
  对于 duìyú ~에 대하여

5 对待 duìdài 대응하다 对比 duìbǐ 대비하다
  对方 duìfāng 상대방, 상대, 적수
  对象 duìxiàng 결혼 상대, 결혼 대상

034

부수 : 戈 / 총획수 : 6 / 新HSK 3~5급

成
chéng
이룰 성

장정(丁)이 창(戊=戈)을 가지고 적을 무찌르거나 짐승을 사냥해서 목적을 이루다(成).
丁 : 장정 (정), 戊 : 창 (무)

3 成绩 chéngjì (일·학업상의) 성적, 성과, 수확

4 成为 chéngwéi ~이 되다 成功 chénggōng 성공적이다

5 成立 chénglì 성립하다 成人 chéngrén 성인 成语 chéngyǔ 성어
  成就 chéngjiù (사업상의) 성과, 성취 成熟 chéngshú 성숙하다
  成长 chéngzhǎng 성장하다 成分 chéngfèn (구성) 성분, 요소
  成果 chéngguǒ 성과, 결과

부수 : 人 / 총획수 : 6 / 新HSK 1, 3~5급

会 huì
會 모일 회

사람(人)들이 구름(云)처럼 모이다(会). 또는 삿갓을 쓴 스님의 얼굴에 눈, 코, 입이 모여 있는 모양(會)을 상형
人 : 사람 (인), 云 : 구름 (운)

1 会 huì 만나다, (배워서) ~를 할 수 있다
　　예 我会弹钢琴° Wǒ huì tán gāngqín. 나는 피아노를 칠 줄 안다.
3 会议 huìyì 회의　机会 jīhuì 기회
4 误会 wùhuì 오해하다　约会 yuēhuì 약속
5 体会 tǐhuì (체험에서 얻은) 느낌, 경험, 체득하다

부수 : 口 / 총획수 : 5 / 新HSK 2~5급

可 kě 옳을 가

장정(丁)이 분명한 태도로 말하니(口) 옳은(可) 일
丁 : 장정 (정), 口 : 입 (구)

2 可以 kěyǐ ~할 수 있다　可能 kěnéng 아마도, 가능성, 가능하다
3 可爱 kě'ài 귀엽다　可怜 kělián 불쌍하다
4 可惜 kěxī 아쉽다　可是 kěshì 그러나
5 可怕 kěpà 무섭다　可见 kějiàn ~라는 것을 알 수 있다
　　可靠 kěkào 믿을 만하다

037

主
zhǔ
주인 **주**

등불 모양(主)을 본떠서 만든 글자로 어두운 방 안에 등불이 전체를 밝혀주는 중심이 되듯 집 안의 중심이 되는 사람을 '주인'이라 한다.

3 主要 zhǔyào 주요한

4 主意 zhǔyi 방법, 생각

5 主观 zhǔguān 주관적인 主人 zhǔrén 주인 主任 zhǔrèn 주임
主题 zhǔtí 주제 主持 zhǔchí 주최하다 主动 zhǔdòng 주동적인
主张 zhǔzhāng 주장하다 主席 zhǔxí 주석, 위원장

038

发
fā

發
필 **발**

양쪽(八)에서 친구(友)들이 활을 쏘니 싸움이 일어난다는 데서 '일어나다, 발생하다(发)'라는 뜻. 또는 두 발(癶)을 땅에 딛고 활(弓)을 들고 화살(殳)을 쏘아 보내니 '쏘다, 보내다(發)'라는 뜻
八 : 양쪽을 나타냄, 友 : 벗 (우), 癶 : 두 발을 딛고 있는 모양, 弓 : 활 (궁), 殳 : 화살 (수)

3 发 fā 보내다, 건네주다 发烧 fāshāo 열이 나다
发现 fāxiàn 발견하다

4 发生 fāshēng 발생하다 发展 fāzhǎn 발전하다
出发 chūfā 출발하다

5 发表 fābiǎo 발표하다, 선포하다 发愁 fāchóu 걱정하다
发挥 fāhuī 발휘하다 发明 fāmíng 발명(하다)
发言 fāyán 발언(하다) 发票 fāpiào 영수증 发抖 fādǒu 떨다
发达 fādá 발전시키다

• 发가 4성(fà)으로 발음되면 터럭 발(髮)의 간체자입니다.
  예 **理发**(lǐfà) 이발하다

• 发가 경성(fa)으로 발음되기도 합니다.
  예 **头发**(tóufa) 머리카락

039

부수 : 干 / 총획수 : 6 / 新HSK 1, 3~5급

年
nián
해 **년**

낮(午)이 숨은(ㄴ) 듯 오고 가며 해(年)가 바뀐다. 또는 해 년(秊)이 변해서 된 글자로 많은(千) 곡식(禾)이 여물기까지 농사의 주기가 한 해(年)
午 : 낮 (오), ㄴ : 구석에 숨은 모양, 千 : 일천 (천), 禾 : 벼 (화)

1 **年** nián 년, 해
3 **年级** niánjí 학년 **年轻** niánqīng 어리다
4 **年龄** niánlíng 연령
5 **年纪** niánjì 나이 **年代** niándài 시대

040

부수 : 力 / 총획수 : 6 / 新HSK 3~5급

动
dòng

動
움직일 **동**

말(云)에 영향력(力)이 있어야 사람들이 움직인다(动).
또는 무거운(重) 물건은 힘(力)을 써야 움직인다(動).
云 : 말할 (운), 力 : 힘 (력), 重 : 무거울 (중)

3 **动物** dòngwù 동물
4 **动作** dòngzuò 동작 **感动** gǎndòng 감동시키다
活动 huódòng 활동, 행사 **激动** jīdòng 흥분하다, 감격하다
5 **行动** xíngdòng 행동하다 **振动** zhèndòng 진동하다
移动 yídòng 이동하다, 움직이다 **动画片** dònghuàpiàn 만화 영화

TIP 한국 한자음과 중국어 병음·성조와의 연관성(4)

받침이 '~ㄱ, ~ㄹ, ~ㅂ'이며, 초성이 순한 소리인 한자의 중국어 성조는 대부분 2성입니다.

예 답(答) – dá, 잡(雜) – zá, 합(合) – hé, 습(習) – xí, 달(達) – dá, 별(別) – bié

절(節) – jié, 각(覺) – jué, 격(格) – gé, 독(獨) – dú, 국(國) – guó

041

부수 : 口 / 총획수 : 6 / 新HSK 1, 3~4급

同
tóng
같을 **동**

성(冂) 안의 모든 사람이 하나(一)의 출입구(口)로 같이(同) 다닌다.
冂 : 성·멀 (경), 一 : 한 (일), 口 : 입구

1 同学 tóngxué 동창

3 同事 tóngshì 동료 同意 tóngyì 동의하다

4 同时 tóngshí 동시에 同情 tóngqíng 동정하다
   共同 gòngtóng 공동의

• '골목'이라는 뜻의 胡同(hútòng)은 同을 4성(tòng)으로 발음합니다.

042

부수 : 제부수 / 총획수 : 3 / 新HSK 1, 4~5급

工
gōng
장인 **공**

못(丁)을 나무판(一)에 박아 물건을 만들다(工). 그리고 물건을 만드는 사람을
장인이라 하니 '장인'이라는 뜻
丁 : 못의 모양, 一 : 나무판

1 工作 gōngzuò 일하다

4 工资 gōngzī 월급

5 工厂 gōngchǎng 공장 工业 gōngyè 공업 工人 gōngrén 노동자
   工具 gōngjù 공구 工程师 gōngchéngshī 엔지니어

043

부수 : 乙 / 총획수 : 3 / 新HSK 2, 4급

也
yě
뱀/어조사 **야**

뱀 세 마리가 서로 뒤엉킨 모양. 세상에서 가장 저주받은 존재인 뱀조차도(也)라는 데서 '뱀, ~조차도'라는 뜻

2 也 yě ~도, ~조차도

> 예 **我也是学生。** Wǒ yě shì xuésheng. 나도 학생이다.
> **一句话也听不懂。** Yí jù huà yě tīngbudǒng.
> 한 마디 말조차도 알아듣지 못하다.

4 也许 yěxǔ 아마도

044

부수 : 月 / 총획수 : 10 / 新HSK 1, 4~5급

能
néng
능할 **능**

한 팔(厶)로 비수(匕匕) 두 개를 사용하여 짐승의 고기(月)를 손질하니 재주가 능하다(能).
厶 : 사사 (사), 匕 : 비수 (비), 月(肉) : 고기 (육)

1 能 néng ~할 수 있다

> 예 **你能告诉我吗?** Nǐ néng gàosu wǒ ma?
> 당신은 나에게 말해줄 수 있나요?

4 能力 nénglì 능력 能源 néngyuán 에너지

5 能干 nénggàn 유능하다

045

부수 : 一 / 총획수 : 3 / 新HSK 1, 5급

下
xià
아래 **하**

일정한 기준(一)보다 아래(卜)로 향하여 내리다(下).

1 下 xià 아래, 밑, 다음, 내려가다

> 예 **下个星期** xià ge xīngqī 다음 주
> **下级** xiàjí 하급자 **楼下** lóuxià 아래층
> **下午** xiàwǔ 오후 **下雨** xià yǔ 비가 내리다

5 **下载** xiàzài 다운로드하다

• 5급 어휘 下载(xiàzài)의 载는 사전에서 4성으로 발음한다고 소개하고 있지만, 일반적으로 3성(xiàzǎi)으로 발음합니다.

046

부수 : 辶 / 총획수 : 6 / 新HSK 2~5급

过
guò

過
지날 **과**

법도(寸)를 지나쳐 가면(辶) 허물이 된다(过). 또는 시냇물이 소용돌이(咼)치며 잠시 스쳐 지나간다(辶)는 데서 '지나다(過)'라는 뜻

寸 : 법도 (촌), 辶 : 가다, 咼 : 입 비뚤어질 (괘),
辶 : 쉬엄쉬엄 갈 (착)

2 过 guo ~한 적이 있다

3 过 guò 가다, 건너다 **过去** guòqù 과거

4 **过程** guòchéng 과정

5 **过期** guòqī 기한을 넘기다 **过敏** guòmǐn 알레르기 반응을 나타내다
过分 guòfèn 지나치다, 과분하다

• 过가 동사 뒤에서 동태조사로 쓰일 경우 과거의 경험을 나타내며, 이때 过는 경성(guo)으로 읽습니다.

> 예 **我去过北京**(Wǒ qù guo Běijīng)。 나는 북경에 가 본 적이 있다.
> **他吃过中国菜**(Tā chī guo Zhōngguó cài)。
> 그는 중국 음식을 먹어 본 적이 있다.

047

부수 : 제부수 / 총획수 : 3 / 新HSK 1~5급

子
zǐ
아들 **자**

어린아이가 두 팔을 벌리고 누워있는 모양(子)

1 椅子 yǐzi 의자　桌子 zhuōzi 탁자　杯子 bēizi 컵　儿子 érzi 아들

2 孩子 háizi 어린이　妻子 qīzi 아내

3 个子 gèzi 키　句子 jùzi 문장　筷子 kuàizi 젓가락
裤子 kùzi 바지　裙子 qúnzi 치마　鼻子 bízi 코　帽子 màozi 모자

4 盒子 hézi 상자　包子 bāozi (만두 소가 든) 찐빵, 만두
肚子 dùzi 배　饺子 jiǎozi 교자만두　镜子 jìngzi 거울
勺子 sháozi 수저　孙子 sūnzi 손자　样子 yàngzi 모양
小伙子 xiǎohuǒzi 젊은 청년, 총각

5 狮子 shīzi 사자　猴子 hóuzi 원숭이　兔子 tùzi 토끼
梳子 shūzi 빗　桔子 júzi 귤　屋子 wūzi 방　尺子 chǐzi 자
脖子 bózi 목　被子 bèizi 이불　叉子 chāzi 포크　夹子 jiāzi 집게
日子 rìzi 날, 날짜　扇子 shànzi 부채　嗓子 sǎngzi 목, 목소리
绳子 shéngzi 밧줄　竹子 zhúzi 대나무

- 子가 접미사로 쓰일 경우 경성(zi)으로 발음하며 사물·동물·직업 이름 명사 뒤에 옵니다.

  예 箱子(xiāngzi) 상자　鸽子(gēzi) 비둘기　燕子(yànzi) 제비
  厨子(chúzi) 요리사　戏子(xìzi) 배우

- 子가 3성(zǐ)으로 발음되는 경우 주로 명사로 쓰이며 다음과 같은 뜻을 나타냅니다.

  예 独生子(dúshēngzǐ) 독자, 아들　孔子(kǒngzǐ) 공자(중국 춘추 시대의 사상가)
  瓜子儿(guāzǐr) (식물의) 씨　鱼子(yúzǐ) (물고기의) 알

048

说

shuō

說

말씀 설

부수 : 讠 / 총획수 : 9 / 新HSK 1~2, 4~5급

어려운 말(言 → 讠)을 쉬운 말로 바꾸어(兑) 알기 쉽게 말하다(說 → 说).
言 : 말씀 (언), 兑 : 바꿀 (태), 說 : 말씀 (설)

1 说 shuō 말하다, 이야기하다

2 说话 shuōhuà 말하다

4 说明 shuōmíng 설명하다, 해설하다

5 说服 shuōfú 설득하다

说不定 shuōbudìng 아마, 짐작컨대

049

产

chǎn

産

낳을 산

부수 : 亠 / 총획수 : 6 / 新HSK 5급

머리(亠)를 받치고(丷) 바위(厂)에 의지하여 짐승이 새끼를 낳다(产). 또는 언덕(厂)에서 물이 솟거나(立) 풀이 나니(生) '생기다, 낳다(産)'란 뜻
亠 : 머리, 丷 : 양쪽에서 떠받치고 있는 모양, 厂 : 언덕 (엄), 立 : 설 (립), 生 : 날 (생)

5 生产 shēngchǎn 생산하다

财产 cáichǎn 재산

产品 chǎnpǐn 생산품

产生 chǎnshēng 생기다, 발생하다

050

부수 : 禾 / 총획수 : 9 / 新HSK 3, 5급

种 zhǒng

種 씨 종

벼(禾) 가운데(中) 좋은 것을 이듬해 종자(씨)(种)로 하다. 또는 거둔 벼(禾) 가운데 무거운(重) 것을 이듬해 종자(씨)씨(種)로 삼다.

禾 : 벼 (화), 中 : 가운데 (중), 重 : 무거울 (중)

3 种 zhǒng 종류

예 三种杂志 sān zhǒng zázhì 세 종류의 잡지

5 种类 zhǒnglèi 종류

● 种이 4성(zhòng)으로 발음되면 동사로 쓰여 '(씨를) 뿌리다, (모를) 심다'의 의미가 있습니다.

예 种种子(zhòng zhǒngzi) 종자를 심다, 씨를 뿌리다

★TIP **한국 한자음과 중국어 병음 · 성조와의 연관성(5)**

중국어에서 '즈', '츠', '스'처럼 발음하는 글자 가운데 한자어로 중성을 '~ㅏ'로 발음하는 것('자', '차', '사')은 권설음이 아니고, '~ㅣ'로 발음하는 것('지', '치', '시')이 권설음입니다(단, 예외로 事, 士, 史, 使, 師 등 몇 글자만은 권설음(shi)으로 발음되므로 주의해야 합니다).

예 1) 한자음 '자', '차', '사'의 발음 : 비 권설음

zi : 自, 字, 子, 資, 姿

ci : 慈, 刺, 次, 辭, 詞

si : 思, 四, 死, 寺, 私

2) 한자음 '지', '치', '시'의 발음 : 권설음

zhi : 指, 支, 志, 之, 知

chi : 齒, 恥, 遲, 池, 翅

shi : 時, 詩, 始, 是, 氏

051

부수 : 제부수 / 총획수 : 9 / 新HSK 2~3, 5급

面
miàn

麵
얼굴/밀가루 **면**

머리(一) + 얼굴(口) + 눈·코·입(三)으로 이루어진 얼굴의 모습 상형(面). 또는 보리(麥)에서 얻을 수 있는 재료로 사람 얼굴(面) 모양의 빵을 만들 수 있는 것이 바로 밀가루라는 데서 '밀가루(麵)'라는 뜻

一 : 머리, 口 : 얼굴 테두리 선을 표시, 三 : 눈·코·입을 차례로 나타냄, 面 : 얼굴 (면), 麥 : 보리 (맥)

2 面条 miàntiáo 국수

3 面包 miànbāo 빵

5 面对 miànduì 직접 대면하다, 마주보다 面临 miànlín 직면하다
面积 miànjī 면적

• 面包나 面条에서 面은 麵(밀가루 면)이 간체자로 쓰인 경우입니다.

052

부수 : 제부수 / 총획수 : 6 / 新HSK 3~5급

而
ér
말이을 **이**

코 밑으로 턱수염이 이어진 모양에서 '잇다(而)'의 뜻을 나타냄

3 而且 érqiě 게다가

4 而 ér 그렇지만, 그리고 然而 rán'ér 그러나

5 反而 fǎn'ér 반대로, 오히려

053

부수 : 제부수 / 총획수 : 4 / 新HSK 3~5급

方
fāng
모 **방**

두 척의 배를 나란히 묶어놓은 모양을 본뜬 글자인데 네모진 모양을 이루게 되어 나중에 '모서리, 네모, 방위(方)'라는 뜻으로 쓰이게 되었다.

3 方便 fāngbiàn 편리한

4 方向 fāngxiàng 방향 方面 fāngmiàn 방면 方式 fāngshì 방식
方法 fāngfǎ 방법

5 方 fāng 사각형의, 쪽, 방 方案 fāng'àn 방안

054

부수 : 口 / 총획수 : 6 / 新HSK 1, 3~5급

后 后
hòu

後
왕후/뒤 **후**

산기슭(厂)과 같은 높은 신분의 한(一) 사람(口)인 왕후. 또는 걸음(彳)을 어린아이(幺)처럼 천천히 걸으면(夂) 남보다 뒤쳐진다는 데서 '뒤(後)'라는 뜻
厂 : 기슭 (엄), 一 : 한 (일), 口 : 사람, 彳 : 조금 걸을 (척), 幺 : 작을 (요), 夂 : 뒤져 올 (치)

1 后面 hòumiàn 뒤, 뒤쪽

3 后来 hòulái 그 후, 그 다음, 그 뒤

4 后悔 hòuhuǐ 후회하다

5 后背 hòubèi 등 后果 hòuguǒ (주로 안 좋은) 결과

055

부수 : 夕 / 총획수 : 6 / 新HSK 1, 3, 5급

多
duō
많을 **다**

저녁(夕)과 저녁(夕)이 거듭 지나가니 날짜가 많아진다(多).
夕 : 저녁 (석)

1 多 duō 얼마나, (수량이) 많다 多少 duōshao 얼마, 몇

3 多么 duōme 얼마나

5 多余 duōyú 여분의, 나머지의 多亏 duōkuī 은혜를 입다, 덕택이다

056

부수 : 宀 / 총획수 : 8 / 新HSK 3~5급

定
dìng
정할 **정**

집(宀) 안에 가구가 놓여야 할 자리를 올바로(正) 정하다(定).
宀 : 집 (면), 正 : 바를 (정)

3 决定 juédìng 결정하다

4 规定 guīdìng 규정(하다)

5 确定 quèdìng 확정하다 稳定 wěndìng 안정되다

固定 gùdìng 고정되다 制定 zhìdìng 제정하다

057

부수 : 제부수 / 총획수 : 6 / 新HSK 3~5급

行
xíng
다닐 **행**

사람이 많이 다니는 큰길 사거리 모양을 본떠서 만든 글자로, 큰길 사거리가 사람들이 가장 많이 지나다닌다는 데서 '다니다(行)'라는 뜻

③ 行李箱 xínglǐxiāng 트렁크, 여행용 가방

④ 行 xíng 유능하다, 걷다, 가다, ~해도 좋다
举行 jǔxíng 거행하다 流行 liúxíng 유행하다

⑤ 行动 xíngdòng 행동 行人 xíngrén 행인 行为 xíngwéi 행위

● 行이 (háng)으로 발음되는 경우 대표 훈과 음은 '항렬 (항)'으로 중국에서 사용빈도 752위에 올라있고, 주로 명사로 쓰입니다.
⑨ 行列(hángliè) 항렬 银行(yínháng) 은행 行业(hángyè) 직업

058

부수 : 子 / 총획수 : 8 / 新HSK 1, 4~5급

学 學
xué   배울 **학**

점점(丶丶) 더 많은 글자(字)를 배운다(学). 또는 아이들(子)이 서당(冖)에서 두 손으로 책을 잡고(臼) 훈장을 본받으며(爻) 글을 배운다(學).
丶丶 : 점점, 字 : 글자 (자), 子 : 아들 (자), 冖 : 집(여기서는 글방인 서당을 가리킴), 臼 : 양 손으로 맞잡은 모양, 爻 : 본받을 (효)

❶ 学习 xuéxí 공부하다 学校 xuéxiào 학교 学生 xuésheng 학생

④ 学期 xuéqī 학기

⑤ 学问 xuéwen 학문 学术 xuéshù 학술 学历 xuélì 학력

059

부수 : 氵 / 총획수 : 8 / 新HSK 3~5급

法
fǎ
법 **법**

물(氵)이 높은 데서 낮은 데로 흘러가는(去) 것은 자연의 법칙이니 법(法)이라는 뜻
氵(水) : 물 (수), 去 : 갈 (거)

③ 办法 bànfǎ 방법, 수단

④ 方法 fāngfǎ 방법 法律 fǎlǜ 법률 法院 fǎyuàn 법원
看法 kànfǎ 견해 语法 yǔfǎ 어법

⑤ 合法 héfǎ 법에 맞다, 합법적이다

부수 : 戶 / 총획수 : 8 / 新HSK 4~5급

060

所
suǒ
바 소/곳 소

도끼(斤)는 권력의 상징이니 집(戶)의 안전한 곳(所)에 보관한다.
斤 : 도끼 (근), 戶 : 집 (호)

4 所 suǒ 채, 동(학교·병원 등 건물을 세는 단위) 장소

> 两所学校 liǎng suǒ xuéxiào 두 채의 학교
> 一所医院 yì suǒ yīyuàn 한 동의 병원
> 厕所 cèsuǒ 화장실, 변소 派出所 pàichūsuǒ 파출소
> 研究所 yánjiūsuǒ 연구소, 대학원
> 招待所 zhāodàisuǒ (관공서·공장 등의) 숙박시설

(조) ~하는 사람, ~하는 바의 것(동사의 명사화)

> 大家所提的意见 dàjiā suǒ tí de yìjiàn 모두가 내놓은 의견
> 我所认识的人 wǒ suǒ rènshi de rén 내가 아는 사람

5 所有 suǒyǒu 모든, 전부의

> 房间里所有的东西都拿走了°
> Fángjiān li suǒyǒu de dōngxi dōu ná zǒu le.
> 방 안의 모든 물건을 다 가지고 갔다.

• 因为~, 所以~(yīnwèi~, suǒyǐ~) : ~때문에, 그래서 ~하다

> 因为他身体不舒服, 所以最近没来上课(Yīnwèi tā shēntǐ bù shūfu, suǒyǐ zuìjìn méi lái shàngkè)°
> 그는 몸이 편치 않았기 때문에, 그래서 요즘 수업에 오지 못했다.

⭐TIP 한국 한자음과 중국어 병음·성조와의 연관성(6)

한자어로 중성을 '~ㅐ'로, 즉 '재, 채, 새'로 발음하는 글자의 중국어 발음은 대부분 권설음이 아닙니다.
예 '재, 채, 새'가 비 권설음인 경우
zai : 在, 再, 栽, 宰, 災
cai : 材, 才, 财, 彩, 菜
sai : 塞, 赛
(단, 중성을 '~ㅐ'로 발음하면서도 권설음인 한자어는 극히 드물어서 '債·寨·齋(zhai)·釵(chai)' 등 몇 자뿐입니다.)

061

부수 : 氏 / 총획수 : 5 / 新HSK 4급

民

mín
백성 **민**

모든 성씨(氏)를 포괄하니(一) 백성(民)이라는 뜻
氏 : 성씨 (씨), 一 : 덮을 (멱)

4 民族 mínzú 민족

예 中国有五十五个少数民族。
Zhōngguó yǒu wǔ shí wǔ ge shǎoshù mínzú.
중국에는 55개의 소수민족이 있다.

062

부수 : 彳 / 총획수 : 11 / 新HSK 2, 4급

得

dé
얻을 **득**

부지런히 걸어(彳) 다녀서 아침(旦)부터 손(寸)에 무엇인가를 얻다(得).
彳 : 가다, 旦 : 아침 (단), 寸 : 마디 (촌)

2 동사/형용사 + 得 + 결과보어/정도보어

예 看得见 kàn de jiàn 볼 수 있다, 보이다
拿得动 ná de dòng 들어서 움직일 수 있다
来得及 lái de jí 제 시간에 대다

4 获得 huòdé 얻다, 획득하다

[참고] 得 děi ~해야 한다

예 要取得好成绩，就得努力学习。
Yào qǔdé hǎo chéngjì, jiù děi nǔlì xuéxí.
좋은 성적을 얻으려면, 노력해서 공부해야 한다.

• 得이 조동사로 쓰일 경우 (děi)로 발음합니다.
예 我得完成这个工作(Wǒ děi wánchéng zhè ge gōngzuò)。
나는 이 일을 완성해야 한다.

• 得이 구조조사로 쓰여 정도보어나 가능보어를 나타낼 때는 경성(de)으로 발음합니다.
예 路上堵车堵得很厉害(Lùshang dǔchē dǔ de hěn lìhai)。
도로에 차가 심하게 막힌다.
老师写的汉字很清楚，我都看得懂(Lǎoshī xiě de hànzì hěn qīngchu, wǒ dōu kàn de dǒng)。
선생님이 쓰신 한자는 매우 명확해서, 나는 모두 알아볼 수 있다.

063

부수 : 糹 / 총획수 : 8 / 新HSK 3~5급

经

jīng

經

지날 **경**

실(糸)이 물줄기(巠)처럼 세로로 길게 흘러 지나가다(經).
糹(糸) : 실 (사), 巠 : 지하수·물줄기 (경)

3 经常 jīngcháng 늘, 항상
经过 jīngguò 경유하다
经理 jīnglǐ 지배인, 매니저

4 经济 jīngjì 경제 经历 jīnglì 경험하다
经验 jīngyàn 경험

5 经典 jīngdiǎn 경전 经商 jīngshāng 장사하다
经营 jīngyíng 경영하다

064

부수 : 제부수 / 총획수 : 2 / 新HSK 1, 4급

十

shí

열 **십**

一은 숫자를 나타내고 丨은 십의 단위를 나타낸다. 十은 열이고, 廿은 스물이
며, 卅은 서른이 된다.

1 十 shí 10, 열 十号 shí hào 10일

4 十分 shífēn 아주, 매우

065

부수 : 一 / 총획수 : 3 / 新HSK 1, 5급

三
sān
석 삼

손가락 세 개(三)를 옆으로 펴서 숫자 3을 나타낸다.

1 三 sān 3, 셋

예 三角形 sānjiǎoxíng 삼각형

5 再三 zàisān 몇 번씩, 재삼, 여러 번

066

부수 : 口 / 총획수 : 5 / 新HSK 3~4급

只
zhǐ

祗
다만 지

노아의 대홍수 사건 이후, 이 세상에 사람(口)은 노아의
여덟(八) 식구만 '단지, 다만(只)' 남았더라.
口 : 사람, 八 : 여덟 (팔)

3 只有 zhǐyǒu ~해야만 ~이다 只 zhǐ 다만

4 只要 zhǐyào ~하기만 하면 只好 zhǐhǎo 부득이

- 只有~才~(zhǐyǒu~cái~) : ~해야만 ~이다

  예 只有依靠专家, 才能解决这个问题(Zhǐyǒu yīkào zhuānjiā, cái néng jiějué
  zhè ge wèntí)。
  전문가에게 의뢰해야만, 비로소 이 문제를 해결할 수 있다.

- 只要~就~(zhǐyào~jiù~) : 만약 ~하기만 하면 ~하다

  예 只要你亲自去, 问题就解决了(Zhǐyào nǐ qīnzì qù, wèntí jiù jiějué le)。
  만약 당신이 직접 가기만 하면, 문제는 해결된다.

067

进　進
jìn　나아갈 진

부수 : 辶 / 총획수 : 7 / 新HSK 2, 4~5급

우물(井)가에 물을 긷고자 나아가다(辶). 또는 새(隹)가 앞을 향하여 날아가며(辶) 나아가다(進).
井 : 우물 (정), 辶 : 가다, 隹 : 새 (추), 辶 : 가다

2 进 jìn (밖에서 안으로) 들다
　进来 jìnlái 들어오다　进去 jìnqù 들어가다
4 进行 jìnxíng 진행하다
5 进口 jìnkǒu 수입하다　进步 jìnbù 진보하다

068

着　着
zhe/zháo　붙을 착

부수 : 目 / 총획수 : 11 / 新HSK 2~3, 5급

양(羊)들의 눈(目)은 목동의 지팡이(丿)에 시선을 붙인다(着).
羊 : 양 (양), 目 : 눈 (목), 丿 : 지팡이

2 着 zhe ~하고 있다(지속)
　(예) 你还活着呢! Nǐ hái huózhe ne! 너 아직 살아있었구나!
　(조) ~인 채로 있다
　　(예) 墙上挂着一幅画。Qiáng shang guà zhe yì fú huà.
　　벽에 한 폭의 그림이 걸려진 채로 있다.
3 着急 zháojí 조급해하다
5 着火 zháohuǒ (불이) 붙다　着凉 zháoliáng 감기에 걸리다

- 着가 '입다, 접촉하다, 덧붙이다'의 의미로 쓰일 경우 (zhuó)로 발음합니다.
　(예) 着制服(zhuó zhìfú) 제복을 입다　　着手(zhuóshǒu) 착수하다
　　着想(zhuóxiǎng) 생각하다　　　　着重(zhuózhòng) 치중하다

等 děng 무리 등

대나무(竹)로 된 문서를 관청(寺)에서 다루는 많은 사람의 무리(等).
竹(⺮) : 대 (죽), 寺 : 절 (사)

2 等 děng 기다리다

예 等一下! děng yí xià! 잠깐 기다리세요!

4 等 děng 등, 따위

5 等待 děngdài 기다리다　等于 děngyú ~와 같다

예 三加五等于八。 Sān jiā wǔ děngyú bā. 3 더하기 5는 8이다.

部 bù 나눌 부

나라 땅을 고을(邑=⻖) 단위로 갈라서(剖) 행정구역을 나누다(部).
⻖(邑) : 고을 (읍), 剖 : 가를 (부)

4 部分 bùfen (전체 중의) 부분

5 部门 bùmén 부문, 부서

(양) 部 bù 서적·영화 따위에 쓰임

예 这部电影 zhè bù diànyǐng 이 영화
那部小说 nà bù xiǎoshuō 그 소설

★TIP 한국 한자음과 중국어 병음 · 성조와의 연관성(7)

한국 한자음에서 중성모음을 '~ㅐ'로 발음하는 것은 대부분 중국어에서 '~ㅏ, ~ㅣ'로 발음합니다.

예 해(海) – hǎi, 애(愛) – ài, 재(在) – zài, 개(改) – gǎi, 내(耐) – nài, 매(買) – mǎi

071

부수 : 广 / 총획수 : 9 / 新HSK 4~5급

度
dù
법도 도

집(广)안에서 많은(廿) 사람을 한(一) 마음으로 내 손(又)처럼 부리고자 만들어 낸 것이 일정한 '기준, 법도(度)'이다.

广 : 집 (엄), 廿 : 많은 수를 표시, 一 : 한 (일), 又 : 오른손 (우)

4 温度 wēndù 온도 速度 sùdù 속도 态度 tàidu 태도

5 度过 dùguò (시간을) 보내다, 지내다 制度 zhìdù 제도

072

부수 : 宀 / 총획수 : 10 / 新HSK 1, 4~5급

家
jiā
집 가

지붕(宀) 밑에서 돼지(豕)를 기르던 사람의 집(家). 한 분야의 전문가를 뜻하기도 한다.

宀 : 집 (면), 豕 : 돼지 (시)

1 家 jiā 집

4 家具 jiājù 가구 作家 zuòjiā 작가

5 家庭 jiātíng 가정 家务 jiāwù 집안일 家乡 jiāxiāng 고향
专家 zhuānjiā 전문가

073

부수 : 田 / 총획수 : 5 / 新HSK 1, 3, 5급

电 電
diàn 번개 전

밭(田)에 불줄기 빛이 꼬리(乚)처럼 번쩍이는 번개(电). 또는 비(雨)가 내릴 때 번쩍하고 빛이 펴지는(申) 것이 번개(電)이다.

田 : 밭 (전), 乚 : 꼬리 모양, 雨 : 비 (우), 申 : 펼 (신)

1 电脑 diànnǎo 컴퓨터 电视 diànshì 텔레비전 电影 diànyǐng 영화

3 电梯 diàntī 엘리베이터 电子邮件 diànzǐ yóujiàn 이메일

5 电台 diàntái 방송국 电池 diànchí 전지

074

부수 : 제부수 / 총획수 : 2 / 新HSK 3~5급

力
lì
힘 력

팔에 힘(力)을 주어서 나온 알통 부분을 본떠서 만든 한자

③ 努力 nǔlì 노력하다

④ 力气 lìqi 힘   能力 nénglì 능력

⑤ 力量 lìliang 힘, 역량   权力 quánlì 권력

075

부수 : 제부수 / 총획수 : 7 / 新HSK 1, 4급

里   裏
lǐ   속/마을 리

밭(田)과 토지(土)가 있는 곳에 사람이 모여 사는 마을(里)이 있다.
田 : 밭 (전), 土 : 흙 (토)

(접미) '这, 那, 哪' 등의 뒤에서 장소를 나타낸다.
　　例 这里 zhè lǐ 여기, 이곳   那里 nà lǐ 저기, 그곳   哪里 nǎ lǐ 어디

(명) 里边 lǐbian 안, 속

① 里 lǐ 안쪽, 가운데, 내부

④ 公里 gōnglǐ 킬로미터(km)

• 里가 경성(li)으로 발음될 때는 명사 뒤에서 방위를 나타냅니다.
　　例 房间里(fángjiān li) 방 안   书包里(shūbāo li) 책가방 안

076

부수 : 女 / 총획수 : 6 / 新HSK 3, 5급

如
rú
같을 여

여인(女)은 집안 식구(口)를 내 몸같이(如) 사랑하고 아낀다. 또는 살림만 하는 여인(女)들의 입(口)에서 하는 말은 똑같다(如).
女 : 여자 (녀), 口 : 식구·입 (구)

③ 如果 rúguǒ 만약

⑤ 如何 rúhé 어떠한가   如今 rújīn 현재, 오늘날
　　假如 jiǎrú 가령, 만일   不如~ bùrú ~만 못하다, ~하는 편이 낫다

077

水
shuǐ
물 수

부수 : 제부수 / 총획수 : 4 / 新HSK 1, 3~4급

시냇물(川 → 氺 → 水)이 흐르는 모습을 본떠 만든 한자

1 水 shuǐ 물 水果 shuǐguǒ 과일

3 水平 shuǐpíng 수준

4 矿泉水 kuàngquánshuǐ 광천수, 생수

078

化
huà
될 화

부수 : 匕 / 총획수 : 4 / 新HSK 3, 5급

사람(亻)에게 비수(匕 : 칼)를 들이대면 표정이 변하게 된다는 데서 '되다(化)'
라는 뜻. 또는 사람(亻)이 늙으면 허리가 굽은(匕) 노인으로 변화되어 간다는 데
서 '되다(化)'라는 뜻
亻(人) : 사람 (인), 匕 : 비수 (비), 허리가 굽은 사람의 옆모습

3 变化 biànhuà 변화 文化 wénhuà 문화

5 化学 huàxué 화학

079

高
gāo
높을 고

부수 : 제부수 / 총획수 : 10 / 新HSK 1~2, 4~5급

지붕(亠)과 창문(口)과 성벽(冂)과 출입문(口)이 있는 성(城)이 옛날에는 대표
적인 높은(高) 건물이었다는 데서 '높다(高)'라는 뜻

1 高兴 gāoxìng 기쁘다, 즐겁다

2 高 gāo (높이가) 높다, (키가) 크다

4 高速公路 gāosù gōnglù 고속도로

5 高档 gāodàng 고급의, 상등의 高级 gāojí (품질이) 고급인

080

부수 : 제부수 / 총획수 : 6 / 新HSK 3~5급

自
ZÌ
스스로 **자**

사람들이 손가락(丿) 하나로 코(目)를 가리키며 자기(自)를 지칭하여 '스스로'라는 뜻을 나타내게 됨

③ 自己 zìjǐ 자기　自行车 zìxíngchē 자전거

④ 自然 zìrán 자연　自信 zìxìn 자신감

⑤ 自由 zìyóu 자유　自愿 zìyuàn 자원하다　自觉 zìjué 자각하다
自动 zìdòng 자동으로　自私 zìsī 이기적이다
自豪 zìháo 자랑스럽다　自从 zìcóng ~부터

⭐TIP 　한국 한자음과 중국어 병음·성조와의 연관성(8)

중국어로 '주', '추', '수'로 발음하는 글자 가운데 한자어로 '조', '초', '소'로 발음하는 것은 대부분 비권설음입니다.

例 '조', '초', '소'가 비 권설음인 경우

　zu ： 組, 租, 祖

　cu ： 粗, 醋

　su ： 蘇, 素, 訴, 塑

081

부수 : 제부수 / 총획수 : 2 / 新HSK 1, 6급

二
èr
두 이

손가락 두 개(二)를 옆으로 펴서 숫자 2를 나타낸다.

1 二 èr 2, 둘

6 二氧化碳 èryǎnghuàtàn 이산화탄소(CO_2)

082

부수 : 王 / 총획수 : 11 / 新HSK 4~5급

理
lǐ
다스릴 리

임금(王)이 큰 나라를 마을(里) 단위로 나누어 다스리다(理).
王 : 임금 (왕), 里 : 마을 (리)

4 理发 lǐfà 이발하다　理解 lǐjiě 이해하다　理想 lǐxiǎng 이상

5 理论 lǐlùn 이론　理由 lǐyóu 이유

083

부수 : 走 / 총획수 : 10 / 新HSK 2~3급

起
qǐ
일어날 기

달리기(走) 위하여 몸(己)을 일으키다(起).
走 : 달릴 (주), 己 : 몸 (기)

2 起床 qǐchuáng (잠자리에서) 일어나다

3 起飞 qǐfēi 이륙하다　起来 qǐlái 일어나다
看不起 kànbuqǐ 무시하다

084

부수 : 제부수 / 총획수 : 3 / 新HSK 1~5급

小
xiǎo
작을 소

물건 하나를 연장을 사용하여(亅) 양쪽으로 나누면(八) 크기가 작아진다(小).
亅 : 갈고리 (궐), 八 : 나눌 (팔)

1 小 xiǎo 작다　小姐 xiǎojiě 아가씨

2 小时 xiǎoshí 시간

3 小心 xiǎoxīn 조심하다

4 小说 xiǎoshuō 소설　小吃 xiǎochī 간식
　小伙子 xiǎohuǒzi 총각, 젊은 청년

5 小气 xiǎoqì 인색하다　小麦 xiǎomài 밀

085

부수 : 牛 / 총획수 : 8 / 新HSK 3~5급

物
wù
물건 물

소(牛)는 아무나 함부로 손대지 말아야(勿) 할 제물이고 귀한 물건(物)
牛 : 소 (우), 勿 : 말 (물)

3 动物 dòngwù 동물　礼物 lǐwù 선물

4 购物 gòuwù 물건을 사다　植物 zhíwù 식물

5 物理 wùlǐ 물리　物质 wùzhì 물질

086

부수 : 王 / 총획수 : 8 / 新HSK 1, 4~5급

现　現
xiàn　나타날 현

구슬(王)을 닦아서 들여다보면(見) 광채가 나타난다(現).
玉 → 王 : 구슬 (옥), 見 : 볼 (견)

1 现在 xiànzài 지금, 현재

4 现金 xiànjīn 현금

5 现实 xiànshí 현실　现象 xiànxiàng 현상
　现代 xiàndài 현대

087

부수 : 宀 / 총획수 : 8 / 新HSK 4~5급

实
shí

實
열매 **실**

집(宀) 안에 머리(头)통처럼 매달아 두는 수확한 열매 (实). 또는 집(宀) 안에 꿰놓은(毌) 돈다발(貝)은 일한 결과로 거둔 열매(實)

宀 : 집 (면), 头 : 머리 (두)의 간체자, 毌 : 꿰뚫을 (관), 貝 : 돈, 재물

4 实际 shíjì 실제 实在 shízài 정말, 확실히

5 实话 shíhuà 실화 实践 shíjiàn 실천하다 实习 shíxí 실습하다
实验 shíyàn 실험 实用 shíyòng 실용적이다

088

부수 : 力 / 총획수 : 5 / 新HSK 3~4급

加
jiā
더할 **가**

힘(力)을 쓰고 있는 사람 옆에서 입(口)으로 응원하니 힘이 더한다(加).
力 : 힘 (력), 口 : 입 (구)

3 参加 cānjiā 참가하다

4 加班 jiābān 초과 근무를 하다 加油站 jiāyóuzhàn 주유소

089

부수 : 里 / 총획수 : 12 / 新HSK 4~5급

量
liàng
분량 **량**

말(曰)로 하루(一) 동안 지나온 마을(里)의 수를 헤아린다(量).
曰 : 말하다, 一 : 한 (일), 里 : 마을 (리)

4 质量 zhìliàng 품질

5 重量 zhòngliàng 무게, 중량

• 量의 대표 훈과 음은 '헤아릴 (량)'이고 이 경우 2성(liáng)으로 소리가 납니다.

◉ 4급 어휘 : **商量**(shāngliáng) 상의하다
量体温(liáng tǐwēn) 체온을 재다

부수 : 阝 / 총획수 : 11 / 新HSK 1, 4급

090

都

dōu

都

모두 **도**

사람(者)이 가장 많이 모여 사는 고을(阝)이 바로 도읍지 (都)

者 : 사람 (자), 阝(邑) : 고을 (읍)

1 都 dōu 모두

예 **我们都是韩国人。** Wǒmen dōu shì Hánguórén.

우리들은 모두 한국인이다.

4 首都 shǒudū 수도

예 **首尔是韩国的首都。** Shǒu'ér shì Hánguó de shǒudū.

서울은 한국의 수도이다.

- 都의 대표 훈과 음은 '도읍 (도)'이고 이 경우 (dū)로 발음합니다.

  예 **北京首都国际机场**(Běijīng shǒudū guójì jīchǎng) 북경수도국제공항

- 참고로 都(번체자)와 都(간체자)는 '丶' 하나 차이입니다.

⭐TIP 한국 한자음과 중국어 병음·성조와의 연관성(9)

'주', '추', '수'로 발음하는 것은 대부분 권설음입니다(단, '**助**', '**初**', '**楚**', '**疏**' 등 몇 자는 '조', '초', '소'로 읽지만 예외로 권설음입니다).

예 '주', '추', '수'가 권설음인 경우

zhu : 主, 住, 朱, 鑄

chu : 廚, 芻, 鄒

shu : 數, 輸, 樹, 竪, 樞

091

부수 : 一 / 총획수 : 7 / 新HSK 2급

两

liǎng

兩

두 **량**

하나(一)의 성벽(冂)에 두 사람(人人)씩 짝지어 보초를 서다. 또는 비(雨)를 피하기 위해 건물 안으로 두 사람이 들어가니(入入) '둘(兩)'이라는 뜻
一 : 한 (일), 冂 : 성·멀 (경), 人 : 사람 (인), 雨 : 비 (우), 入 : 들 (입)

2 两 liǎng 2, 둘

예 **两个人** liǎng ge rén 두 사람

- 两은 양사가 결합된 경우 쓰입니다. 이때 어순은 '수사 + 양사 + 명사'의 형태입니다.

  예 **两本书**(liǎng běn shū) 두 권의 책 **两瓶可乐**(liǎng píng kělè) 두 병의 콜라

- 아주 많은 숫자 가운데 둘을 뜻할 경우는 二(두 이)를 쓰고, 전체가 둘 뿐인 것은 兩(두 량)을 씁니다.

  예 양친(兩親) 양면(兩面)테이프 (신랑과 신부의) 양가(兩家) 부모님

092

부수 : 亻 / 총획수 : 7 / 新HSK 3, 5급

体

tǐ

體

몸 **체**

사람(亻)의 근본(本)을 이루는 것은 몸(体)이다. 또는 뼈(骨)와 살이 풍성하게(豊) 모여서 만들어진 것이 인간의 몸(體)이다.
亻(人) : 사람 (인), 本 : 근본 (본), 骨 : 뼈 (골), 豊 : 풍성할 (풍)

3 体育 tǐyù 체육

5 体验 tǐyàn 체험 体现 tǐxiàn 구현하다 体贴 tǐtiē 자상하게 돌보다
体会 tǐhuì (체험에서 얻은) 느낌, 경험

093

부수 : 刂 / 총획수 : 8 / 新HSK 5급

制 製

zhì

지을 **제**

소(牛)의 가죽(巾)을 칼(刂)로 잘라서 옷감을 만든다는
데서 '짓다, 만들다(制)'란 뜻
牛 : 소 (우), 巾 : 수건 (건), 刂 : 칼 (도), 衣 : 옷 (의)

5 制定 zhìdìng 제정하다 制度 zhìdù 제도 限制 xiànzhì 제한하다
制造 zhìzào 제조하다 制作 zhìzuò 제작하다

094

부수 : 木 / 총획수 : 6 / 新HSK 1~3, 5급

机 機

jī

틀/기계 **기**

나무(木) 몇(几) 개로 얽어서 만든 베틀을 짜는 기계(机).
또는 사람이 지키고(戍) 앉아서 실(絲)을 뽑아내어 천을
짜는 나무(木)로 만든 기계(機)가 베틀이다.
木 : 나무 (목), 几 : 몇 (기), 戍 : 지킬 (수), 絲 : 실 (사)

1 飞机 fēijī 비행기

2 机场 jīchǎng 공항 手机 shǒujī 휴대 전화

3 机会 jīhuì 기회 司机 sījī 운전기사 照相机 zhàoxiàngjī 카메라

5 机器 jīqì 기기, 기계

095

부수 : 小 / 총획수 : 6 / 新HSK 3~5급

当
dāng

當
마땅할 **당**

남을 도움에 작은(小) 손길(ㅋ)이라도 정성을 다함은 마땅하다(当). 또는 이웃 간의 분쟁을 막고자 밭(田)두둑을 높이(尚) 쌓아 경계선 표시를 분명히 하는 것이 마땅하다(當).

小 : 작을 (소), ㅋ : 손 모양, 田 : 밭 (전), 尚 : 높일 (상)

3 当然 dāngrán 당연하다

4 当 dāng ~가 되다

5 当地 dāngdì 현지　当时 dāngshí 당시　当心 dāngxīn 조심하다

096

부수 : 亻 / 총획수 : 8 / 新HSK 4~5급

使
shǐ
하여금 **사**

윗사람(亻)이 관리(吏)로 하여금(使) 어떤 일을 하도록 시키다.
亻(人) : 높은 사람 (인), 吏 : 낮은 벼슬아치·아전 (리)

4 使 shǐ (~에게) ~시키다, ~하게 하다(사역)

⑨ **虚心使人进步，骄傲使人落后°**
Xūxīn shǐ rén jìnbù, jiāo'ào shǐ rén luòhòu.
겸손은 사람을 진보시키고, 교만은 사람을 낙후시킨다.

使用 shǐyòng 사용하다　大使馆 dàshǐguǎn 대사관

5 使劲儿 shǐjìnr 힘을 쓰다

097

부수 : 灬 / 총획수 : 9 / 新HSK 1, 4~5급

点
diǎn

點
점 점

점령한(占) 남의 땅 곳곳에 불(灬)을 지르고 깃발을 세워 점을 찍다(点). 또는 검은(黑) 먹물이 떨어져서 종이의 한 부분을 차지한다(占)는 데서, '점, 점찍다(點)'라는 뜻
占 : 차지할 (점), 灬(火) : 불 (화), 黑 : 검을 (흑)

1 点 diǎn 시(時) 一点儿 yìdiǎnr 조금, 약간

4 重点 zhòngdiǎn 중점

5 点心 diǎnxīn 간식

• 一点儿(yìdiǎn)은 형용사 뒤에 와서 '조금, 약간(비교)'의 뜻을 나타내고, 有点儿(yǒudiǎnr)은 형용사 앞에 와서 '조금, 약간(불만)'의 뜻을 나타냅니다.

예 今天比昨天冷一点儿(Jīntiān bǐ zuótiān lěng yìdiǎnr)。
오늘은 어제보다 약간 춥다.

这个菜很好吃，就是有点儿贵(Zhè ge cài hěn hǎochī, jiù shì yǒudiǎnr guì)。
이 요리는 매우 맛있는데, 단지 좀 비싸다.

098

부수 : 人 / 총획수 : 4 / 新HSK 2, 4~5급

从
cóng

從
좇을 종

사람(人)이 사람(人)을 쫓아 다닌다(从). 또는 앞서 간 사람(人人)들의 발자국(止)을 따라서 길을 가니(彳) 쫓아가다(從).
人 : 사람 (인), 止 : 발 (소), 彳: 조금 걸을 (척)

2 从 cóng ~부터 自从 zìcóng ~부터

4 从来 cónglái (과거부터) 지금까지, 여태껏

5 从事 cóngshì 종사하다 从前 cóngqián 옛날, 이전

从而 cóng'ér 따라서, 그리하여 从此 cóngcǐ 이로부터

업 업

부수 : 一 / 총획수 : 5 / 新HSK 3~5급

땅(一) 위에 기둥(丨丨) 두 개를 세우고 양쪽(ㅛ)에서 두 사람이 집을 짓다(业). 또는 나무 틀(业)을 세워 양(羊)을 나누어(八) 기르는 일을 하다(業).

一 : 땅을 나타냄, 丨丨 : 기둥 두 개의 모양, ㅛ : 양쪽에서 두 사람이 함께 일을 하는 모양, 业 : 나무 틀의 모양, 羊 : 양 (양), 八 : 나눌 (팔)

3 作业 zuòyè 숙제

예 你做什么作业? Nǐ zuò shénme zuòyè? 너 무슨 숙제를 하니?

4 (1) 业务 yèwù 업무

예 你的主要业务是什么? Nǐ de zhǔyào yèwù shì shénme?
당신의 주요 업무는 무엇입니까?

(2) 毕业 bìyè 졸업하다

예 你什么时候毕业? Nǐ shénme shíhou bìyè?
당신은 언제 졸업합니까?

(3) 职业 zhíyè 직업

예 你的职业是什么? Nǐ de zhíyè shì shénme?
당신의 직업은 무엇입니까?

(4) 专业 zhuānyè 전공, 전문

예 我的专业是汉字学° Wǒ de zhuānyè shì Hànzìxué.
나의 전공은 한자학이다.

5 业余 yèyú 여가(시간) 商业 shāngyè 상업 工业 gōngyè 공업
农业 nóngyè 농업 企业 qǐyè 기업 营业 yíngyè 영업하다
行业 hángyè 업종

100

부수 : 木 / 총획수 : 5 / 新HSK 1, 4~5급

本
běn
근본 **본**

나무(木)의 뿌리(一)가 근본(本)이라는 데서 나무의 밑동 부분에 점을 찍어서 나타낸 글자이다.
木 : 나무 (목), 一 : 뿌리 부분의 점을 선으로 표현함

1 本 běn 책, 공책, 권

예 我通常每个月看十本书。
　　Wǒ tōngcháng měi ge yuè kàn shí běn shū.
　　나는 보통 매달 10권의 책을 읽습니다.

4 本来 běnlái 원래, 본래

5 本领 běnlǐng 능력, 기량 本科 běnkē (대학교의) 학부
　　本质 běnzhì 본질

⭐TIP **왜 중국에는 한국에서 사용하지 않는 한자가 많은 걸까요?(1)**

우리말에 쓰이고 있는 한자어는 11세기 이전의 중국 한자를 흡수했기 때문에, 현대 중국어에서 쓰는 한자는 우리에게 생소한 것들이 많습니다. 중국에서 11세기 이후에 생긴 말과 글은 우리나라에 흡수되지 않았기 때문입니다.
예 啊, 哎, 吧, 妈, 爸, 您, 呢, 哪, 你

101

부수 : 厶 / 총획수 : 5 / 新HSK 1~2, 5급

去
qù
갈 거

낯선 곳에 가면 사람(土)들이 많이 가는 곳으로 팔이 굽어(厶) 간다(去).
土(大 → 土) : 흙 (토)는 사람의 형상을 본떠서 만든 큰 (대)의 변형, 厶 : 사사 (사)

❶ 去 qù 가다, 떠나다 ↔ **❶** 来 lái 오다

❷ 去年 qùnián 작년

❺ 去世 qùshì 돌아가다, 세상을 뜨다

- 去(qù)나 来(lái)가 동사 뒤에서 방향보어로 쓰이면 경성으로 발음합니다. 이 때 来는 말하는 주체로부터 동작이 가까워져 감을 나타내고 去는 말하는 주체로부터 동작이 멀어져 감을 나타냅니다.
  - 예 上去(shàng qu) 올라가다　下去(xià qu) 내려가다　出去(chū qu) 나가다
    回去(huí qu) 돌아가다　进来(jìn lai) 들어오다　起来(qǐ lai) 일어나다
    过来(guò lai) 오다

102

부수 : 扌 / 총획수 : 7 / 新HSK 3, 5급

把
bǎ
잡을 파

손(扌)으로 뱀(巴)의 머리를 잡다(把).
扌(手) : 손 (수), 巴 : 뱀 (파)

❸ 把 bǎ ~를 ~하게 하다

  예 我想把美元换成人民币。
    Wǒ xiǎng bǎ měiyuán huàn chéng rénmínbì.
    나는 달러를 인민폐로 바꾸고 싶습니다.

❺ 把握 bǎwò (성공에 대한) 자신, 가망

- 把는 손잡이가 있는 물건을 세는 양사로도 쓰입니다.
  - 예 一把伞(yì bǎ sǎn) 우산 한 자루　一把椅子(yì bǎ yǐzi) 의자 하나
    一把扇子(yì bǎ shànzi) 부채 하나　一把刀(yì bǎ dāo) 칼 한 자루

- 把는 목적어를 서술어 앞으로 전치시키는 역할을 하는 개사로도 쓰입니다(처치식 구문). 이때 어순은 '주어 + 把 + 목적어 + 술어 + 기타성분'입니다.
  - 예 我把那杯咖啡喝完了(Wǒ bǎ nà bēi kāfēi hē wán le)。
    나는 그 커피를 다 마셔버렸다.

103

부수 : 忄 / 총획수 : 8 / 新HSK 4~5급

性
xìng
성품 **성**

인간이 태어날(生) 때부터 갖고 있는 마음(忄)이 성품(性)이다.
忄(心) : 마음 (심), 生 : 날 (생)

4 性格 xìnggé 성격 性别 xìngbié 성별

5 性质 xìngzhì 성질 个性 gèxìng 개성

104

부수 : 女 / 총획수 : 6 / 新HSK 1~2, 4~5급

好
hǎo/hào
좋을/좋아할 **호**

여자(女)가 아들(子)을 안고 좋아하다(好).
女 : 여자 (녀), 子 : 아들 (자)

1 好 hǎo 좋다 ↔ **3** 坏 huài 나쁘다

2 好吃 hǎochī 맛있다

4 好处 hǎochu 장점, 혜택 好像 hǎoxiàng 마치 ~와 같다

5 好客 hàokè 손님 접대를 좋아하다 好奇 hàoqí 호기심을 갖다

● 好가 '좋아하다'의 의미일 때 4성(hào)으로 발음합니다.

예 3급 어휘 : 爱好(àihào) 취미, 애호

69

105

부수 : 广 / 총획수 : 7 / 新HSK 3~5급

应
yīng/yìng

應
응할 **응**

한 집(广)에 사는 식구들은 점 점 점(丷) 하나(一)로 마땅히 응한다. 또는 집(广)에서 사람(亻)이 기르는 매(隹)는 꿩을 잡아 보살펴 주는 주인의 마음(心)에 응한다(應).
广 : 집 (엄), 丷 : 점 점 점, 一 : 하나, 亻(人) : 사람 (인), 隹 : 새 (추), 心 : 마음 (심)

3 应该 yīnggāi 마땅히 ~해야 한다

> 예 学生应该努力学习。 Xuésheng yīnggāi nǔlì xuéxí.
> 학생은 마땅히 열심히 공부를 해야 한다.

4 应聘 yìngpìn 지원하다 适应 shìyìng 적응하다

5 应付 yìngfu 대응하다, 대처하다 应用 yìngyòng 응용하다

• 应이 '대답하다, 승낙하다'의 의미로 쓰이면 4성(yìng)으로 소리가 납니다.
  예 5급 어휘 : 反应(fǎnyìng) 반응

106

부수 : 廾 / 총획수 : 4 / 新HSK 1~2, 4~5급

开
kāi

開
열 **개**

문(門)의 빗장(一)을 두 손으로(廾) 잡아당겨서 열다(開).
开는 開에서 門 부분을 생략하여 만든 간체자
門 : 문 (문), 一 : 문을 여닫는 빗장, 廾 : 두 손으로 받들 (공)

1 开 kāi
  (1) 열다 ↔ 关 guān 닫다
  (2) (꽃이) 피다 ↔ 谢 xiè (꽃이) 지다

2 开始 kāishǐ 시작되다

4 开玩笑 kāi wánxiào 농담하다 开心 kāixīn 즐겁다

5 开水 kāishuǐ 끓인 물 开幕式 kāimùshì 개막식
  开发 kāifā 개발하다 开放 kāifàng 개방하다

107

它
tā

牠
그것/다를 **타**

부수 : 宀 / 총획수 : 5 / 新HSK 2급

집(宀) 안에 놓아둔 비수(匕)가 바로 그(它) 화근이다.
소(牛 : 포유류)와 뱀(也 : 파충류)은 완전히 다른 환경
속에 살아간다는 데서 '다르다(牠)'라는 뜻
宀 : 집 (면), 匕 : 비수 (비), 牛 : 소 (우), 也 : 뱀 (야)

2 它 tā 그것, 저것(사물·동물을 가리키는 3인칭 대명사)

예 它是母的还是公的? Tā shì mǔ de, háishì gōng de?
그것은 암놈입니까? 아니면 수놈입니까?

108

合
hé
합할 **합**

부수 : 口 / 총획수 : 6 / 新HSK 4~5급

사람(人)들이 한결같이(一) 입(口)을 맞추어 의견이 합치되다(合).
人 : 사람 (인), 一 : 한 (일), 口 : 입 (구)

4 合格 hégé 규격에 맞다 合适 héshì 적합하다

5 合同 hétong 계약서 合影 héyǐng 함께 찍은 사진
合作 hézuò 협력하다 合理 hélǐ 합리적이다
合法 héfǎ 합법적이다

109

부수 : 辶 / 총획수 : 7 / 新HSK 2~3급

还
hái/huán

還
다시/돌아올 환

목적지에 가지(辶) 아니하고(不) 다시(还) 돌아오다. 또는 외로움(睘)에 가던(辶) 길을 다시 돌아온다는 데서 '돌아오다(還)'라는 뜻

辶 : 가다, 不 : 아니 (불), 睘 : 외로울 (경), 辶 : 가다

2 还 hái 역시, 아직, 또

예 **他还没来**° Tā hái méi lái. 그는 아직 오지 않았다.

3 还是 háishi 또는, 아니면, 여전히

예 **在这儿吃，还是带走?** Zài zhèr chī, háishi dài zǒu?
여기서 드시겠습니까, 아니면 가져가시겠습니까?
你还是老样子° Nǐ háishi lǎoyàngzi. 당신은 여전히 그대로이다.

● 还이 (huán)으로 발음될 때는 대표 훈과 음이 '돌아올 (환)'이고 이 경우 중국에서 사용빈도 951위에 올라있습니다.

● 3급 어휘 : 还(huán) 돌아가다, 돌려주다, 반환하다
请把钱还给我(Qǐng bǎ qián huán gěi wǒ)° 돈을 나에게 돌려줘요.

110

부수 : 囗 / 총획수 : 6 / 新HSK 2, 4~5급

因
yīn
인할 인

맹수나 외부 적의 공격에도 안전한 것은 사람(大)이 울타리(囗)에 둘러싸인 까닭이다(因).

大 : 팔과 다리를 벌린 사람의 형상, 囗 : 울타리, 에운담 큰 입구

2 因为~所以~ yīnwèi~suǒyǐ~ : ~ 때문에, 그래서 ~하다

예 **因为现在很忙，所以我没有时间**°
Yīnwèi xiànzài hěn máng, suǒyǐ wǒ méiyǒu shíjiān.
나는 지금 너무 바빠서 시간이 없다.

4 因此 yīncǐ 이로 인하여 原因 yuányīn 원인

5 因而 yīn'ér 그러므로 因素 yīnsù 요소, 성분

⭐TIP 왜 중국에는 한국에서 사용하지 않는 한자가 많은 걸까요?(2)

1) 우리나라 옥편에 수록되지 않은 중국어 간체자가 많기 때문입니다. 1949년 10월 1일 중화인민공
   화국이 성립된 이후, 중국에서 여러 차례에 걸쳐서 간체자 정리 작업을 진행했는데, 이 간화 과정
   에서 우리가 알지 못하는 생소한 글자들이 상당수 생겨났기 때문입니다.
   > 예 등(鄧) - 邓, 찬(燦) - 灿, 촉(燭) - 烛, 매매(賣買) - 买卖, 실(實) - 实, 태(態) - 态,
   > 란(蘭) - 兰
2) 중국인들이 국가에서 법적으로 정한 글자 이외의 속자를 사용하는 경우가 많기 때문입니다. 예를 들
   어서 길거리의 간판이나 식당의 메뉴판, 가게의 창문, 각종 전단지 등에서 볼 수 있습니다.
   > 예 채(菜) - 才, 鷄蛋 - 鸡蛋

111

부수 : 田 / 총획수 : 5 / 新HSK 4~5급

由

yóu
말미암을 유

밭(田)에 싹(丨)이 돋아난 것은 씨앗을 뿌렸기 때문이다(由).
田 : 밭 (전), 丨 : 싹이 하늘 방향으로 돋아난 모양

4 由 yóu ~로부터, ~에서 由于 yóuyú ~때문에, ~로 인하여

예 **由于父母的反对，所以他们无法结婚。**
Yóuyú fùmǔ de fǎnduì, suǒyǐ tāmen wúfǎ jiéhūn.
부모님의 반대 때문에 그들은 결혼할 수 없었다.

5 理由 lǐyóu 이유 自由 zìyóu 자유

112

부수 : 八 / 총획수 : 8 / 新HSK 3~5급

其

qí
그 기

키(甘)를 책상(丌) 위에 놓아두고 그 방향에 놓임을 나타내니 '그(其)'라는 뜻
甘 : 키의 모양, 丌 : 책상 (기)

3 其实 qíshí 사실은 其他 qítā 그 외, 기타

4 其中 qízhōng 그중 其次 qícì 그다음, 부차적인 위치

5 其余 qíyú 나머지

113

부수 : 二 / 총획수 : 8 / 新HSK 1급

些

xiē
적을 사

단지 이(此) 두(二) 가지로만 손님을 대접하기에는 양이 너무 적다(些).
此 : 이 (차), 二 : 두 (이)

1 些 xiē 약간, 조금

예 **那些东西一共多少钱?** Nà xiē dōngxi yígòng duōshao qián?
그 물건들은 모두 얼마입니까?
这些书都是我的。 Zhè xiē shū dōu shì wǒ de.
이 책들은 모두 나의 것이다.

• 些는 '一' 이외의 수사와는 결합할 수 없습니다.

114

부수 : 灬 / 총획수 : 12 / 新HSK 3~5급

然
rán
그럴 **연**

개(犬)를 고기(月)로 먹으려면 불(灬)에 굽는 것이 마땅히 그렇게 해야 한다(然).

犬 : 개 (견), 月(肉) : 고기 (육), 灬(火) : 불 (화)

3 当然 dāngrán 당연하다 然后 ránhòu 그런 후에

4 自然 zìrán 자연 然而 rán'ér 그러나, 하지만

5 果然 guǒrán 과연

115

부수 : 刂 / 총획수 : 9 / 新HSK 1, 5급

前
qián
앞 **전**

멈추어(止=丷) 있는 배(月=舟)의 밧줄을 칼(刀)로 끊으니 배가 앞(前)으로 간다.

止 : 그칠 (지), 舟 : 배 (주), 刂(刀) : 칼 (도)

1 前面 qiánmian 앞, 앞쪽

5 前途 qiántú 전도, 미래 从前 cóngqián 옛날, 이전

116

부수 : 夕 / 총획수 : 5 / 新HSK 2, 5급

外
wài
바깥 **외**

저녁(夕)에 점(卜)을 치고자 바깥으로(外) 나오다. 또는 저녁(夕)에 점(卜)을 치는 것은 관례에서 벗어난 일이라는 데서 '바깥(外)'이라는 뜻

夕 : 저녁 (석), 卜 : 점 (복)

2 外 wài 밖, 바깥

5 外交 wàijiāo 외교 外公 wàigōng 외할아버지

117

天
tiān
하늘 천

부수 : 大 / 총획수 : 4 / 新HSK 1, 5급

사람(大)의 머리 위를 선 하나(一)로 표시하여 하늘(天)을 나타냄
大 : 사람의 형상, 一 : 하늘을 선 하나로 표현함

1 天气 tiānqì 날씨, 일기 昨天 zuótiān 어제 今天 jīntiān 오늘
明天 míngtiān 내일

5 天空 tiānkōng 하늘 天真 tiānzhēn 천진하다

- 위 1급 어휘에서는 우리 한자어에 날 일(日)이 들어가는 어휘인 日氣, 昨日, 今日, 明日 등을 모두 하늘 천(天)으로 바꿔 표현한 단어들입니다.

118

政
zhèng
정사 정

부수 : 攵 / 총획수 : 9 / 新HSK 5급

잘못된 부분을 채찍으로 때려서(攵) 올바른(正) 행동을 하도록 다스리니 정사(政)라는 뜻
正 : 바를 (정), 攵 : 칠 (복)

5 政府 zhèngfǔ 정부 政治 zhèngzhì 정치

119

四
sì
넉 사

부수 : 囗 / 총획수 : 5 / 新HSK 1급

동서남북 사방(囗)을 에워싸고 지키는 군사(儿)는 모두 네 명(四)이다.
囗 : 에운담 큰 입구, 儿 : 걷는 사람 (인)

1 四 sì 4, 넷

[참고] 四季 sìjì 사계절 四方 sìfāng 동서남북, 사방

120

日
rì
날 일

부수 : 제부수 / 총획수 : 4 / 新HSK 2~5급

해의 둥근 모양과 흑점을 본떠서 만든 상형문자. 해가 떠서 하루가 시작되고 해가 져서 하루가 끝나면서 날이 가니 날 일(日)

2 日 rì 해, 일, 날　生日 shēngrì 생일

3 节日 jiérì 명절, 경축일

4 日记 rìjì 일기

5 日历 rìlì 달력　日用品 rìyòngpǐn 일용품　日程 rìchéng 일정
日常 rìcháng 일상의　日期 rìqī 날짜, 기간　日子 rìzi 날, 시간

TIP　한국 한자어와 중국어 단어의 연관성

우리가 사용하는 한자어와 중국어 단어가 똑같은 경우는 60% 이상으로 알려져 있습니다. 특히, 명사성 어휘가 많습니다.

예 정치(政治) – 政治, 경제(經濟) – 经济, 사회(社會) – 社会, 문화(文化) – 文化
외교(外交) – 外交, 종교(宗敎) – 宗教, 사상(思想) – 思想, 가정(家庭) – 家庭
결혼(結婚) – 结婚, 학교(學校) – 学校, 은행(銀行) – 银行, 교실(敎室) – 教室

121

부수 : 阝 / 총획수 : 7 / 新HSK 1급

那
nà
저 나/어찌 나

칼(刀)을 든 두(二) 무사와 고을(阝)을 지켜야 차지할 수 있는 저(那) 땅
刀 : 칼 (도), 二 : 두 (이), 阝(邑) : 고을 (읍)

1 那 nà 그, 저, 그곳, 저곳

[참2] 那儿(nàr)과 那里(nà li)는 거의 같은 뜻으로 쓰입니다.

122

부수 : 示 / 총획수 : 7 / 新HSK 4급

社
shè

社
모일 사

토지(土) 신(示)에게 제사를 드릴 때는 사람들이 모두 모인다는 데서 '모이다(社)'라는 뜻
土 : 흙 (토), 示 : 신·제사·보일 (시)

4 社会 shèhuì 사회

예 出版社 chūbǎnshè 출판사
旅行社 lǚxíngshè 여행사

123

부수 : 丶 / 총획수 : 3 / 新HSK 5급

义
yì

義
옳을 의

한 점(丶)의 허물이 없도록 어진(乂) 행동을 함이 옳다(义). 또는 나(我)의 마음씨를 양(羊)과 같이 착하게 하면 옳은(義) 행동을 하게 된다.
丶 : 점 (주), 乂 : 어질, 我 : 나 (아), 羊 : 양 (양)

5 义务 yìwù 의무 意义 yìyì 의의

124

부수 : 亅 / 총획수 : 8 / 新HSK 2~3, 5급

事
shì
일 **사**

한(一) 식구(口)라도 먹이기 위해 손(彐)에 갈고리(亅)를 들고 일을 하다(事).
一 : 한 (일), 口 : 인구, 입 (구), 彐 : 손 모양, 亅 : 갈고리 (궐)

2 事情 shìqing 일, 사건

3 故事 gùshi 이야기

5 事实 shìshí 사실 事物 shìwù 사물 事先 shìxiān 사전에, 미리

125

부수 : 干 / 총획수 : 5 / 新HSK 4~5급

平
píng

平
평평할 **평**

대칭인 방패(干)의 좌·우 양쪽 면에 나눈(八) 나무토막을 올려놓으면 균형이 맞춰지니 평평하다(平).
干 : 방패 (간), 八 : 나눌 (팔)

4 平时 píngshí 평소

5 平 píng 평평하다 平安 píng'ān 평안하다
平常 píngcháng 보통이다, 평소 平等 píngděng 평등하다
平方 píngfāng 제곱, 평방미터(m^2) 平静 píngjìng 고요하다
平衡 pínghéng 균형이 맞다, 평형하다 平均 píngjūn 평균적인
和平 hépíng 평화

126

부수 : 彡 / 총획수 : 7 / 新HSK 5급

形
xíng
모양 **형**

단정한 자세(开)로 머리털(彡)을 빗어서 모양(形)을 내다.
开 : 평평할 (견), 彡 : 삐친 터럭 (삼)

5 形成 xíngchéng 형성되다 形容 xíngróng 형용하다
形式 xíngshì 형식 形势 xíngshì 상황, 형편
形象 xíngxiàng 이미지, 인상 形状 xíngzhuàng 형상

127

부수 : 目 / 총획수 : 9 / 新HSK 3~5급

相
xiāng
서로 **상**

두 사람이 나무(木)처럼 우두커니 서서 서로가 서로를 마주보니(目) 서로 상 (相)

木 : 나무 (목), 目 : 눈 (목)

③ 相信 xiāngxìn 믿다

④ 相同 xiāngtóng 서로 같다 相反 xiāngfǎn 상반되다, 오히려, 반대로
互相 hùxiāng 서로

⑤ 相似 xiāngsì 비슷하다 相关 xiāngguān 관계가 있다
相对 xiāngduì 상대적인 相当 xiāngdāng 상당히
相处 xiāngchǔ 함께 지내다

128

부수 : 入 / 총획수 : 6 / 新HSK 4~5급

全
quán
온전할 **전**

임금(王)이 조정에 들어가서(入) 정치를 해야 나라 전체가 온전하다(全).

王 : 임금 (왕), 入 : 들 (입)

④ 全部 quánbù 전부, 전체 安全 ānquán 안전하다

⑤ 全面 quánmiàn 전면적이다

129

부수 : 衣 / 총획수 : 8 / 新HSK 4~5급

表
biǎo
겉 **표**

옷(衣)에 털(毛)이 겉(表)으로 나타나다.

衣 : 옷 (의), 毛 : 털 (모)

④ 表格 biǎogé 표, 양식 表示 biǎoshì 표시하다
表演 biǎoyǎn 공연하다, 연기하다 表扬 biǎoyáng 칭찬하다

⑤ 表达 biǎodá (사상・감정을) 나타내다 表面 biǎomiàn 표면
表明 biǎomíng 분명하게 밝히다 表情 biǎoqíng 표정
表现 biǎoxiàn 표현, 품행

130

부수 : 门 / 총획수 : 7 / 新HSK 2~5급

间

jiān

間

사이 **간**

문(門)틈으로 햇빛(日)이 들어오니 사이 간(間)
門 : 문 (문), 日 : 해

2 时间 shíjiān 시간　房间 fángjiān 방

3 中间 zhōngjiān 중간

洗手间 xǐshǒujiān 화장실

4 卫生间 wèishēngjiān 화장실

5 空间 kōngjiān 공간

⭐TIP　**2음절 어휘 중 한국어·중국어 간에 앞뒤 글자가 뒤바뀌어 사용하는 어휘**

소개(紹介) – 介绍, 시설(施設) – 设施, 고통(苦痛) – 痛苦, 언어(言語) – 语言
기력(氣力) – 力气, 도달(到達) – 达到, 적합(適合) – 合适, 매매(賣買) – 买卖
전개(展開) – 开展, 제한(制限) – 限制, 치아(齒牙) – 牙齿, 평화(平和) – 和平
상호(相互) – 互相, 포옹(抱擁) – 拥抱, 생산(生産) – 产生, 형제(兄弟) – 弟兄
축적(蓄積) – 积蓄, 채소(菜蔬) – 蔬菜, 정열(情熱) – 热情, 응답(應答) – 答应
음성(音聲) – 声音, 운반(運搬) – 搬运, 운명(運命) – 命运, 연관(聯關) – 关联
암흑(暗黑) – 黑暗, 선조(先祖) – 祖先, 목축(牧畜) – 畜牧, 등반(登攀) – 攀登
누적(累積) – 积累, 구급(救急) – 急救, 논쟁(論爭) – 争论, 영광(榮光) – 光榮

131

부수 : 木 / 총획수 : 10 / 新HSK 1, 3~5급

样
yàng

樣
모양 양

나무(木)가 양(羊) 떼처럼 우거진 모양(样). 또는 나무
(木) 주위에 양(羊)들이 길게(永) 떼 지어있는 모양(樣)
木 : 나무 (목), 羊 : 양 (양), 永 : 길 (영)

1 怎么样 zěnmeyàng 어떻다, 어떠하다

3 一样 yíyàng 같다

4 样子 yàngzi 모양, 모습

5 样式 yàngshì 스타일, 양식

132

부수 : 一 / 총획수 : 3 / 新HSK 4~5급

与
yǔ/yù

與
더불/줄 여

술을 한(一) 잔씩 국자(勺)로 떠서 나누어 주며 더불어 마
시다(与). 또는 양손(廾)으로 마주 들어(臼) 더불어(与)
참여하다(與).
一 : 한 (일), 勺 : 구기 (작), 廾 : 받들 (공), 臼 : 절구
(구), 与 : 더불 (여)

4 与 yǔ ~와(과)

5 与其 yǔqí ~하기보다는, ~하느니

- 与其~ 不如~(yǔqí~ bùrú~) : ~하느니, ~하는 편이 낫다

  예 与其在这儿看这部电影, 不如回家看电视(Yǔqí zài zhèr kàn zhè bù diànyǐng,
  bù rú huíjiā kàn diànshì)。
  여기에서 이 영화를 보느니, 집에 가서 텔레비전을 보는 편이 낫다.

- 与가 동사로 '참여하다'의 뜻을 나타내는 5급 어휘 参与(cānyù)는 4성(yù)
  으로 발음합니다.

133

又
yòu
또 우

부수 : 제부수 / 총획수 : 2 / 新HSK 3급

사람의 오른손의 옆 모양을 본떠서 만든 한자로 오른손은 밥 먹을 때, 악수할 때, 글씨를 쓸 때 등 쓰고 또 쓰는 손이니 '또(又)'라는 뜻을 나타낸다.

3 又 yòu 또, 다시

예 **你又开始了**! Nǐ yòu kāishǐ le! 너 또 시작이구나!

[참고] 又~又~ yòu~yòu~ : ~하기도 하고, ~하기도 하다

예 **这些衣服又漂亮又实用**° Zhè xiē yīfu yòu piàoliang yòu shíyòng. 이런 옷들은 예쁘기도 하고, 실용적이기도 하다.

→ 이 구문은 두 가지 상황이 동시에 존재하는 것을 나타냅니다. 이 때 동사나 형용사 모두 사용이 가능합니다.

● 既~又~(jì~yòu~) : ~하기도 하고, ~하기도 하다

예 **工人们想出了既简单又安全的办法**(Gōngrénmen xiǎng chū le jì jiǎndān yòu ānquán de bànfǎ)
노동자들은 간단하고도 안전한 방법을 생각해냈다.

→ 이 구문은 두 개의 성질이나 상태가 병존하는 것을 나타내며 이 경우는 형용사가 주로 사용됩니다.

134

各
gè
각각 각

부수 : 口 / 총획수 : 6 / 新HSK 4~5급

저 산을 걸어서(夂) 등반한 여러 사람이 입(口)으로 하는 말이 제각각이다(各).
夂 : 뒤쳐 올 (치), 口 : 입 (구)

4 各 gè 각, 여러

예 **各位老师** gè wèi lǎoshī 선생님 여러분

5 各自 gèzì 각자, 제각기

135

重
zhòng
무거울 중

부수 : 里 / 총획수 : 9 / 新HSK 3~5급

천(千) 리(里)를 걸어 다녀서 발걸음이 무겁다(重).
千 : 일천 (천), 里 : 마을 (리)

3 重要 zhòngyào 중요하다

4 重 zhòng 무겁다 重视 zhòngshì 중시하다 重点 zhòngdiǎn 중점

5 重大 zhòngdà 중대하다 重量 zhòngliàng 무게, 중량

• 重이 (chóng)으로 발음될 경우 '다시, 재차, 중복하다'의 뜻을 나타냅니다. 이 경우 중국에서 사용빈도 716위에 올라있습니다.

예 **重复**(chóngfù) 중복하다　**重新**(chóngxīn) 다시, 재차

136

부수 : 斤 / 총획수 : 13 / 新HSK 2~3급

新
xīn
새 신

서(立) 있는 나무(木)를 도끼(斤)로 찍어내면 그 자리에 얼마 후 새(新)순이 돋아난다.
立 : 설 (립), 木 : 나무 (목), 斤 : 도끼 (근)

2 新 xīn 새롭다

3 新闻 xīnwén 뉴스　新鲜 xīnxiān 신선하다

137

부수 : 纟 / 총획수 : 8 / 新HSK 6급

线　線
xiàn　줄 선

실(纟)이 겹겹이 쌓이면(戋) 굵은 밧줄(线)이 된다. 또는 실(糸)이 샘물(泉)처럼 길게 이어져서 줄(線)이 된다.
纟(糸) : 실 (사), 戋 : 쌓일 (전), 糸 : 실 (사), 泉 : 샘 (천)

6 线索 xiànsuǒ 실마리, 단서

[참고] 路线 lùxiàn 노선　光线 guāngxiàn 광선, 빛
点线 diǎnxiàn 점선

138

부수 : 入 / 총획수 : 4 / 新HSK 4~5급

内
nèi
안 내

성(冂) 안으로 들어가니(入) '안, 속, 들이다(内)'라는 뜻
冂 : 성·멀 (경), 入 : 들 (입)

4 内 nèi 내부, 안, 속　内容 nèiróng 내용

5 内部 nèibù 내부　内科 nèikē 내과

139

부수 : 攵 / 총획수 : 13 / 新HSK 3~5급

数 數
shù 셈 수

쌀(米)을 여자(女)가 막대기로 치며(攵) 그 수를 세다 (数). 또는 쌓인(婁) 쌀가마니를 치면서(攵) 그 수확량을 헤아리다(數).

米 : 쌀 (미), 女 : 여자 (녀), 攵 : 칠 (복), 婁 : 쌓일 (루)

③ 数学 shùxué 수학

④ 数字 shùzì 숫자 数量 shùliàng 수량

⑤ 数据 shùjù 데이터 数码 shùmǎ 디지털

● 数가 '세다, 헤아리다'의 의미로 쓰일 때는 3성(shǔ)으로 발음합니다.
　⑩ 你来数一数吧(Nǐ lái shǔ yī shǔ ba)˚ 당신이 좀 세어 보세요.

140

부수 : 止 / 총획수 : 5 / 新HSK 2, 4~5급

正
zhèng 바를 정

골인 지점(一)을 향하여 똑바로 나아가는 사람의 발(止)이라는 데서 '바르다 (正)'라는 뜻

一 : 한 (일), 止 : 발 (지)

② 正在 zhèngzài 지금 ~하고 있다
　⑩ 他正在看电视˚ Tā zhèngzài kàn diànshì.
　　그는 지금 텔레비전을 보고 있다(현재 진행형).

④ 正式 zhèngshì 정식의 正常 zhèngcháng 정상적인
　正好 zhènghǎo 마침, 딱 正确 zhèngquè 정확하다

⑤ 正 zhèng 바르다, 마침

⭐TIP 　우리 한자어와 다른 뜻으로 사용되는 중국어(1)

합동(合同) – 계약서, 작업(作業) – 숙제, 학원(學院) – 단과대학, 편의(便宜) – 값이 싸다
출세(出世) – 태어나다, 조심(操心) – 걱정하다, 소심(小心) – 조심하다, 방심(放心) – 안심하다
반점(飯店) – 호텔, 주점(酒店) – 호텔, 애인(愛人) – 남편이나 아내, 안색(顔色) – 색깔
신문(新聞) – (신문, 방송 등의) 뉴스, 약속(約束) – 단속하다, 지방(地方) – 장소·지점
정사(情事) – 사실/현상/사건/일

141

心
xīn
마음 심

부수 : 제부수 / 총획수 : 4 / 新HSK 3~5급

심장의 모양을 본뜬 글자로 옛날에는 사람의 마음(心)은 심장에서 비롯된다고 믿었다.

3 放心 fàngxīn 마음을 놓다　担心 dānxīn 걱정하다
关心 guānxīn 관심을 두다　小心 xiǎoxīn 조심하다

4 心情 xīnqíng 심정, 기분　开心 kāixīn 즐겁다
伤心 shāngxīn 상심하다　粗心 cūxīn 부주의하다
耐心 nàixīn 인내심　信心 xìnxīn 자신, 신념

5 心理 xīnlǐ 심리　心脏 xīnzàng 심장　核心 héxīn 핵심
决心 juéxīn 결심하다　爱心 àixīn (인간이나 환경에 대한) 관심과 사랑
操心 cāoxīn 마음을 쓰다　当心 dāngxīn 조심하다
点心 diǎnxin 간식　灰心 huīxīn 낙심하다　热心 rèxīn 열심이다
虚心 xūxīn 겸허하다　中心 zhōngxīn 한가운데, 중심
专心 zhuānxīn 전심전력하다

142

反
fǎn
돌이킬 반

부수 : 又 / 총획수 : 4 / 新HSK 4~5급

나무판자(厂)를 손(又)으로 구부렸다가 떼면 다시 원래대로 돌아온다(反)는 데서 '돌이키다(反)'란 뜻

4 反对 fǎnduì 반대하다

5 反而 fǎn'ér 반대로, 오히려　反正 fǎnzhèng 어쨌든
反复 fǎnfù 반복하다　反应 fǎnyìng 반응하다
反映 fǎnyìng 반영하다

143

부수 : 亻 / 총획수 : 7 / 新HSK 1급 / 중국에서만 사용하는 한자

你
nǐ
너 **니**

어른(亻)이 어린이(尔)에게 '너'라고 부른다(你).
亻(人) : 사람 (인), 尔 : 너 (이)

1 你 nǐ 너, 당신

> 예 你是哪个国家的同学? Nǐ shì nǎ ge guójiā de tóngxué?
> 당신은 어느 나라의 학생입니까?

- 您(nín)은 你의 존칭으로 사용합니다.

> 예 您贵姓(Nín guì xìng)? 당신의 성함은 어떻게 되시지요?

144

부수 : 日 / 총획수 : 8 / 新HSK 1, 3~5급

明
míng
밝을 **명**

해(日)는 낮에, 달(月)은 밤에 세상을 밝게(明) 비춘다.
日 : 날 (일), 月 : 달 (월)

1 明天 míngtiān 내일

3 明白 míngbai 분명하다, 명백하다

4 说明 shuōmíng 설명하다

5 明星 míngxīng 스타 明确 míngquè 명확하다

明显 míngxiǎn 분명하다, 뚜렷하다 表明 biǎomíng 표명하다

发明 fāmíng 발명하다 光明 guāngmíng 밝다, 환하다

透明 tòumíng 투명하다 文明 wénmíng 문명, 교양 있다

- 3급 어휘 聪明(cōngming)에서 '똑똑하다, 총명하다'의 뜻으로 쓰인 明은 경성(ming)으로 발음합니다.

145

부수 : 目 / 총획수 : 9 / 新HSK 1, 4~5급

看
kàn
볼 간

사람이 손(手)을 눈(目) 위에 올려서 먼 곳을 바라보니 '보다(看)'라는 뜻
手 : 손 (수), 目 : 눈 (목)

1 看 kàn 보다, ~라고 생각하다 看见 kànjiàn 보다, 보이다

4 看法 kànfǎ 견해

5 看不起 kànbuqǐ 경시하다, 얕보다
看望 kànwàng 방문하다, 문안하다

146

부수 : 厂 / 총획수 : 10 / 新HSK 4~5급

原
yuán
언덕 원

샘물(泉)이 솟아나와 언덕(厂)을 타고 흘러내려 시냇물을 이룬다는 데서 '근본, 언덕(原)'의 뜻
泉 : 샘 (천), 厂 : 언덕 (엄)

4 原因 yuányīn 원인 原来 yuánlái 알고 보니, 원래는
原谅 yuánliàng 양해하다, 용서하다

5 原则 yuánzé 원칙 原料 yuánliào 원료

147

부수 : 八 / 총획수 : 6 / 新HSK 3~5급

关 關
guān   빗장 관

양쪽으로 열리는(丷) 대문을 하나(一)의 큰(大) 빗장으로 걸어 잠근다(关). 또는 문(門)에 작고(幺) 작은(幺) 고리(丱)들을 연결하여 만든 빗장(關)
丷 : 좌우 양쪽을 표시, 一 : 빗장, 大 : 큰 (대)

3 关 guān 닫다, 덮다 关系 guānxi 관계 关于 guānyú ~에 관하여
关心 guānxīn 관심을 두다

4 关键 guānjiàn 관건

5 关闭 guānbì 닫다

148

부수 : ノ / 총획수 : 3 / 新HSK 1, 3급 / 중국에서만 사용하는 한자

么 / 麽

么
me

麽
그런가 **마**

사람(ノ)의 팔이 안으로 굽는(厶) 것은 누구나 그런가 (么)!
ノ : 누운 사람의 형상, 厶 : 사사 (사)

❶ 什么 shénme 무엇, 무슨　怎么 zěnme 왜, 어째서, 어떻게
怎么样 zěnmeyàng 어떻다, 어떠하다

❸ 多么 duōme 얼마나

- 怎么(zěnme)는 이유('왜')와 방법('어떻게')의 두 가지 의미로 널리 쓰입니다.
  - 예 **昨天你怎么不来**(Zuótiān nǐ zěnme bù lái)? 어제 당신은 왜 오지 않았습니까?
    我真不知道怎么办才好(Wǒ zhēn bù zhīdao zěnmebàn cái hǎo)°
    어떻게 해야 좋을지 나도 정말 모르겠어.
    这个怎么卖(Zhè ge zěnme mài)? 이거 어떻게 팔아요?

- 怎么样(zěnmeyàng)은 주로 문장 끝에 와서 의문문을 나타냅니다.
  - 예 **今天天气怎么样**(Jīntiān tiānqì zěnmeyàng)? 오늘 날씨 어때요?

- 什么(shénme)는 단독으로 쓰일 경우에 '무엇'이라는 뜻으로 쓰이지만, 뒤에 오는 명사와 결합되어 쓰일 때는 '무슨~'이라는 뜻으로 쓰입니다.
  - 예 **这是什么**(Zhè shì shénme)? 이것은 무엇입니까?
    你有什么爱好(Nǐ yǒu shénme àihào)? 당신은 무슨 취미가 있나요?

149

부수 : 刂 / 총획수 : 7 / 新HSK 5급

利

lì

날카로울 **리**

벼(禾)를 칼(刂)로 베면 일을 하기가 수월하니 '이롭다, 날카롭다(利)'라는 뜻
禾 : 벼 (화), 刂(刀) : 칼 (도)

⑤ 利润 lìrùn 이윤 利息 lìxī 이자 利用 lìyòng 이용하다

利益 lìyì 이익

150

부수 : 제부수 / 총획수 : 4 / 新HSK 2~5급

比

bǐ

견줄 **비**

두 사람(匕)(匕)을 나란히 앉혀 놓고 키를 비교하니 '견주다(比)'라는 뜻
匕 : 사람이 앉아 있는 모양

② 比 bǐ ~보다, ~에 비해

③ 比赛 bǐsài 경기, 시합 比较 bǐjiào 비교적, 비교하다

④ 比如 bǐrú 예를 들면

⑤ 比例 bǐlì 비례

● 比(bǐ)는 주로 정도의 차이를 비교할 때 사용합니다.

 北京比首尔更冷(Běijīng bǐ Shǒu'ěr gèng lěng)° 북경은 서울보다 더 춥다.

他比我大三岁(Tā bǐ wǒ dà sānsuì)° 그는 나보다 세 살 많다.

우리 한자어와 다른 뜻으로 사용되는 중국어(2)

공부(**工夫**) – 시간/틈, 학장(**學長**) – 선배, 기차(**汽車**) – 자동차, 중고(**中古**) – 봉건시대
수예(**手藝**) – 솜씨/손 기술, 외면(**外面**) – 바깥/겉면, 절실(**切實**) – 확실하다/적절하다
파탄(**破綻**) – 흠/결함, 참견(**參見**) – 참조하다, 일미(**一味**) – 줄곧/오로지, 실직(**失職**) – 직무상의 과실

151

부수 : 戈 / 총획수 : 8 / 新HSK 3, 5급

或
huò
혹 혹

나라(國)의 사방을 지키는 성벽(口)이 없으니 혹시(或)나 적이 쳐들어올까 봐 백성(口)들이 창(戈)을 들고 국경 땅(一)을 지킨다는 데서 '혹(或)'이라는 뜻
口 : 백성, 戈 : 창 (과), 一 : 땅

3 或者 huòzhě ~든가 아니면 ~다

> 예 或者你来，或者我去，都行°
> Huòzhě nǐ lái, huòzhě wǒ qù, dōu xíng.
> 네가 오든지 아니면 내가 가든지 다 괜찮다.

5 或许 huòxǔ 아마, 어쩌면

152

부수 : 亻 / 총획수 : 7 / 新HSK 2~3급

但
dàn
다만 단

사람(亻)들은 일을 하기 위해 아침(旦)이 밝아오기만 다만(但) 기다린다.
亻(人) : 사람 (인), 旦 : 아침 (단)

2 虽然~但是~ suīrán~dànshì~ : 비록 ~하지만 ~하다

> 예 他虽然不是中国人，但是汉语说得很好°
> Tā suīrán bú shì Zhōngguórén, dànshì Hànyǔ shuō de hěn hǎo.
> 그는 비록 중국 사람이 아니지만, 중국어를 잘한다.

3 不但~而且~ búdàn~érqiě~ : ~뿐만 아니라, 게다가

> 예 他不但会说汉语，而且汉字也写得很好°
> Tā búdàn huì shuō Hànyǔ, érqiě Hànzì yě xiě de hěn hǎo.
> 그는 중국어를 잘할 뿐만 아니라, 게다가 한자도 잘 쓴다.

153

부수 : 贝 / 총획수 : 8 / 新HSK 4~5급

质　質
zhì　바탕 질

권력의 상징인 도끼(斤)는 돈(贝)의 액수에 따라 품질(质)이 다르다. 또는 권력의 상징인 도끼(斤)(斤) 두 자루와 재물(貝)이 국가를 지탱하는 바탕(質)이 된다.
斤 : 도끼 (근), 貝(贝) : 조개 (패)의 간체자로 '돈, 재물'을 뜻한다.

4 质量 zhìliàng 품질

5 物质 wùzhì 물질 本质 běnzhì 본질 性质 xìngzhì 성질

154

부수 : 제부수 / 총획수 : 4 / 新HSK 3~5급

气 qì
氣 기운 기

사람(人)의 한(一) 입에서 새(乚)가 날아가듯 나오는 것이 입김(气)이다. 또는 쌀(米)로 밥을 지을 때 솥에서 나는 김(气)의 모양에서 기운(氣)이라는 뜻
人 : 사람 (인), 一 : 한 (일), 乙 : 새 (을), 米 : 쌀 (미),
气 : 기운 (기)

3 生气 shēngqì 화내다

4 气候 qìhòu 기후 脾气 píqi 성격, 기질

5 气氛 qìfēn 분위기

155

부수 : 竹 / 총획수 : 11 / 新HSK 2급

第 dì 차례 제

옛날에 대나무(竹)를 쪼개서 만든 죽간에 글을 써서 위에서 아래로(弟) 차례대로(第) 엮어나간 것이 책이다.
竹(⺮) : 대 (죽), 弟 : 막대에 끈을 위에서 아래로 내리감은 모양

2 第一 dìyī 첫 번째, 제1

예 百年大计, 教育第一° Bǎi nián dàjì, jiàoyù dìyī.
백년대계는 교육이 제일이다.

156

부수 : 口 / 총획수 : 6 / 新HSK 3~4급

向 xiàng 향할 향

성(冂)을 지을 때 창문(口)은 빛이 잘 드는(丿) 남쪽을 향하게(向) 만든다.
冂 : 성·멀 (경), 口 : 창문, 丿 : 햇살이 비치는 모양

3 向 xiàng ~에게, ~을 향하여

4 方向 fāngxiàng 방향

157

道 dào
道 길 도

부수 : 辶 / 총획수 : 12 / 新HSK 4~5급

산 정상에서 내려다보니 사람의 머리(首)가 지나다니는 (辶) 곳에 길(道)이 난다.
首 : 머리 (수), 辶(辵) : 가다·쉬엄쉬엄 갈 (착)

4 道歉 dàoqiàn 사과하다

5 道德 dàodé 도덕 道理 dàolǐ 도리

158

命 mìng
목숨 명

부수 : 口 / 총획수 : 8 / 新HSK 4~5급

군사들을 집합(合)시켜 무릎을 꿇리고(卩) 입(口)으로 명령(令)을 내린다. 군사들은 상관이 입(口)으로 내린 명령(令)을 목숨을 걸고 지킨다는 데서 '목숨(命)'이라는 뜻
合 : 합할 (합), 卩 : 병부 절, 口 : 입 (구), 令 : 명령할 (령)

4 生命 shēngmìng 생명

5 命令 mìnglìng 명령 命运 mìngyùn 운명 寿命 shòumìng 수명

159

此 cǐ
이 차

부수 : 止 / 총획수 : 6 / 新HSK 4~5급

멈추어 서서(止) 비수(匕)로 가리키는 이곳(此)이 목적지이다.
止 : 그칠 (지), 匕 : 비수 (비)

4 因此 yīncǐ 이로 인하여

5 彼此 bǐcǐ 피차, 서로 此外 cǐwài 이 밖에 从此 cóngcǐ 이로부터

160

부수 : 又 / 총획수 : 8 / 新HSK 3~4급

変

biàn

變

변할 **변**

세상의 모든 것들은 또(亦) 변하고 또(又) 변화한다(変). 또는 이어진 실(絲)처럼 계속 말(言)로 훈계하고 매(攵)를 때려서 사람을 변화시킨다(變).

亦 : 또 (역), 又 : 또 (우), 絲 : 실 (사), 言 : 말씀 (언), 攵 : 칠 (복)

③ **変化** biànhuà 변화

④ **改変** gǎibiàn 변하다, 바뀌다

⭐TIP 　**주요 한자의 부수 알기(1)**

1) 冫(이수변, 얼음 빙) : '얼음'과 관계가 있습니다.
   　例 冬(겨울 동), 凉(서늘할 량), 冷(찰 랭), 凍(얼 동), 凝(엉길 응), 凋(시들 조)

2) 刀(刂, 칼도 방) : '칼'과 관계가 있습니다.
   　例 分(나눌 분), 刑(형벌 형), 判(판단할 판), 別(다를 별), 利(날카로울 리), 削(깎을 삭),
   　　 刻(새길 각), 割(벨 할), 劍(칼 검)

3) 力(힘 력) : '힘'과 관계가 있습니다.
   　例 功(공 공), 動(움직일 동), 勉(힘쓸 면), 助(도울 조), 勤(부지런할 근), 勸(권할 권),
   　　 勞(일할 로)

161

条 tiáo

條 가지 조

부수 : 木 / 총획수 : 7 / 新HSK 3~4급

나무의 기둥(木)보다 천천히(夂) 뻗는 것이 나무의 가지(条). 또는 바람에도 유유히(攸) 뻗어 있는 나무(木)의 가지(條)

木 : 나무 (목), 夂 : 뒤져 올 (치), 攸 : 여유 있는 모양

3 条 tiáo 가늘고 길거나 폭이 좁고 긴 것을 세는 양사

예 **一条河** yì tiáo hé 한 줄기의 강 **一条裤子** yì tiáo kùzi 바지 한 장
这条路 zhè tiáo lù 이 길 **两条线** liǎng tiáo xiàn 두 줄의 선

4 条件 tiáojiàn 조건

162

只 zhī

隻 하나 척

부수 : 口 / 총획수 : 5 / 新HSK 3급

노아의 대홍수 사건 이후, 이 세상에는 오직 노아 한 가정(只) 여덟(八) 식구(口)만 살아남았더라. 또는 손(又) 위에 단지 새(隹) 한 마리가 앉아 있는 모양(隻)

口 : 인구, 八 : 여덟 (팔), 隹 : 새 (추), 又 : 오른손 (우)

3 只 zhī 마리(작고 귀여운 동물을 세는 양사)

예 **一只鸡** yì zhī jī 한 마리의 닭
两只兔子 liǎng zhī tùzi 두 마리의 토끼

163

没 méi

沒 없을 몰

부수 : 氵 / 총획수 : 7 / 新HSK 1급

물(氵)에 창(殳)을 빠뜨려서 없다(没).
氵(水) : 물 (수), 殳 : 창·몽둥이 (수)

1 没关系 méiguānxi 괜찮다, 상관없다
没有 méiyǒu 없다, 부족하다

164

부수 : 纟 / 총획수 : 9 / 新HSK 3~5급

结 jié

結 맺을 결

길한(吉) 날을 택하여 실(纟)로 매듭을 맺으며 부부의 인연을 맺다(結).
吉 : 길할 (길), 纟(糸) : 실 (사)

③ 结婚 jiéhūn 결혼하다

结束 jiéshù 끝나다, 마치다

④ 结果 jiéguǒ 결과

⑤ 结合 jiéhé 결합하다 结构 jiégòu 구조

结论 jiélùn 결론 结账 jiézhàng 계산하다

• '튼튼하다, 단단하다'의 뜻으로 쓰이는 5급 어휘 结实(jiēshi)은 结(jiē)가 1성으로 소리 납니다.

165

부수 : 角 / 총획수 : 13 / 新HSK 3~4급

解 jiě

解 풀 해

소를 잡은 후, 칼(刀)로 소(牛)와 뿔(角)을 분리하니 '풀다(解)'라는 뜻
刀 : 칼 (도), 牛 : 소 (우), 角 : 뿔 (각)

③ 解决 jiějué 해결하다

④ 解释 jiěshì 설명하다, 해석하다

• 이 글자는 오히려 解(번체자)가 解(간체자)보다 더 간단합니다.

166

부수 : 口 / 총획수 : 6 / 新HSK 2, 5급

问 wèn

問 물을 문

대문(門) 앞에 와서 입(口)으로 집 안에 사람이 있는지 묻다(問).
門 : 문 (문), 口 : 입 (구)

② 问 wèn 묻다, 질문하다 问题 wèntí 문제

⑤ 问候 wènhòu 안부를 묻다, 문안드리다

疑问 yíwèn 의문

167

부수 : 心 / 총획수 : 13 / 新HSK 2, 4~5급

意
yì
뜻 의

남의 말소리(音)를 들으면 그 마음(心)속에 품은 뜻(意)을 알 수 있다.
音 : 소리 (음), 心 : 마음 (심)

2 意思 yìsi 의미, 뜻

4 意见 yìjiàn 견해, 의견 故意 gùyì 고의로, 일부러

5 意义 yìyì 의의 意外 yìwài 의외이다

168

부수 : 廴 / 총획수 : 8 / 新HSK 4~5급

建
jiàn
세울 건

붓(聿)으로 글을 길게 써가며(廴) 앞으로의 계획을 세우다(建).
聿 : 붓 (율), 廴 : 길게 걸을 (인)

4 建议 jiànyì 건의하다, 제안하다

5 建立 jiànlì 건립하다 建设 jiànshè 건설하다 建筑 jiànzhù 건축물

169

부수 : 月 / 총획수 : 4 / 新HSK 1, 3급

月
yuè
달 월

초승달에 두 줄기의 구름이 달을 반쯤 가린 모양을 상형한 글자(月)

1 月 yuè 월, 달

3 月亮 yuèliang 달(moon)

부수 : 八 / 총획수 : 4 / 新HSK 2~5급

170

公
gōng
공평할 **공**

나누어짐(八)의 불리한 측면과 팔이 안으로 굽음(厶)의 유리한 측면이 같이 있어야 공평하다(公).

八 : 나눌 (팔), 厶 : 사사 (사)

2 公共汽车 gōnggòngqìchē 버스　公司 gōngsī 회사

3 公斤 gōngjīn 킬로그램(kg)　公园 gōngyuán 공원

4 公里 gōnglǐ 킬로미터(km)

5 公布 gōngbù 공포하다　公开 gōngkāi 공개적인

公平 gōngpíng 공평하다　公元 gōngyuán 서기(西紀), 기원

公主 gōngzhǔ 공주　公寓 gōngyù 아파트

TIP　주요 한자의 부수 알기(2)

4) 口(입 구) : '입'과 관계가 있습니다.
　예 可(옳을 가), 古(옛 고), 名(이름 명), 告(알릴 고), 問(물을 문), 味(맛 미), 呼(부를 호), 吸(마실 흡)

5) 口(에운담 큰 입구) : '사방을 둘러싸고 있는 것'과 관계가 있습니다.
　예 國(나라 국), 園(동산 원), 囚(가둘 수), 圍(에워쌀 위), 困(곤할 곤), 因(인할 인), 圈(우리 권), 圖(그림 도), 圓(둥글 원)

6) 土(흙토 변) : '흙', '땅'과 관계가 있습니다.
　예 地(땅 지), 均(고를 균), 場(마당 장), 培(북돋울 배), 基(터 기), 墳(무덤 분), 墓(무덤 묘), 城(재 성), 懷(품을 회)

171

无
wú

無
없을 무

부수 : 제부수 / 총획수 : 4 / 新HSK 4~5급

태초에는 하늘(一)과 땅(一) 사이에 사람(儿)이 없었다 (无). 또는 사람(人)이 숲(卌)이 무성하게 우거진 땅(一)에 들어가 불(灬)을 지르면 다 타고, 남는 것이 아무 것도 없다(無).

二 : 하늘과 땅을 선 두 개로 표현, 儿 : 사람 (인), 人 : 사람 (인), 卌 : 무성하게 초목이 우거진 숲, 灬 : 불 (화)

4 无 wú 없다　无聊 wúliáo 심심하다

无论 wúlùn ~에 관계없이, ~를 막론하고

5 无奈 wúnài 어찌할 도리가 없다　无数 wúshù 수를 헤아리기 어렵다

无所谓 wúsuǒwèi 상관없다, ~라고 할 수 없다

• 无论~, 都/也~(wúlùn~, dōu/yě~) : ~에 관계없이, ~를 막론하고

㉠ **无论春夏秋冬, 我都喜欢去游泳**(Wúlùn chūn xià qiū dōng, wǒ dōu xǐhuan qù yóuyǒng)。

봄, 여름, 가을, 겨울에 관계없이, 나는 수영하러 가기를 좋아한다.

172

系
xì

繫
맬 계

부수 : 系 / 총획수 : 7 / 新HSK 5급

실(系)에서 실 끝(丿)을 뽑아내서 다른 것과 이어 매다 (系). 또는 사람(人)이 실(系)의 끝(丿)을 잡고 다른 곳에 매다(係). 또는 고장 난 수레(車)를 에워싸고(冖) 몽둥이 (殳)로 두드리고 실(糸)로 매는 모습(繫)

系 : 실 (사), 丿 : 뽑아낸 실 끝 하나, 人 : 사람 (인), 車 : 수레 (차), 冖 : 덮을 (멱), 殳 : 몽둥이 (수)

5 系 xì 학과, 계통　系统 xìtǒng 계통, 시스템

• 系가 동사로서 '매다, 묶다'의 뜻으로 쓰일 경우 (jì)로 발음합니다.

㉠ **请系好安全带**(Qǐng jì hǎo ānquándài)。 안전벨트를 잘 매주세요.

• 系는 係(맬 계)의 간체자로도 쓰입니다.

173

军 軍

jūn

군사 군

부수 : 冖 / 총획수 : 6 / 新HSK 5급

수레(車)를 에워싸고(冖) 있는 군사들(軍)
車 : 수레 (차), 冖 : 덮을 (멱)

5 军事 jūnshì 군사

174

很

hěn

매우 흔

부수 : 彳 / 총획수 : 9 / 新HSK 1급

가는(彳) 사람이 그치지(艮) 않으니 매우(很) 많다.
彳 : 조금 걸을 (척), 艮 : 그칠 (간)

1 很 hěn 아주, 매우, 대단히

예 我有很多爱好° Wǒ yǒu hěn duō àihào.
나는 매우 많은 취미를 가지고 있다.

• 很(hěn)은 형용사 뒤에서 '得'와 함께 쓰여 정도가 매우 높거나 심함을 나타
냅니다.

예 今天天气冷得很(Jīntiān tiānqì lěng de hěn)° 오늘은 날씨가 매우 춥다.
那件衣服贵得很(Nà jiàn yīfu guì de hěn)° 그 옷은 매우 비싸다.

175

情 情

qíng

뜻 정

부수 : 心 / 총획수 : 11 / 新HSK 4~5급

마음(忄)속으로 청년(靑)이 뜻(情)을 품다.
忄(心) : 마음 (심), 靑 : 푸를, 젊을 (청)

4 情况 qíngkuàng 상황, 정황

5 情绪 qíngxù 기분, 마음
情景 qíngjǐng 정경, 광경

176

부수 : 耂 / 총획수 : 8 / 新HSK 4급

者 者

zhě

놈 자

노인(耂)도 관청에 와서 죄를 아뢸(白) 때는 자신을 낮추어 '놈(者)'이라고 불렀다.

耂 : 늙을 (로), 白 : 말할 (백)

4 记者 jìzhě 기자 作者 zuòzhě 저자, 필자

177

부수 : 日 / 총획수 : 12 / 新HSK 2~5급

最

zuì

가장 최

옛날에는 호언장담하고(曰) 적의 귀를 취하러(取) 적진에 뛰어드는 것이 가장 큰 모험이어서 '가장(最)'이라는 뜻

曰 : 가로·말할 (왈), 取 : 취할 (취)

2 最 zuì 가장, 제일

> 예 **中国是世界上人口最多的国家。**
> Zhōngguó shì shìjiè shang rénkǒu zuì duōde guójiā.
> 중국은 세계에서 인구가 가장 많은 국가이다.
> **我最喜欢吃辣的。** Wǒ zuì xǐhuan chī là de.
> 나는 매운 것 먹기를 가장 좋아한다.

3 最后 zuìhòu 최후의 最近 zuìjìn 최근, 요즈음

4 最好 zuìhǎo 가장 좋다

5 最初 zuìchū 최초

178

부수 : 제부수 / 총획수 : 5 / 新HSK 5급

立

lì

설 립

사람이 팔을 벌리고 땅 위에 서 있는 모습을 정면에서 보고 본뜬 모양(立)

5 立即 lìjí 즉시, 곧 立刻 lìkè 즉시, 바로 独立 dúlì 독립하다

179

부수 : イ / 총획수 : 5 / 新HSK 5급

代
dài
대신할 **대**

사람(イ)이 세워둔 말뚝(弋 : 도로 표지판)이 사람을 대신하여(代) 길을 안내한다.
イ(人) : 사람 (인), 弋 : 말뚝·주살 (익)

5 代表 dàibiǎo 대표 代替 dàitì 대체하다 时代 shídài 시대
古代 gǔdài 고대 现代 xiàndài 현대

180

부수 : 心 / 총획수 : 13 / 新HSK 1, 5급

想
xiǎng
생각할 **상**

사랑하는 연인들은 항상 서로(相)를 마음(心)속으로 생각한다(想).
相 : 서로 (상), 心 : 마음 (심)

1 想 xiǎng ~하고 싶다, 생각하다
예 我想出了一个办法° Wǒ xiǎng chū le yí ge bànfǎ.
나는 한 가지 방법을 생각해 냈다.
我想吃面包° Wǒ xiǎng chī miànbāo. 나는 빵이 먹고 싶다.

5 想念 xiǎngniàn 그리워하다 想象 xiǎngxiàng 상상하다

⭐TIP **주요 한자의 부수 알기(3)**

7) 宀(갓머리, 집 면) : '집'과 관계가 있습니다.
예 家(집 가), 室(집 실), 安(편안할 안), 客(손 객), 宅(집 택), 富(부자 부), 官(벼슬 관),
宮(집 궁), 宇(집 우), 宙(집 주)

8) 广(엄호, 집 엄) : '집'과 관계가 있습니다.
예 店(가게 점), 庭(뜰 정), 床(평상 상), 庫(곳집 고), 座(자리 좌), 度(법도 도)

9) 疒(병질 엄) : '병', '질병'과 관계가 있습니다.
예 疾(병 질), 病(병 병), 疫(염병 역), 痛(아플 통), 癌(암 암), 療(병 고칠 료), 痢(이질 리)

181

부수 : 己 / 총획수 : 3 / 新HSK 2급

己
yǐ
이미 **이**

뱀(巳)의 목을 칼로 베어 목숨이 이미(己) 끊어졌다.
巳 : 뱀 (사), 己 : 이미 (이)

2 已经 yǐjing 이미, 벌써

182

부수 : 辶 / 총획수 : 10 / 新HSK 4~5급

通
tōng

通
통할 **통**

대롱(甬) 같은 좁은 길을 따라가면(辶) 큰길과 통한다(通).
甬 : 대롱·길 (용), 辶(辵) : 가다

4 通过 tōngguò 통과하다, 건너다
通知 tōngzhī 통지하다 交通 jiāotōng 교통
普通话 pǔtōnghuà 현대 표준 중국어
5 通常 tōngcháng 보통, 통상

183

부수 : 干 / 총획수 : 6 / 新HSK 4, 6급

并
bìng
아우를 **병**

竝
나란히 **병**

사람들이 두 줄로 나뉘어(八) 문을 열고(开) 나란히(并)
나간다. 또는 한 사람이 서 있고(立) 또 한 사람이 그 옆
에 서 있으니(立) '나란하다(竝)'. 또는 윗사람이(人) 두
조직이 어울리도록(并) 하나로 아우르다(倂). 또는 두 줄
로 나뉘어(八) 다음 줄과 나란히 서다(並).
八 : 나눌 (팔), 开 : 열 (개), 立 : 설 (립), 人 : 사람 (인)

4 并且 bìngqiě 게다가, 또한
6 并非 bìngfēi 결코 ~하지 않다 并列 bìngliè 병렬하다

• 并은 倂(아우를 병)과 並(나란히 병)의 간체자로도 쓰입니다.

184

부수 : 扌 / 총획수 : 12 / 新HSK 3~5급

提
tí
끌 제

손(扌)으로 무거운 짐의 중심을 올바로(是) 잡아야 끌거나(提) 들 수 있다.
扌(手) : 손 (수), 是 : 옳을 (시)

3 提高 tígāo 제고하다, 향상시키다

4 提 tí 끌어올리다 提供 tígōng 제공하다 提前 tíqián 앞당기다
提醒 tíxǐng 일깨우다, 깨우치다

5 提倡 tíchàng 제창하다 提纲 tígāng 요점, 요강
提问 tíwèn 질문하다

185

부수 : 目 / 총획수 : 8 / 新HSK 3~5급

直
zhí

直
곧을 직

많은(十) 사람의 눈(目)으로 살피면 굽은 것도 찾아내어 곧게(直) 편다.
十 : 열 (십), 目 : 눈 (목)

3 一直 yìzhí 계속, 줄곧

4 直接 zhíjiē 직접적인

5 直 zhí 곧다

186

부수 : 頁 / 총획수 : 15 / 新HSK 2, 5급

題
tí

題
제목 제

올바로(是) 글의 머리(頁) 역할을 하는 것이 제목(題)이다.
是 : 옳을 (시), 頁 : 머리 (혈)

2 题 tí 문제 问题 wèntí 문제

5 题目 tímù 제목 话题 huàtí 화제, 논제

187

부수 : 儿 / 총획수 : 10 / 新HSK 6급

党
dǎng

黨
무리 **당**

높은(尚) 대의를 품은 형(兄)들이 모여서 만든 무리(党).
또는 어두운(黑) 현실을 개혁하고자 높은(尚) 대의를 품
고 모인 사람들의 무리(黨)

尚 : 높일 (상), 兄 : 형 (형), 黑 : 검을 (흑)

6 党 dǎng 당, 정당

예 **中国共产党是世界上规模最大的执政党°**
Zhōngguó gòngchǎndǎng shì shìjiè shang guīmó zuì dà de
zhízhèngdǎng.
중국 공산당은 세계적으로 규모가 가장 큰 집권당이다.

188

부수 : 禾 / 총획수 : 12 / 新HSK 5급

程
chéng
한도 **정**

벼(禾)를 수확해서 세금을 드리면(呈) 올해 수확량의 한도(程)·정도를 알
수 있다.
禾 : 벼 (화), 呈 : 드릴 (정)

5 程度 chéngdù 정도 程序 chéngxù 순서, 절차

日程 rìchéng 일정

189

부수 : 尸 / 총획수 : 10 / 新HSK 5급

展
zhǎn
펼 **전**

관 속에 죽은 시체(尸)의 옷(衣)을 곧게 펴니 '펴다(展)'라는 뜻
尸 : 주검 (시), 衣 : 옷 (의)

5 展开 zhǎnkāi 펴다, 펼치다 展览 zhǎnlǎn 전람하다, 전람, 전시회

190

부수 : 二 / 총획수 : 4 / 新HSK 1급

五
wǔ
다섯 **오**

하늘과 땅(二) 사이에서 음양이 교차하며(乂) 운행하는 것이 오행(五)이다.
二 : 하늘과 땅을 선 두 개로 표현함, 乂 : 두 개의 사물이 서로 교차하는 모양

1 五 wǔ 5, 다섯

 주요 한자의 부수 알기(4)

10) 巾(수건 건) : '헝겊', '천'과 관계가 있습니다.
   예 席(자리 석), 布(베 포), 帶(띠 대), 帳(장막 장), 幕(장막 막), 幣(비단 폐), 帛(비단 백)

11) 衣(衤옷의 변) : '옷'과 관계가 있습니다.
   예 裳(치마 상), 製(지을 제), 裝(꾸밀 장), 補(기울 보), 被(입을 피), 裏(속 리), 裂(찢을 렬),
   裁(마를 재)

12) 示(礻보일시 변) : '신', '제사', '보이다'라는 뜻과 관계가 있습니다.
   예 神(귀신 신), 祖(할아버지 조), 祝(빌 축), 福(복 복), 禍(재앙 화), 祭(제사 제), 祈(빌 기),
   禱(빌 도), 祕(숨길 비)

191

부수 : 木 / 총획수 : 8 / 新HSK 1, 3~5급

果
guǒ
열매 **과**

나무(木) 위에 열매(田)가 열리니 '열매(果)·실과'라는 뜻
木 : 나무 (목), 田 : 열매

1 苹果 píngguǒ 사과　水果 shuǐguǒ 과일

3 如果 rúguǒ 만약

4 果汁 guǒzhī 과즙　结果 jiéguǒ 결과

5 果然 guǒrán 과연　果实 guǒshí 과실

• 如果~, 就~(rúguǒ~, jiù~) : 만약에 ~한다면, 그럼 ~한다

  如果没有那么多热心人的帮助, 就不会有今天的我(Rúguǒ méiyǒu nàme duō rèxīn rén de bāngzhù, jiù bú huì yǒu jīntiān de wǒ)。
  만약 그렇게 많은 열성적인 사람의 도움이 없었다면, 그럼 오늘의 내가 있지 못했을 것이다.
  如果你今天不学习汉语, 那么明天的考试就比较困难(Rúguǒ nǐ jīntiān bù xuéxí Hànyǔ, nàme míngtiān de kǎoshì jiù bǐjiào kùnnan)。
  만약에 네가 오늘 중국어를 공부하지 않는다면, 그럼 내일의 시험은 비교적 어려울 것이다.

192

부수 : 斗 / 총획수 : 10 / 新HSK 4~5급

料
liào
헤아릴 **료**

쌀(米)의 양을 말(斗)로 달아서 그 양을 헤아리니 '헤아리다(料)'라는 뜻
米 : 쌀 (미), 斗 : 말 (두)

4 材料 cáiliào 재료, 원료, 자재

5 资料 zīliào 자료　原料 yuánliào 원료

193

부수 : 豕 / 총획수 : 11 / 新HSK 5급

象
xiàng
코끼리 **상**

앞발을 들고 서 있는 코끼리의 옆모습을 본떠 만든 한자(象)

5 象棋 xiàngqí (중국) 장기　象征 xiàngzhēng 상징하다
　 抽象 chōuxiàng 추상적이다

194

부수 : 口 / 총획수 : 7 / 新HSK 2, 4~5급

员 yuán

員 인원 **원**

돈(貝)을 받고 일하는 사람(口)이 인원(員)이다.
貝 : 돈·재물, 口 : 사람

2 服务员 fúwùyuán 종업원

4 演员 yǎnyuán 배우, 연기자 售货员 shòuhuòyuán 판매원

5 人员 rényuán 인원, 요원 员工 yuángōng 종업원

195

부수 : 제부수 / 총획수 : 9 / 新HSK 5급

革 gé 가죽 **혁**

짐승의 털가죽을 벗겨 머리와 다리, 꼬리가 달린 채로 편 모양을 본떠 만든 한자

5 改革 gǎigé 개혁

예 改革开放以后，中国发生了很大的变化。
Gǎigé kāifàng yǐhòu, Zhōngguó fāshēng le hěn dà de biànhuà.
개혁 개방 이후, 중국은 매우 큰 변화가 발생했다.

196

부수 : 亻 / 총획수 : 7 / 新HSK 3~5급

位 wèi 자리 **위**

사람(亻)은 신분에 따라 서(立) 있는 자리(位)가 정해져 있었다.
亻(人) : 사람 (인), 立 : 설 (립)

3 位 wèi 자리, 곳, 위치·분(사람의 수를 나타내는 양사)

예 几位? Jǐ wèi? 몇 분이세요?

4 座位 zuòwèi 좌석

5 位于 wèiyú ~에 위치하다 位置 wèizhi 위치 地位 dìwèi 지위

부수 : 제부수 / 총획수 : 2 / 新HSK 4급

入
rù
들 입

사람(人)이 집에 들어가려고 고개를 숙이고 있는 옆 모양을 본떠 만든 글자(入)

4 入口 rùkǒu 입구　收入 shōurù 수입, 소득

198

부수 : 巾 / 총획수 : 11 / 新HSK 3, 5급

常
cháng
항상 상

인간은 품위를 높이고자(尚) 헝겊으로(巾) 만든 옷을 항상 입고 다닌다는 데서
'항상(常)'이라는 뜻
尚 : 높일 (상), 巾 : 수건 (건)

3 经常 jīngcháng 언제나, 늘

5 常识 chángshí 상식, 일반지식

199

부수 : 제부수 / 총획수 : 4 / 新HSK 3~5급

文
wén
글월 문

높은(亠) 위치에서 백성들을 다스리기(乂) 위해서는 글(文)을 많이 읽어야 한다.
亠 : 우두머리, 乂 : 다스릴 (예)

3 文化 wénhuà 문화

4 文章 wénzhāng 문장

5 文字 wénzì 문자　文明 wénmíng 문명　文具 wénjù 문구
文件 wénjiàn 공문, 서류　文学 wénxué 문학　作文 zuòwén 작문

200

总
zǒng

總
거느릴 **총**

부수 : 心 / 총획수 : 9 / 新HSK 3~5급

요모(丶)조모(丿) 입(口)으로 잘 설득하여 많은 사람의 마음(心)을 사로잡아 거느리다(总). 또는 실(糸)로 바쁘게(恖) 베를 짜도록 많은 사람을 모아 거느리다(總).
丶丿 : 요모조모, 口 : 입 (구), 心 : 마음 (심), 糸 : 실 (사), 恖 : 바쁠 (총)

3 总是 zǒngshì 언제나, 늘

4 总结 zǒngjié 총괄하다, 총결산

5 总裁 zǒngcái 총재 总共 zǒnggòng 합쳐서, 모두, 전부
总算 zǒngsuàn 마침내, 드디어 总理 zǒnglǐ 총리
总统 zǒngtǒng 대통령 总之 zǒngzhī 요컨대, 총괄적으로 말하면

⭐**TIP** **주요 한자의 부수 알기(5)**

13) 禾(벼화 변) : '벼', '곡식'과 관계가 있습니다.
 예 稻(벼 도), 穫(거둘 확), 移(옮길 이), 種(씨 종), 稅(세금 세), 稚(어릴 치), 稙(올벼 직), 穀(곡식 곡)

14) 彳(두인변, 조금 걸을 척) : '걷다', '가다'라는 뜻과 관계가 있습니다.
 예 往(갈 왕), 征(칠 정), 徑(지름길 경), 從(좇을 종), 徐(천천히 서), 復(회복할 복), 律(법칙 률), 待(기다릴 대), 德(큰 덕), 循(돌 순)

15) 心(忄·㣺 마음 심) : '마음', '생각', '심리 상태'와 관계가 있습니다.
 예 感(느낄 감), 忘(잊을 망), 忠(충성 충), 怒(성낼 노), 恐(두려울 공), 怖(두려워할 포), 性(성품 성), 悲(슬플 비), 恭(공손할 공), 慕(그리워할 모)

201

부수 : 欠 / 총획수 : 6 / 新HSK 2, 4~5급

次
cì
버금 **차**

재미있는 이야기도 두(冫 = 二) 번 들으면 흥미가 반감되어 하품(欠)을 하게 되니 처음 들을 때보다 못하여 첫 번째의 다음 가는 차례인 '버금(次)'이라는 뜻
二 : 두 (이), 欠 : 하품 (흠)

2 次 cì 차례, 번, 회

> 예 你第一次来中国吗? Nǐ dì yī cì lái Zhōngguó ma?
> 당신은 중국에 처음 오셨나요?

4 其次 qícì (순서상으로) 부차적인 것

5 次要 cìyào 부차적인, 다음으로 중요한

202

부수 : 口 / 총획수 : 9 / 新HSK 5급

品
pǐn
물건 **품**

여러 사람의 입(口)으로 물건의 등급과 품질을 평가하니 '물건(品)'이라는 뜻
口 : 입 (구), 品 : 물건 (품)

5 商品 shāngpǐn 상품 作品 zuòpǐn 작품

203

부수 : 弋 / 총획수 : 6 / 新HSK 4~5급

式
shì
법 **식**

주살(弋 : 도로 표지판)을 만드는 장인(工)도 일정한 방식이 있다(式).
弋 : 주살 (익), 工 : 장인 (공)

4 正式 zhèngshì 정식의

5 形式 xíngshì 형식, 형태 样式 yàngshì 양식, 스타일
开幕式 kāimùshì 개막식

204

活
huó
살 활

부수 : 氵 / 총획수 : 9 / 新HSK 4~5급

혀(舌)에 물(氵)기가 있어야 살아있는(活) 동물이다.
氵(水) : 물 (수), 舌 : 혀 (설)

4 生活 shēnghuó 생활　活动 huódòng 활동하다
活泼 huópo 활발하다

5 活跃 huóyuè 활동적이다, 활기 있다

205

设
shè

設
베풀 설

부수 : 讠 / 총획수 : 6 / 新HSK 5급

말(言)로 하는 지시를 듣고 연장(殳)을 사용하여 정성껏 물건을 만들어 설비나 시설을 갖추다(設).
讠(言) : 말씀 (언), 殳 : 몽둥이 (수)

5 设备 shèbèi 설비
设计 shèjì 설계하다, 디자인하다
设施 shèshī 시설　建设 jiànshè 건설하다

206

及
jí
미칠 급

부수 : 又 / 총획수 : 3 / 新HSK 4~5급

도망가는 앞 사람(人)을 뒤쫓아 가서 손(又)으로 붙잡으니 뒷사람의 행동이 앞 사람에게 영향을 미치다(及).
人 : 사람 (인), 又 : 오른손, 또 (우)

4 及时 jíshí 시기적절하다

5 及格 jígé 합격하다　以及 yǐjí 및, 그리고

207

부수 : 竹 / 총획수 : 14 / 新HSK 4~5급

管
guǎn
대롱 **관**

관청(官)에서 대나무(竹)로 만들어 행사에 쓰던 악기로 '대롱, 피리(管)'라는 뜻. 또는 종이가 없던 옛날, 대나무(竹)가 문서로 쓰였는데 이 문서들은 벼슬아치(官)가 관리하였으므로 '관리하다(管)'라는 뜻
官 : 관청·벼슬 (관), 竹 : 대나무 (죽)

4 管理 guǎnlǐ 관리하다, 보관하고 처리하다

5 管子 guǎnzi 파이프, 관, 호스

208

부수 : 牛 / 총획수 : 10 / 新HSK 3~5급

特
tè
특별할 **특**

소(牛)를 잡아 관청인 절(寺)에서 잔치를 베푸니 특별한 일(特)
牛 : 소 (우), 寺 : 절·관청 (사)

3 特别 tèbié 특히, 매우

4 特点 tèdiǎn 특징, 특성

5 特色 tèsè 특색, 특징　特征 tèzhēng 특징
特殊 tèshū 특수하다　独特 dútè 독특한

209

부수 : 亻 / 총획수 : 6 / 新HSK 2, 4~5급

件
jiàn
물건 **건**

농부(人)에게 소(牛)는 가장 소중한 물건(件)
亻(人) : 사람 (인), 牛 : 소 (우)

2 件 jiàn 건, 개(옷, 일이나 사건 등을 세는 양사)
　两件毛衣 liǎng jiàn máoyī 두 벌의 스웨터
　一件事 yí jiàn shì 한 건의 일

4 条件 tiáojiàn 조건

5 文件 wénjiàn 공문, 서류

부수 : 제부수 / 총획수 : 4 / 新HSK 2, 4〜5급

长 cháng

長 길 장

수염과 머리카락이 긴 노인이 지팡이를 짚고 서 있는 옆 모양을 본뜬 글자(長)

2 长 cháng (길이가) 길다

4 长城 Chángchéng 만리장성

长江 Chángjiāng 양쯔강

5 长途 chángtú 장거리, 먼 길

延长 yáncháng 연장하다

● 長이 '어른, 우두머리'의 뜻을 나타낼 경우 (zhǎng)으로 발음합니다(중국 사용빈도 227위 참조).

⭐TIP **주요 한자의 부수 알기(6)**

16) 犭(犬 개사슴록 변) : '개과의 네 발 달린 짐승'과 관계가 있습니다.

　　예 狗(개 구), 狐(여우 호), 猿(원숭이 원), 狼(이리 랑), 猛(사나울 맹), 獸(짐승 수),
　　獨(홀로 독), 獲(얻을 획), 狂(미칠 광), 狩(사냥할 수), 獵(사냥할 렵)

17) 扌(手 재방변, 손 수) : '손으로 할 수 있는 동작'과 관계가 있습니다.

　　예 打(칠 타), 推(밀 추), 拉(끌 랍), 技(재주 기), 承(이을 승), 擧(들 거), 拜(절 배)

[참고] '손'과 관련된 뜻을 나타내는 한자의 부수 : 又, 寸, 爪(爫), ⺕

18) 攵(攴 등글월 문, 칠 복) : '치다', '때리다', '두드리다'라는 뜻과 관계가 있습니다.

　　예 敎(가르칠 교), 攻(칠 공), 改(고칠 개), 政(정사 정), 敗(패할 패), 整(가지런할 정),
　　敏(민첩할 민), 效(본받을 효), 敵(대적할 적), 敲(두드릴 고)

211

부수 : 水 / 총획수 : 7 / 新HSK 3, 5급

求
qiú
구할 **구**

짐승의 털가죽으로 만든 옷을 본뜬 글자로, 추운 겨울에는 누구나 가죽옷을 애써서 찾아 구하니 '구하다'라는 뜻(裘 : 갓옷 구 → 求로 변형된 글자라는 견해도 있다)

3 要求 yāoqiú 요구하다

5 请求 qǐngqiú 요구, 요청, 부탁하다 追求 zhuīqiú 추구하다

212

부수 : 제부수 / 총획수 : 6 / 新HSK 1, 3~5급

老
lǎo
늙을 **로**

팔다리가 굳어서 지팡이를 짚고(耂) 허리가 굽은 사람(匕)이 노인이니 '늙다(老)'라는 뜻
耂 : 늙을 (로), 匕 : 허리 굽은 사람의 옆모습

1 老师 lǎoshī 선생님, 스승

3 老 lǎo 늙다

4 老虎 lǎohǔ 호랑이

5 老百姓 lǎobǎixìng 백성, 국민 老板 lǎobǎn 사장, 주인
老婆 lǎopo 아내, 처 老鼠 lǎoshǔ 쥐

- 老(lǎo)가 동·식물의 이름 앞에서 접두사로 쓰여 2음절 명사를 만듭니다.
  - 예 老虎(lǎohǔ) 호랑이 老鼠(lǎoshǔ) 쥐

- 老(lǎo)는 접두사로 쓰여 형제나 자매의 순서를 나타냅니다.
  - 예 她是老几(Tā shì lǎo jǐ)? 그녀는 몇째입니까?
    她是我老幺(Tā shì wǒ lǎoyāo)。 그녀는 우리 막내이다.

- 老(lǎo)는 자신보다 나이가 많거나 존경의 의미로 가까운 사람을 부를 때 성(姓) 앞에 붙여서 표현합니다. 반대로 자신과 나이가 비슷하거나 어린 사람을 친근하게 부를 때는 성(姓) 앞에 小(xiǎo)를 붙여서 표현합니다.
  - 예 老李(lǎo lǐ) 이 형   老张(lǎo zhāng) 장 형
    小王(xiǎo wáng) 왕 군   小刘(xiǎo liú) 류 군

213

부수 : 大 / 총획수 : 5 / 新HSK 3, 5급

头 tóu

頭 머리 **두**

땀(ヽヽ)을 흘릴수록 더 크게(大), 위대하게 쓰이는 머리
(头). 또는 콩 껍질(豆)같은 제사 그릇의 모양이 사람의
머리(頁)와 닮았다고 해서 머리(頭)라는 뜻을 나타내게
되었다.
ヽヽ : 사람이 흘리는 땀방울 모양, 大 : 큰 (대), 豆 :
제기의 모양, 頁 : 머리 (혈)

③ **头发** tóufa 머리카락, 머리털

⑤ **石头** shítou 돌 **馒头** mántou 찐빵(소가 없는 것)

木头 mùtou 목재, 나무 **骨头** gǔtou 뼈

● 头가 단단한 물건을 나타내는 명사 뒤에서 접미사로 쓰일 때는 경성(tou)으
로 읽습니다.

214

부수 : 土 / 총획수 : 11 / 新HSK 4~5급

基 jī
터 **기**

삼태기(其)로 흙(土)을 날라서 집을 지을 터(基)를 닦는다.
其 : 대나무를 잘라 만든 삼태기 모양, 土 : 흙 (토)

④ **基础** jīchǔ 기초

⑤ **基本** jīběn 기본의, 기본적인

215

부수 : 贝 / 총획수 : 10 / 新HSK 4~5급

资 zī

資 재물 **자**

인간에게 건강 다음(次)으로 중요한 것이 돈, 재물(贝)이다.
次 : 다음 (차), 貝(贝) : 조개 (패)

④ **工资** gōngzī 월급, 임금

⑤ **资格** zīgé 자격 **资金** zījīn 자금

资料 zīliào 자료 **资源** zīyuán 자원

投资 tóuzī 투자하다

216

부수 : 辶 / 총획수 : 5 / 新HSK 2급

边　邊

biān
가 변

힘(力)을 들여서 멀리까지 가야만(辶) 도착하는 곳이 국경의 변방(边). 또는 자신(自)의 집(宀)을 짓고자 여덟(八) 방향(方)을 돌아다니며(辶) 집을 지을 집터 주변을 살피니 '가장자리, 가(邊)'라는 뜻

力 : 힘 (력), 辶 : 가다, 自 : 스스로 (자), 宀 : 집 (면),
八 : 여덟 (팔), 方 : 방위 (방), 辶 : 가다

2 旁边 pángbiān 옆, 곁 左边 zuǒbian 왼쪽 右边 yòubian 오른쪽

● 边이 방위사(上, 下, 前, 后, 里, 外, 东, 西, 南, 北) 뒤에서 접미사로 쓰이면 '~쪽, ~측'의 뜻을 나타내며 이 경우 경성(bian)으로 발음합니다. 단, 旁边(pángbiān)만 1성으로 발음합니다.

● 一边~, 一边~(yìbiān~, yìbiān~) : ~하면서, ~하다(동시 동작)
　　예 他一边唱歌, 一边跳舞(Tā yìbiān chànggē, yìbiān tiàowǔ)。
　　그는 노래를 부르면서, 춤을 춘다.

217

부수 : 氵 / 총획수 : 10 / 新HSK 4~5급

流

liú
흐를 류

아기가 엄마 뱃속에서 나올 때 양수를 따라 흘러나오듯이(㐬) 물(氵)이 흐른다(流).

㐬 : 아기가 양수를 따라 흘러 내려오는 모양, 氵 : 물 (수)

4 流利 liúlì 유창하다, 막힘이 없다 流行 liúxíng 유행하다
　　交流 jiāoliú 교류하다

5 流泪 liúlèi 눈물을 흘리다 流传 liúchuán 널리 퍼지다, 유전하다

218

부수 : 𧾷 / 총획수 : 13 / 新HSK 2, 4급

路

lù
길 로

사람들은 발(𧾷)로 제각각(各) 자신이 갈 길을 가니 '길(路)'이라는 뜻
𧾷(足) : 발 (족), 各 : 각각 (각)

2 路 lù 길, 도로

[참고] 버스 노선을 나타내는 양사로도 쓰입니다.
　　예 四三八路公共汽车 sì sān bā lù gōnggòngqìchē 438번 버스

4 高速公路 gāosù gōnglù 고속도로

219

级 **jí**

級 등급 **급**

부수 : 纟 / 총획수 : 6 / 新HSK 3, 5급

실(纟)을 가로와 세로로 이어(及) 천을 짜서 등급(级)을 매긴다.
纟(糸) : 실 (사), 及 : 미칠 (급)

3 年级 niánjí 학년

[참2] 年纪 niánjì 나이

5 初级 chūjí 초급의, 초등의

高级 gāojí (품질·수준이) 고급인

220

少 **shǎo** 적을 **소**

부수 : 小 / 총획수 : 4 / 新HSK 1급

점 세 개(丷 → 小)로 작은 모래알 셋을 표시했는데 이를 두 개와 하나로 나누니 (丿) 양이 줄어들어 '적다(少)'라는 뜻
小 : 작을 (소), 丿 : 사물을 둘로 나눈 선

1 少 shǎo 적다 多少 duōshao 얼마, 몇

예 多少钱? Duōshao qián? 얼마입니까?

 TIP 주요 한자의 부수 알기(7)

19) 阝(阜 언덕 부, 좌부변) : '언덕'과 관계가 있습니다.
예 陵(언덕 릉), 陸(뭍 륙), 陽(볕 양), 陰(그늘 음), 降(내릴 강), 防(막을 방), 院(집 원), 除(덜 제), 隊(무리 대)

20) 阝(邑 고을 읍, 우부방) : '고을', '행정구역'과 관계가 있습니다.
예 郡(고을 군), 邦(나라 방), 郊(들 교), 鄉(시골 향), 部(나눌 부), 都(도읍 도), 郭(성곽 곽)

21) 水(氵삼수변, 물 수) : '물'과 관계가 있습니다.
예 江(강 강), 海(바다 해), 河(물 하), 泉(샘 천), 法(법 법), 油(기름 유), 淸(맑을 청), 漁(고기 잡을 어), 湖(호수 호), 池(못 지)

221

부수 : 囗 / 총획수 : 8 / 新HSK 3, 6급

图

tú

圖

그림 도

겨울(冬) 눈에 에워싸인(囗) 풍경을 그린 그림(图). 또는 입(口)으로 우두머리(亠)가 사방을 돌며(回) 밭의 경계선 (囗)을 그리게 한다(圖).

冬 : 겨울 (동), 囗 : 에운담 큰 입구, 口 : 입 (구), 亠 : 우두머리, 回 : 돌 (회)

③ 图书馆 túshūguǎn 도서관 地图 dìtú 지도

⑥ 图案 tú'àn 도안

222

부수 : 제부수 / 총획수 : 3 / 新HSK 3, 6급

山

shān
메 산

우뚝 솟은 산봉우리 세 개의 모양을 본떠서 만든 한자

③ 爬山 páshān 산을 오르다

⑥ 山脉 shānmài 산맥

223

부수 : 纟 / 총획수 : 9 / 新HSK 5급

统

tǒng

統

거느릴 통

실(纟)을 그릇에 채워(充) 흩어지지 않게 묶어서 하나의 통에 거느리다(统).

纟(糸) : 실 (사), 充 : 채울 (충)

⑤ 统一 tǒngyī 통일하다 传统 chuántǒng 전통

总统 zǒngtǒng 대통령

224

接
jiē
접할 **접**

부수 : 扌 / 총획수 : 11 / 新HSK 3~5급

집에 찾아온 손님을 손(扌)으로 하녀(妾)가 안내하여 주인과 접하게 하다(接).
扌(手) : 손 (수), 妾 : 여자 종 (첩)

3 接 jiē 잇다, 연결하다

4 接受 jiēshòu 받아들이다, 받다　接着 jiēzhe 이어서, 연이어
直接 zhíjiē 직접적인

5 接近 jiējìn 접근하다　接待 jiēdài 접대하다　接触 jiēchù 접촉하다
迎接 yíngjiē 영접하다

225

知
zhī
알 **지**

부수 : 矢 / 총획수 : 8 / 新HSK 2, 4급

입(口)으로 한 말이 화살(矢)처럼 빠르게 소문이 퍼져 상대방도 알게 되다(知).
矢 : 화살 (시), 口 : 입 (구)

2 知道 zhīdao 알다, 이해하다

4 知识 zhīshi 지식　通知 tōngzhī 통지하다

226

较 較
jiào　　견줄 **교**

부수 : 车 / 총획수 : 10 / 新HSK 3급

수레(車)가 서로 엇갈리며(交) 지나갈 때, 서로 모양과 크기를 견주어(較) 비교한다.
车(車) : 수레 (차), 交 : 사귈 (교)

3 比较 bǐjiào 비교적, 상대적으로

227

长
zhǎng

長
어른 **장**

부수 : 제부수 / 총획수 : 4 / 新HSK 3, 5급

수염과 머리카락이 긴 노인이 지팡이를 짚고 서 있는 옆 모양을 본뜬 글자(長)

3 长 zhǎng 자라다, 생기다
校长 xiàozhǎng 학교장

5 长辈 zhǎngbèi 손윗사람, 연장자
生长 shēngzhǎng 자라다, 성장하다

228

将
jiāng

將
장수/장차 **장**

부수 : 寸 / 총획수 : 9 / 新HSK 4급

전쟁터에 나가기 전 나무 조각(爿) 제사상 위에 고기(月)를 손(寸)으로 올려놓고 승리를 기원하는 제사를 드리는 사람이 장수(將)이다.
爿 : 나무 조각 (장), 月 : 고기 (육), 寸 : 마디 (촌)

4 将来 jiānglái 장래, 미래

229

组
zǔ

組
짤 **조**

부수 : 纟 / 총획수 : 8 / 新HSK 5급

실(纟)을 겹치고 또(且) 겹쳐서 천을 짜다(組).
纟(糸) : 실 (사), 且 : 또 (차)

5 组 zǔ 팀, 조 组成 zǔchéng 조성하다
组合 zǔhé 조합 组织 zǔzhī 조직하다

230

见

jiàn

見

볼 견

부수 : 제부수 / 총획수 : 4 / 新HSK 1, 3급

사람이 걸을 때(儿) 눈(目)을 뜨고 있으니 사물을 보다
(見).

儿 : 사람 (인), 目 : 눈 (목)

1 再见 zàijiàn 또 만나요, 잘 가요

看见 kànjiàn 보다, 보이다

3 见面 jiànmiàn 만나다, 대면하다

- 见(jiàn)은 '看', '听', '闻' 등의 동사 뒤에 붙어서 무의식적인 감지, 결과를
  나타내는 보어로 쓰입니다.
  - **예** 看见(kànjiàn) 눈에 보이다 听见(tīngjiàn) 듣다
    闻见(wénjiàn) (냄새를) 맡다

 TIP   **주요 한자의 부수 알기(8)**

22) 火(灬 불화 발) : '불'과 관계가 있습니다.
- **예** 炎(불꽃 염), 然(그럴 연), 燈(등불 등), 灰(재 회), 熙(빛날 희), 燥(마를 조), 熱(더울 열),
  炭(숯 탄), 熟(익을 숙)

23) 雨(비 우 머리) : '날씨', '기상 조건'과 관계가 있습니다.
- **예** 雪(눈 설), 雲(구름 운), 電(번개 전), 霜(서리 상), 露(이슬 로), 雷(우레 뢰), 震(우레 진),
  霧(안개 무), 霞(노을 하)

24) 月(肉 육달월 변, 고기 육) : '살덩이', '신체 부위'와 관계가 있습니다.
- **예** 脚(다리 각), 腰(허리 요), 胸(가슴 흉), 育(기를 육), 膚(살갗 부), 腐(썩을 부), 服(옷 복),
  脈(줄기 맥), 肩(어깨 견)

231

부수 : 讠 / 총획수 : 4 / 新HSK 4~5급

计

jì

計

셀 **계**

말(言)로 수를 세며 열 손가락(十)을 움직여서 셈을 하다 (計).
讠(言) : 말씀 (언), 十 : 열 (십)

4 计划 jìhuà 계획, 기획

5 计算 jìsuàn 계산하다, 산출하다

232

부수 : 刂 / 총획수 : 7 / 新HSK 2~5급

别

bié

다를 **별**

잡은 짐승의 살과 뼈를 칼(刂)로 나누어(另) 따로따로 다르게 구별한다(別).
刂(刀) : 칼 (도), 另 : 따로 (령)

2 别 bié 그 밖에, 달리, 따로

3 别人 biérén 다른 사람 **特别** tèbié 특별하다, 특히

4 区别 qūbié 구별, 차이

5 告别 gàobié 고별하다 **分别** fēnbié 헤어지다, 이별하다

• 别(=不要)는 '하지 마라'라는 뜻으로 금지의 의미를 나타내기도 합니다.

　⑩ **别放太多香菜**(Bié fàng tài duō xiāngcài)°
　　고수(향채)를 너무 많이 넣지 마세요.
　　别吃太多了(Bié chī tài duō le)° 너무 많이 먹지 마라.

233

부수 : 女 / 총획수 : 6 / 新HSK 1급 / 중국에서만 사용하는 한자

她

tā

그녀 **타**/아가씨 **저**

여자(女)는 지금 이 자리에 없어도 또한(也) 그녀, 아가씨(她)라고 불린다.
女 : 여자 (녀), 也 : 또 (야)

1 她 tā 그녀, 그 여자(3인칭 여성을 나타내는 대명사)

　⑩ **她是老师吗**? Tā shì lǎoshī ma? 그녀는 선생님입니까?

234

手
shǒu
손 수

부수 : 제부수 / 총획수 : 4 / 新HSK 2, 5급

손가락을 편 손의 모양(手)을 본떠서 만든 한자

2 手表 shǒubiǎo 손목시계 手机 shǒujī 휴대 전화

5 手套 shǒutào 장갑 手续 shǒuxù 수속, 절차

手术 shǒushù 수술(하다) 手工 shǒugōng 수공

手指 shǒuzhǐ 손가락

235

角
jiǎo

角
뿔 각

부수 : 제부수 / 총획수 : 7 / 新HSK 3, 5급

짐승의 머리 위로 난 뿔의 모양을 본떠서 만든 글자(角)

3 角 jiǎo 각

5 角度 jiǎodù 각도

● 角이 '역할, 배역'이라는 뜻의 5급 어휘 角色(juésè)는 (jué)로 발음합니다.

236

期
qī
기약할 기

부수 : 月 / 총획수 : 12 / 新HSK 4~5급

키(其)가 대나무로 질서 있게 엮여 있는 것처럼 달(月)도 지구를 한 바퀴 돌아서 원래의 자리로 질서 있게 되돌아오니 '때를 정하여 약속하다, 기약하다(期)'라는 뜻

其 : 키 (기), 月 : 달 (월)

4 学期 xuéqī 학기

5 期待 qīdài 기대하다 期间 qījiān 기간 时期 shíqī 시기

237

부수 : 木 / 총획수 : 10 / 新HSK 3, 5급

根
gēn
뿌리 근

나무(木)를 한곳에 머물러(艮) 있게 하는 부위가 뿌리이다(根).
木 : 나무 (목), 艮 : 머물 (간)

3 根据 gēnjù ~에 의거하여, 근거

5 (1) 根本 gēnběn 전혀, 도무지

> 예 我根本听不懂他说的汉语。
> Wǒ gēnběn tīng bu dǒng tā shuō de Hànyǔ.
> 나는 그가 말하는 중국어를 전혀 알아듣지 못한다.

(2) 根 gēn 가닥, 개, 대(가늘고 긴 것을 세는 양사)

> 예 两根筷子 liǎng gēn kuàizi 젓가락 두 개
> 三根绳子 sān gēn shéngzi 끈 세 가닥
> 一根火柴 yì gēn huǒchái 성냥 한 개비

238

부수 : 讠 / 총획수 : 6 / 新HSK 4~5급

论   論
lùn   논할 론

말(讠)로 사람들이(人) 옳고 그름을 비수(匕)처럼 논하다(论). 또는 사람들이 모여서(合) 책(冊)을 읽고 말(言)로 각자의 견해를 논하다(論).
讠 : 말씀 (언), 人 : 사람 (인), 匕 : 비수 (비), 言 : 말씀 (언), 合 : 모일 (합), 冊 : 책 (책)

4 讨论 tǎolùn 토론하다

5 论文 lùnwén 논문 结论 jiélùn 결론 争论 zhēnglùn 논쟁하다
议论 yìlùn 논의하다

239

부수 : 辶 / 총획수 : 7 / 新HSK 2, 5급

运

yùn

運

옮길 **운**

구름(云)이 흘러가듯(辶) 대규모의 군사들이 움직이다(运). 또는 군사(軍)들을 움직여서(辶) 전쟁터로 이동하며 전차와 군량미를 옮기다(運).

云 : 구름 (운), 辶 : 가다, 軍 : 군사 (군), 辶 : 가다

2 运动 yùndòng 운동, 운동하다

5 运气 yùnqì 운수, 운세 运输 yùnshū 운송하다
运用 yùnyòng 운용하다, 활용하다 命运 mìngyùn 운명
幸运 xìngyùn 행운이다, 운이 좋다

240

부수 : 冖 / 총획수 : 6 / 新HSK 5급

农

nóng

農

농사 **농**

옷(衣)에 땀이 흠뻑 덮일(冖) 정도로 하는 일이 농사이다(农). 또는 별(辰)이 보이는 밤까지 허리가 굽을(曲) 정도로 하는 일이 농사이다(農).

衣 : 옷 (의), 冖 : 덮을 (멱), 辰 : 별 (진), 曲 : 굽을 (곡)

5 农村 nóngcūn 농촌 农民 nóngmín 농민
农业 nóngyè 농업

⭐**TIP** 　주요 한자의 부수 알기(9)

25) 辶(辵 책받침) : '가다'라는 뜻과 관계가 있습니다.
　　예 道(길 도), 近(가까울 근), 遠(멀 원), 送(보낼 송), 迎(맞이할 영), 進(나아갈 진),
　　　退(물러날 퇴), 過(지날 과)
[참고] '가다'라는 뜻을 나타내는 부수 : 廴(끌 인)
　　예 建(세울 건), 延(늘일 연), 廷(조정 정)
26) 貝(조개 패) : '돈', '재물'과 관계가 있습니다.
　　예 財(재물 재), 購(살 구), 買(살 매), 販(팔 판), 賣(팔 매), 貴(귀할 귀), 貧(가난할 빈),
　　　賞(상줄 상), 費(쓸 비), 贈(줄 증)
27) 隹(새 추 - 꼬리가 짧은 새), 鳥(새 조 - 꼬리가 긴 새) : '새'와 관계가 있습니다.
　　예 雌(암컷 자), 雄(수컷 웅), 雀(참새 작), 集(모일 집), 雙(쌍 쌍), 鶴(학 학), 鴻(큰 기러기 홍),
　　　鳳(봉황새 봉), 鷲(독수리 취), 鴨(오리 압), 鷗(갈매기 구)

241

부수 : 扌 / 총획수 : 9 / 新HSK 4~5급

指
zhǐ
가리킬 **지**

손(扌)으로 맛(旨)을 보고 맛있는 음식을 손가락으로 가리킨다(指).
扌(手) : 손 (수), 旨 : 맛있을 (지)

4 指 zhǐ 손가락, 가리키다

5 指导 zhǐdǎo 지도하다 指挥 zhǐhuī 지휘하다

242

부수 : 제부수 / 총획수 : 2 / 新HSK 1, 3급

几   幾
jǐ   몇 **기**

책상의 모습을 옆에서 보고 만든 글자(几). 또는 멀리 있어서 작고(幺) 작게(幺) 보이는 창(戈)을 든 적군(人)이 몇(幾) 명인지 기미를 살핀다.
几 : 안석·책상(궤), 幺 : 작을 (요), 戈 : 창 (과), 人 : 사람 (인)

1 几 jǐ 몇

@ 你家有几口人? Nǐ jiā yǒu jǐ kǒu rén? 당신의 가족은 몇 명이에요?
现在几点? Xiànzài jǐ diǎn? 지금 몇 시입니까?
你几岁? Nǐ jǐ suì? 너 몇 살이니?

3 几乎 jīhū 거의

• 几가 부사로 쓰여 '거의'라는 뜻을 나타내면 1성(jī)으로 발음합니다.

• 중국어로 나이를 물어볼 때 일반적으로 초등학생 이하의 어린이들에게는 几岁(jǐsuì)를, 중학생 이상으로 젊은 사람들끼리는 多大(duōdà)를, 학생이 선생님께 또는 어린이가 어른께는 多大年纪(duōdà niánjì)를 써서 물어보고 대답은 모두 岁(suì)로 합니다.

243

부수 : 乙 / 총획수 : 2 / 新HSK 1급

九
jiǔ
아홉 **구**

열 십(十)에서 가로선 하나를 구부려서(乙) 아홉(九)이 되었다.
十 : 열 (십), 乙 : 굽을 (을)

1 九 jiǔ 9, 아홉

244

부수 : 匸 / 총획수 : 4 / 新HSK 4~5급

区 qū

區 구분할 **구**

상자(匸) 속에서 나쁜(乂) 것들을 따로 구분하다(区). 또는 상자(匸) 속의 물건(品)들을 종류별로 각각 구분하다(區).
匸 : 상자 (방), 乂 : 나쁜 물건, 品 : 물건 (품)

4 区别 qūbié 차이, 구별
郊区 jiāoqū 도시의 변두리
5 地区 dìqū 지역, 지구

245

부수 : 弓 / 총획수 : 12 / 新HSK 5급

强 qiáng

強 강할 **강**

활(弓)은 비록(虽) 작지만 빠르고 강(强)한 힘을 내며 날아간다. 또는 농사에 피해를 주던 쌀벌레(虫)는 무리가 크고(弘) 껍질이 단단하여 쉽게 죽일 수 없었다는 의미로 '강하다(强)'는 뜻을 나타낸다.
弓 : 활 (궁), 虽 : 비록 (수), 虫 : 벌레 (충), 弘 : 클 (홍)

5 强调 qiángdiào 강조하다
强烈 qiángliè 강렬하다

246

부수 : 攵 / 총획수 : 8 / 新HSK 3~4급

放 fàng 놓을 **방**

죄인에게 곤장을 치고(攵) 서울에서 먼 방향(方)으로 귀향을 보내 '내쫓는다(放)'는 의미가 된다.
方 : 방위 (방), 攵(攴) : 칠 (복)

3 放 fàng 놓아주다 放心 fàngxīn 마음을 놓다, 안심하다
4 放弃 fàngqì 포기하다 放暑假 fàng shǔjià 여름방학을 하다
放松 fàngsōng (긴장을) 풀다, 늦추다

[참고] 放寒假 fàng hánjià 겨울방학을 하다

247

決
jué

決
결단할 **결**

부수 : 冫 / 총획수 : 6 / 新HSK 3, 5급

여러 개 중에서 어느 얼음(冫)을 깨뜨려 물을 터지게(夬) 할지를 결단하다(決). 또는 저수지의 물(冫)을 터놓을 (夬) 때와 장소를 잘 정해야 하니 '결단하다(決)'란 의미 가 된다.

冫(氷) : 얼음 (빙), 夬 : 터놓을 (쾌), 冫 : 물 (수)

③ 決定 juédìng 결정, 결정하다　解決 jiějué 해결하다

⑤ 決赛 juésài 결승　決心 juéxīn 결심, 결심하다

• 준결승은 半决赛(bànjuésài)라고 합니다.

248

西
xī
서녘 **서**

부수 : 西 / 총획수 : 6 / 新HSK 2~4급

새가 둥지에 들어가 있는 모양을 보고 만든 글자로, 새가 둥지에 들어가서 쉴 때는 해가 서쪽으로 질 무렵이라는 데서 '서쪽(西)'이라는 뜻

② 西瓜 xīguā 수박

③ 西 xī 서쪽

④ 西红柿 xīhóngshì 토마토(=番茄 fānqié)

249

被
bèi
입을 **피**

부수 : 衤 / 총획수 : 10 / 新HSK 3, 5급

사람이 몸에 옷(衤)이나 가죽(皮)을 걸치니 '입다(被)'란 의미가 된다.
衤(衣) : 옷의 변, 皮 : 가죽 (피)

③ 被 bèi ~를 당하다(피동의 의미를 나타내는 개사)

⑤ 被子 bèizi 이불

• 被(bèi)는 목적어를 서술어 앞으로 전치시키는 역할을 하는 개사로도 쓰이며 '피동'의 의미를 나타냅니다. 이때 어순은 '주어 + 被 + 목적어 + 술어 + 기 타성분'입니다.

예 **教室被他收拾好了**(Jiàoshì bèi tā shōushi hǎo le)。
교실이 그에 의해 정리됐다.

我的电动车被人偷了(Wǒ de diàndòngchē bèi rén tōu le)。
나의 전동차를 누군가 훔쳐갔다.

250

부수 : 제부수 / 총획수 : 3 / 新HSK 3~5급

干
gān
방패 **간**

乾
하늘/마를 **건**

손잡이 달린 방패의 모양을 본떠서 만든 글자(干). 또는 사방(十)에 해가 돋게 하고(早) 사람(人)과 새(乙)와 모든 만물에게 생명을 가져다주는 하늘(乾)
十 : 동서남북 사방을 가리킴, 早 : 이를 (조), 人 : 사람 (인), 乙 : 새 (을)

③ 干净 gānjìng 깨끗하다

④ 干杯 gānbēi 건배하다 饼干 bǐnggān 과자, 비스킷

⑤ 干燥 gānzào 건조하다 干脆 gāncuì 아예, 차라리

● 干이 줄기 간(幹)의 간체자로 쓰일 경우에는 干(gàn)을 4성으로 발음합니다.
　● 4급 어휘 : 干(gàn) 하다 / 5급 어휘 : 干活儿(gànhuór) 일하다
　　你干什么(Nǐ gàn shénme)? 너 뭐하니?

 TIP　주요 한자의 부수 알기(10)

28) 王(玉 구슬 옥 변) : '구슬'과 관계가 있습니다.
　● 球(공 구), 珍(보배 진), 璧(둥근 옥 벽), 環(고리 환), 珠(구슬 주), 現(나타날 현), 班(나눌 반)
29) 竹(⺮ 대죽 머리) : '대나무', '대나무와 관련된 사물'과 관계가 있습니다.
　● 笛(피리 적), 管(피리 관), 節(마디 절), 筆(붓 필), 竿(장대 간), 篇(책 편), 簡(대쪽 간),
　算(셀 산), 第(차례 제)
30) 食(飠 밥식 변) : '밥', '먹다'라는 뜻과 관계가 있습니다.
　● 飢(굶주릴 기), 餓(굶주릴 아), 飲(마실 음), 飯(밥 반), 飽(배부를 포), 養(기를 양),
　餘(남을 여), 館(집 관)

251

부수 : 亻 / 총획수 : 11 / 新HSK 1급

做
zuò
지을 주

대장장이(人)가 오랫동안(古) 쇠를 두들겨서(攵) 물건을 만드니 '짓다(做)'라는 뜻
亻(人) : 사람 (인), 古 : 오래다, 攵 : 칠 (복)

1 做 zuò 하다

예 **我做作业**° Wǒ zuò zuòyè. 나는 숙제를 한다.

252

부수 : 心 / 총획수 : 5 / 新HSK 3, 5급

必
bì
반드시 필

한(丿) 우물만 파는 정성된 마음(心)으로 임하면 반드시(必) 이루어낸다.
丿 : 한 가지, 心 : 마음 (심)

3 **必须** bìxū 반드시 ~해야 한다

5 **必要** bìyào 필요 **必然** bìrán 필연적이다

253

부수 : 戈 / 총획수 : 9 / 新HSK 5급

战
zhàn

戰
싸움 전

적의 영토를 차지하려고(占) 창(戈)을 들고 나가 싸우다(战). 또는 군사들마다 하나(單)씩 창(戈)을 들고 적과 맞서 싸우다(戰).
占 : 차지할 (점), 戈 : 창 (과), 單 : 하나·홑 (단)

5 **挑战** tiǎozhàn 도전 **战争** zhànzhēng 전쟁

254

부수 : 儿 / 총획수 : 6 / 新HSK 1, 3~4급

先
xiān
먼저 선

소(牛)와 같이 근면한 사람(儿)은 항상 먼저(先) 일을 한다.
牛 : 소 (우), 儿 : 어진사람인 발

❶ **先生** xiānsheng 선생님, ~씨(성인 남성에 대한 경칭)

❸ **先** xiān 먼저

❹ **首先** shǒuxiān 가장, 먼저

255

부수 : □ / 총획수 : 6 / 新HSK 1, 3~4급

回
huí
돌 회

빙글빙글 돌며 회전하는 바퀴의 모양(◎)을 본떠서 만든 글자(回)

❶ **回** huí 되돌아가다

❸ **回答** huídá 대답하다

❹ **回忆** huíyì 회상하다, 추억하다

256

부수 : 刂 / 총획수 : 6 / 新HSK 5급

则 **則**
zé 법칙 칙

재물(貝)을 일정한 원칙에 따라서 나누니(刂) '법칙(則)'
이라는 뜻
貝 : 재물·돈, 刂(刀) : 칼 (도)

❺ **则** zé 오히려 **原则** yuánzé 원칙

规则 guīzé 규칙

• 则(zé) : ~하면 ~하다

예 **不战则已, 战则必胜**(Bú zhàn zé yǐ, zhàn zé bì shèng)°
싸우지 않으면 그만이나, 싸우면 이긴다.

257

任
rèn
맡길 **임**

부수 : イ / 총획수 : 6 / 新HSK 4~5급

주인(人)이 병사(士)에게 짐을 짊어지게 하며(壬) 일을 맡기다(任).
イ(人) : 사람 (인), 士 : 병사 (사)

4 任何 rènhé 어떠한 任务 rènwu 임무 责任 zérèn 책임

5 主任 zhǔrèn 주임

258

取
qǔ
취할 **취**

부수 : 又 / 총획수 : 8 / 新HSK 4~5급

전쟁터에서 적을 무찌르고 전공을 세운 표시로 적의 귀(耳)를 손(又)으로 베어 가지고 오니 가지다(取)라는 뜻
耳 : 귀 (이), 又 : 오른손 (우)

4 取 qǔ 찾다, 찾아 가지다, 받다

5 取消 qǔxiāo 취소하다 争取 zhēngqǔ 쟁취하다, ~하려고 힘쓰다

259

据 據
jù   의지할 **거**

부수 : 扌 / 총획수 : 11 / 新HSK 3, 5급

손(扌)으로 살 거처(居)를 만들어 놓고 내 몸이 그 거처에 의지하여 사니 '의지하다(据)'라는 뜻. 또는 산에서 호랑이(虎)나 멧돼지(豕)를 만나면 손(扌)에 들고 있는 무기에 의지하여 위험을 모면하니 '의지하다(據)'라는 뜻
扌 : 손 (수), 居 : 살 (거), 虎 : 범 (호), 豕 : 돼지 (시)

3 根据 gēnjù ~에 의거하여, 근거

5 据说 jùshuō 다른 사람의 말에 의하면 ~라고 한다
证据 zhèngjù 증거 收据 shōujù 영수증

260

부수 : 夂 / 총획수 : 5 / 新HSK 4~5급

处 chǔ/chù

處 곳 처

발걸음(夂)이 점(卜)을 치는 곳을 향하니 '곳(处)'이라는 뜻. 또는 호랑이(虍)도 걸어 다니다가(夂) 나무 그루터기(几)를 보면 자리를 정하니 '곳(處)'이라는 뜻

夂 : 천천히 걸을 (쇠), 卜 : 점 (복), 虍 : 범 (호), 几 : 안석 (궤)

4 **到处** dàochù 도처, 곳곳

5 **处理** chǔlǐ 처리하다

● 处가 '好处(hǎochu) 장점, 坏处(huàichu) 단점'이라는 뜻으로 쓰일 경우 경성(chu)으로 발음합니다.

⭐**TIP** 주요 한자의 부수 알기(11)

31) 頁(머리 혈) : '머리와 관련된 신체 부위'와 관계가 있습니다.
　🔵예 頂(정수리 정), 項(목 항), 頭(머리 두), 顔(얼굴 안), 額(이마 액), 領(거느릴 령), 頸(목 경)

32) 金(쇠 금) : '쇠', '쇠로 만든 물건', '쇠의 종류나 성질'과 관계가 있습니다.
　🔵예 針(바늘 침), 錢(돈 전), 銀(은 은), 銅(구리 동), 鉛(납 연), 銃(총 총), 鈍(무딜 둔),
　銳(날카로울 예), 錄(기록할 록), 鑛(쇳돌 광), 鏡(거울 경)

33) 石(돌 석) : '돌이나 돌의 성질', '돌로 만든 물건'과 관계가 있습니다.
　🔵예 破(깨뜨릴 파), 硏(갈 연), 硬(굳을 경), 碑(비석 비), 確(굳을 확), 磨(갈 마),
　礎(주춧돌 초), 硯(벼루 연)

34) 糸(실사 변) : '실', '실의 성질', '실로 할 수 있는 일'과 관계가 있습니다.
　🔵예 細(가늘 세), 終(마칠 종), 組(짤 조), 織(짤 직), 絶(끊을 절), 紙(종이 지), 約(맺을 약),
　結(맺을 결), 經(날줄 경)

261

부수 : ß / 총획수 : 4 / 新HSK 4급

队　隊
duì　대오 **대**

언덕(ß) 아래로 사람들이(人) 무리를 이루어 모여 있다
(队). 또는 언덕(ß) 아래로 멧돼지(豕)가 두 줄로 나뉘어
(八) 떼를 지어 다닌다(隊).
ß(阜) : 언덕 (부), 人 : 사람 (인), 八 : 나눌 (팔),
豕 : 돼지 (시)

4 排队 páiduì 줄을 서다

262

부수 : 十 / 총획수 : 9 / 新HSK 3급

南
nán
남녘 **남**

여러 명(十)의 군사가 성(冂)의 양쪽으로 나뉘어(八) 방패(干)를 들고 출입문이
있는 남쪽(南)을 지킨다.
十 : 열 (십), 冂 : 성·멀 (경), 八 : 나눌 (팔), 干 : 방패 (간)

3 南 nán 남, 남쪽

263

부수 : 纟 / 총획수 : 9 / 新HSK 2급

给　給
gěi　줄 **급**

실(糸)을 합하여(合) 밧줄을 만들어 주다(給).
纟(糸) : 실 (사), 合 : 합할 (합)

2 给 gěi 주다, ~에게

• 동사 给(gěi)는 간접 목적어와 직접 목적어를 동반합니다.
⑩ 我给朋友礼物(Wǒ gěi péngyou lǐwù)° 나는 친구에게 선물을 준다.

264

色
sè
빛 색

부수 : 제부수 / 총획수 : 6 / 新HSK 2, 5급

사람(人)과 뱀(巴)이 마주치면 서로의 얼굴빛이 변하니 '색(色)'이라는 뜻
人 : 사람 (인), 巴 : 뱀 (파)

2 颜色 yánsè 색, 색깔

5 色彩 sècǎi 색채 出色 chūsè 대단히 뛰어나다

角色 juésè 역, 역할, 배역 特色 tèsè 특색, 특징

265

光
guāng
빛 광

부수 : 儿 / 총획수 : 6 / 新HSK 4~5급

어두운 밤에 걷는 사람이(儿) 횃불(火)을 들고 있으니 빛(光)이 난다.
儿 : 걷는 사람 (인), 火 : 불 (화)

4 光 guāng 단지, 광선, 빛, 벗다, 드러내다

5 光明 guāngmíng 밝다, 환하다 光盘 guāngpán CD(콤팩트 디스크)

光滑 guānghuá 매끈매끈하다 光临 guānglín 왕림하다

266

门   門
mén   문 문

부수 : 제부수 / 총획수 : 3 / 新HSK 2급

양쪽에서 여닫는 대문의 모습을 본떠서 만든 한자(門)

2 门 mén 과목, 가지(과목·과학·기술 등의 항목을 세는 양사)

例 这学期你申请了几门课?
Zhè xuéqī nǐ shēnqǐng le jǐ mén kè?
너는 이번 학기에 몇 과목을 신청했어?

一门手艺 yì mén shǒu yì 한 가지 기술

267

부수 : 卩 / 총획수 : 7 / 新HSK 4급

即

jí

卽

곧 즉

잘못된 행동을 그치고(艮) 무릎을 꿇어(卩) 곧바로(即) 사죄하다. 또는 하얀(白) 쌀밥을 수저(匕)를 든 사람이 무릎을 꿇고(卩) 곧바로(即) 먹으려 하다.

艮 : 그칠 (간), 卩 : 무릎을 꿇은 사람, 병부 (절), 白 : 흰 (백), 匕 : 수저

4 即使 jíshǐ 설령 ~하더라도

• 即使~, 也~(jíshǐ~, yě~) : 설령 ~할지라도, 그래도 ~하다

예 即使爸爸妈妈都反对, 我也要和你结婚(Jíshǐ bàba māma dōu fǎnduì, wǒ yě yào hé nǐ jiéhūn)。

설령 아빠, 엄마 모두 반대하실지라도, 나는 그래도 너와 결혼할 것이다.

268

부수 : 亻 / 총획수 : 9 / 新HSK 4~5급

保

bǎo

지킬 보

어른(亻)이 아기(呆)를 감싸 안아서 보호하고 지키다(保).

亻(人) : 사람 (인), 呆 : 지킬 (보)

4 保护 bǎohù 보호하다 保证 bǎozhèng 보증하다

5 保险 bǎoxiǎn 보험 保持 bǎochí (지속적으로) 유지하다

保存 bǎocún 보존하다 保留 bǎoliú 보류하다, 남겨두다

269

부수 : 氵 / 총획수 : 8 / 新HSK 5급

治

zhì

다스릴 치

백성들이 물(氵)을 기쁘게(台) 사용하도록 잘 다스려야 한다(治).

氵(水) : 물 (수), 台 : 기쁠 (이)

5 治疗 zhìliáo 치료하다 政治 zhèngzhì 정치

부수 : 匕 / 총획수 : 5 / 新HSK 1, 3급

270

北
běi
북녘 북

두 사람이 서로 등을 돌리고 앉아 있는 옆모습을 본뜬 글자로 그 중 한 사람은 해를 등지고 있으니 북쪽(北)을 뜻한다.

1 北京 Běijīng 북경(중국의 수도)

3 北方 běifāng 북쪽, 북방

⭐**TIP** **주요 한자의 부수 알기(12)**

35) 言(말씀언 변) : '말씀', '말하다'라는 뜻과 관계가 있습니다.

　　◉ 記(기록할 기), 訓(가르칠 훈), 計(셀 계), 詩(시 시), 訪(찾을 방), 設(베풀 설), 講(익힐 강), 試(시험할 시), 說(말씀 설), 話(말할 화), 談(말씀 담), 論(논할 론), 評(평할 평)

36) 足(⻊발족 변) : '발', '발로 할 수 있는 동작'과 관계가 있습니다.

　　◉ 路(길 로), 距(떨어질 거), 跡(자취 적), 跳(뛸 도), 躍(뛸 약), 踐(밟을 천), 踏(밟을 답), 蹴(찰 축)

37) 門(문 문) : '문', '집안'과 관계가 있습니다.

　　◉ 開(열 개), 閉(닫을 폐), 間(사이 간), 閣(집 각), 閑(한가할 한), 關(빗장 관), 閏(윤달 윤),

38) 日(날일 변) : '태양', '날', '날짜'와 관계가 있습니다.

　　◉ 暖(따뜻할 난), 景(볕 경), 晚(늦을 만), 明(밝을 명), 暮(저물 모), 暑(더울 서), 時(때 시), 暗(어두울 암), 昨(어제 작), 晝(낮 주), 早(이를 조), 旬(열흘 순), 晴(갤 청), 春(봄 춘)

271

부수 : 辶 / 총획수 : 10 / 新HSK 5급

造

zào

造

지을 조

소(牛)를 제물로 드리고 입(口)으로 신에게 고한 뒤 가서 (辶) 집을 짓는다(造).
牛 : 소 (우), 口 : 입 (구), 辶(辵) : 가다・쉬엄쉬엄 갈 (착)

5 造成 zàochéng 조성하다

创造 chuàngzào 창조하다

272

부수 : 白 / 총획수 : 6 / 新HSK 2, 4급

百

bǎi

일백 백

사람들이 하나(一)부터 일백까지 수를 세면 크게 외쳐서(白) 숫자 세기를 마치 니 '일백(百)'이라는 뜻
一 : 한 (일), 白 : 말할 (백)

2 百 bǎi 100, 백

4 百分之 bǎifēnzhī 퍼센트(%)

273

부수 : 见 / 총획수 : 8 / 新HSK 4~5급

规

guī

規

법 규

사나이(夫)가 보고(见) 준수해야 할 것이 법(规)이다.
夫 : 지아비・사나이 (부), 见 : 볼 (견)

4 规定 guīdìng 규정하다, 규정

5 规则 guīzé 규칙 规模 guīmó 규모

规律 guīlǜ 규율 规矩 guīju 법칙

274

热 rè
熱 더울 **열**

부수 : 灬 / 총획수 : 10 / 新HSK 1, 3~5급

횃불(灬)을 잡고(执) 있으니 덥다(热). 또는 기세(勢)가 맹렬하게 타오르는 불(灬)은 뜨겁고 덥다(熱).
灬(火) : 불 (화), 执 : 잡을 (집), 勢 : 기세 (세)

① **热** rè 덥다, 뜨겁다

③ **热情** rèqíng 열정적이다, 친절하다

④ **热闹** rènao 번화하다, 떠들썩하다

⑤ **热心** rèxīn 열심이다 **热爱** rè'ài (국가·민족 등을) 뜨겁게 사랑하다
热烈 rèliè 열렬하다

275

领 lǐng
領 거느릴 **령**

부수 : 页 / 총획수 : 11 / 新HSK 5급

명령(令)을 내리는 우두머리(頁)는 많은 부하를 거느린다(領).
令 : 명령할 (령), 頁 : 우두머리·머리 (혈)

⑤ **领导** lǐngdǎo 지도자, 이끌다, 영도하다
领域 lǐngyù 분야, 영역

276

七 qī
일곱 **칠**

부수 : 一 / 총획수 : 2 / 新HSK 1급

엄지손가락(5)과 검지, 중지(2)까지 손가락 셋을 펴서 숫자 칠(七)을 나타낸다.

① **七** qī 7, 일곱

277

부수 : 氵 / 총획수 : 10 / 新HSK 4~5급

海
hǎi
바다 **해**

강물(氵)이 날마다 흘러들어 물이 언제나(每) 꽉 차 있는 곳이 바다(海)이다.
氵(水) : 물 (수), 每 : 늘·언제나·매양 (매)

4 海洋 hǎiyáng 해양, 바다

5 海鲜 hǎixiān 해산물 海关 hǎiguān 세관

278

부수 : 土 / 총획수 : 6 / 新HSK 3~5급

地
dì
땅 **지**

흙(土) 또한(也) 땅(地)이다. 또는 뱀(也)은 종신토록 흙(土)만 먹고 땅(地)에 기어다닌다.
土 : 흙 (토), 也 : 또·뱀 (야)

3 地方 dìfang 장소, 곳 地图 dìtú 지도 地铁 dìtiě 지하철

4 地球 dìqiú 지구 地点 dìdiǎn 지점, 장소 地址 dìzhǐ 주소

5 地位 dìwèi 지위 地震 dìzhèn 지진 地理 dìlǐ 지리
地道 dìdao 정통의, 진짜의 地毯 dìtǎn 카펫, 양탄자
地区 dìqū 지역, 지구

279

부수 : 제부수 / 총획수 : 3 / 新HSK 3~5급

口
kǒu
입 **구**

사람이 입을 벌린 모양을 본떠서 만든 글자(口)

3 口 kǒu 입, 식구, 사람, 마리(사람·동물·아가리가 있는 물건을 세는 양사)
⑩ 五口人 wǔ kǒu rén 다섯 식구 三口猪 sān kǒu zhū 세 마리의 돼지
一口井 yì kǒu jǐng 하나의 우물

4 入口 rùkǒu 입구

5 口味 kǒuwèi 맛 出口 chūkǒu 출구 人口 rénkǒu 인구

280

부수 : 一 / 총획수 : 5 / 新HSK 1, 3~4급

东
dōng

東
동녘 **동**

해(日)가 떠오르다가 나무(木)에 걸려있는 모양을 본떠서 만든 글자로 해는 동쪽에서 떠오르니 '동쪽(東)'을 뜻한다.
日 : 해, 木 : 나무 (목)

1 东西 dōngxi 물건

3 东 dōng 동쪽, 동방

4 房东 fángdōng 집주인

TIP **주요 한자의 부수 알기(13)**

39) 目(눈목 변) : '눈', '보다'라는 뜻과 관계가 있습니다.
  예 直(곧을 직), 景(볕 경), 盲(소경 맹), 眼(눈 안), 看(볼 간), 睡(졸음 수), 眠(잠잘 면), 瞬(눈 깜짝할 순), 督(감독할 독), 省(살필 성)

40) 田(밭전 변) : '밭의 모양', '가르다', '경계', '자리'라는 뜻과 관계가 있습니다.
  예 男(사내 남), 界(지경 계), 留(머무를 류), 略(간략할 략), 番(차례 번), 畵(그림 화), 當(마땅할 당), 異(다를 이), 申(펼 신), 甲(갑옷 갑), 由(말미암을 유)

41) 皿(그릇명 밑) : '그릇'과 관계가 있습니다.
  예 盆(동이 분), 益(더할 익), 盜(도둑 도), 盛(담을 성), 盟(맹세할 맹), 盃(잔 배), 盡(다할 진), 盤(쟁반 반), 監(볼 감), 盞(잔 잔)

42) 木(나무목 변) : '나무', '나무의 종류', '나무의 성질', '나무의 부위'와 관계가 있습니다.
  예 材(재목 재), 林(수풀 림), 枝(가지 지), 松(소나무 송), 柳(버들 류), 根(뿌리 근), 樹(나무 수), 板(널 판), 橋(다리 교), 柱(기둥 주), 棟(마룻대 동), 架(시렁 가), 果(실과 과)

281

부수 : 寸 / 총획수 : 6 / 新HSK 4~5급

导
dǎo

導
이끌 도

뱀(巳)처럼 길게 줄을 세워 규칙(寸)에 따라 이끌다(导). 리더가 손(寸)으로 길(道)을 안내하고 이끈다는 데서 '이끌다(導)'라는 뜻

巳 : 뱀 (사), 寸 : 규칙, 손·마디 (촌), 道 : 길 (도)

4 导游 dǎoyóu 가이드

5 指导 zhǐdǎo 지도하다 导演 dǎoyǎn 연출자, 감독

导致 dǎozhì (어떤 사태를) 야기하다, 초래하다

领导 lǐngdǎo 지도자, 영도하다

282

부수 : 口 / 총획수 : 16 / 新HSK 5급

器
qì
그릇 기

잔치 음식인 개(犬)고기를 여러 동네 사람(口×4)이 나눠 먹으려니 그릇이 필요하다는 데서 '그릇(器)'을 뜻한다.

犬 : 개 (견), 口 : 입 (구)

5 乐器 yuèqì 악기 机器 jīqì 기기, 기계

283

부수 : 厂 / 총획수 : 6 / 新HSK 4급

压
yā

壓
누를 압

산 언덕(厂)의 흙(土)으로 불길한 점(丶)을 덮어 누르다(压). 또는 남에게 보이기 싫은(厭) 것(구토, 대변)을 흙(土)으로 덮어 누르다(壓).

厂 : 언덕 (엄), 土 : 흙 (토), 丶 : 불길한 부분, 厭 : 싫어할 (염)

4 压力 yālì 스트레스, 압력

[참고] 血压 xuèyā 혈압

284

부수 : 心 / 총획수 : 7 / 新HSK 4~5급

志
zhì
뜻 지

선비(士)가 마음(心)속으로 큰 뜻(志)을 품다.
士 : 선비 (사), 心 : 마음 (심)

4 杂志 zázhì 잡지

5 志愿者 zhìyuànzhě 지원자 标志 biāozhì 표지, 상징하다

285

부수 : 一 / 총획수 : 5 / 新HSK 3~4급

世
shì
인간 세

삼십(卅) 년이 한(一) 세대를 의미하므로 '세대'라는 뜻이고, 자손 대대로 살아가는 세상이라는 데서 '세상, 인간(世)'의 뜻을 나타낸다.
卅 : 서른 (삽), 一 : 한 (일)

3 世界 shìjiè 세계

4 世纪 shìjì 세기

286

부수 : 제부수 / 총획수 : 8 / 新HSK 4~5급

金
jīn
쇠 금

산(人) 밑(一)의 흙(土) 속에 파묻혀서 빛(丷=光)이 나는 금(金)

4 现金 xiànjīn 현금 奖金 jiǎngjīn 상금, 상여금

5 金属 jīnshǔ 금속 黄金 huángjīn 황금

부수 : 土 / 총획수 : 15 / 新HSK 4급

287

增
zēng
더할 증

흙(土) 위에 흙을 거듭(曾) 쌓아서 높이가 더하다(增).
土 : 흙 (토), 曾 : 거듭 (증)

4 增加 zēngjiā 증가하다, 늘리다

부수 : 亅 / 총획수 : 6 / 新HSK 4~5급

288

争　爭
zhēng　다툴 쟁

사람(⺈)이 손(ㅋ)으로 갈고리(亅)를 들고 나가 싸우다
(争). 또는 손(爫)과 손(ㅋ)으로 갈고리(亅)를 서로 빼앗
아 가지려고 싸우다(爭).
⺈ : 사람, ㅋ : 손, 亅 : 갈고리 (궐), 爫(爪) : 손톱 (조)

4 竞争 jìngzhēng 경쟁하다

5 战争 zhànzhēng 전쟁　争论 zhēnglùn 변론하다, 논쟁하다
争取 zhēngqǔ 쟁취하다, ~하려고 힘쓰다

부수 : 氵 / 총획수 : 9 / 新HSK 4급

289

济　濟
jì　건널 제

징검다리가 있는 시냇물(氵)을 여러 사람이 줄지어 가지런
히(齊) 같이 건너가고 도와주니 '건너다, 돕다(濟)'라는 뜻
氵(水) : 물 (수), 齊 : 가지런할 (제)

4 经济 jīngjì 경제

부수 : 阝 / 총획수 : 6 / 新HSK 5급

290

阶
jiē

階
섬돌 **계**

언덕(阝) 사이에 끼여(介) 있는 돌계단(阶). 또는 언덕(阝)을 오르기 쉽도록 모든(皆) 돌들로 층계를 만들다(階).
阝(阜) : 언덕 (부), 介 : 낄 (개), 皆 : 모두 (개)

5 阶段 jiēduàn 단계, 계단

• '阝 (阜) : 언덕 부, 좌부 변'과 '阝 (邑) : 고을 읍, 우부 방'은 학습자들이 많이 헷갈려 합니다.
주요 한자의 부수 알기(7)를 참고하길 바랍니다.

TIP　주요 한자의 부수 알기(14)

43) 車(수레차 변) : '바퀴 달린 수레'와 관계가 있습니다.
　예 軍(군사 군), 軌(바퀴자국 궤), 較(견줄 교), 輕(가벼울 경), 載(실을 재), 輪(바퀴 륜), 輛(수레 량), 轉(구를 전), 軟(부드러울 연)

44) 虫(벌레충 변) : '벌레'와 관계가 있습니다.
　예 蜂(벌 봉), 蛇(뱀 사), 蝶(나비 접), 螢(개똥벌레 형), 蚊(모기 문), 蠶(누에 잠), 蟬(매미 선)

45) 女(여자녀 변) : '여성적인 성질', '상태', '행위'와 관계가 있습니다.
　예 姑(시어머니 고), 婦(며느리 부), 始(처음 시), 妻(아내 처), 妾(아내 첩), 妹(누이 매), 姓(성 성), 妃(왕비 비), 婚(혼인할 혼), 姿(모양 자)

46) 歹(죽을사 변) : '죽음'과 관계가 있습니다.
　예 死(죽을 사), 殆(위태할 태), 殉(따라 죽을 순), 殞(죽을 운), 殘(남을 잔), 歿(죽을 몰)

291

부수 : 氵 / 총획수 : 8 / 新HSK 4~5급

油
yóu
기름 유

나무 열매(由)에서 짜낸 액체(氵)가 바로 기름이다(油).
由 : 나무에서 딴 열매의 모양, 氵(水) : 물 (수)

4 加油站 jiāyóuzhàn 주유소

5 油炸 yóuzhá (끓는) 기름에 튀기다 酱油 jiàngyóu 간장

292

부수 : 心 / 총획수 : 9 / 新HSK 2, 5급

思
sī
생각할 사

인간의 두뇌(田)와 심장(心)은 모두 생각하는 역할을 한다는 데서 '생각하다
(思)'라는 뜻
田(由 : 귀신 머리(불)의 변형), 心 : 마음 (심)

2 意思 yìsi 의미, 뜻

5 思考 sīkǎo 사고하다 思想 sīxiǎng 사상, 생각, 의식

293

부수 : 木 / 총획수 : 5 / 新HSK 4~5급

术
shù

術
재주 술

쌓인 나무 중에서 재목(木)을 점(丶)찍어 골라내는 목수
의 재주(术). 또는 차조(朮)의 여러 갈래 뿌리처럼 인간이
다양한 분야의 재주를 배우며 살아가니(行) '재주(術)'라
는 뜻
木 : 나무 (목), 丶 : 점 (주), 朮 : 차조 (출), 行 : 다닐
(행)

4 技术 jìshù 기술 艺术 yìshù 예술

5 学术 xuéshù 학술 武术 wǔshù 무술 手术 shǒushù 수술
美术 měishù 미술

294

부수 : 木 / 총획수 : 7 / 新HSK 3~5급

极 jí

極 다할 극

뿌리의 영양분이 나뭇(木)가지의 끝까지 미치는(及) 것이 효과가 다한 것이다(极). 또는 나무(木)에 기대어 입으로 성경 구절(句)을 암송하며 두 손(又) 모아 기도하는 사람의 정성이 땅에서 하늘까지(二) 이를 정도로 그 정성을 다하다(極).

木 : 나무 (목), 及 : 미칠 (급), 句 : 글귀 (구), 又 : 오른손 (우), 二 : 하늘과 땅을 선 두 개로 나타냄

3 极 jí 아주, 극히

4 积极 jījí 적극적이다

5 极其 jíqí 아주　消极 xiāojí 소극적이다

- 极(jí)는 형용사 뒤에서 정도보어로도 쓰이는데, 이 경우 뒤에 了를 수반합니다.

예 **今天你做的菜好吃极了**(Jīntiān nǐ zuò de cài hǎochī jí le)。
오늘 네가 만든 음식이 매우 맛있다.

295

부수 : 亠 / 총획수 : 6 / 新HSK 4~5급

交 jiāo 사귈 교

높은(亠) 자리에 앉으신 아버지(父)가 인맥을 넓히려고 여러 사람을 사귀다 (交).

亠 : 우두머리, 父 : 아버지 (부)

4 交 jiāo 사귀다, 왕래하다　交流 jiāoliú 교류하다
交通 jiāotōng 교통

5 交往 jiāowǎng 왕래하다, 교제하다　交际 jiāojì 교제
交换 jiāohuàn 교환하다　外交 wàijiāo 외교

부수 : 又 / 총획수 : 8 / 新HSK 4~5급

受
shòu
받을 수

손(爫)으로 덮어서(冖) 주는 선물을 손(又)으로 받다(受).
爫(爪) : 손톱 (조), 冖 : 덮을 (멱), 又 : 오른손 (우)

4 受不了 shòu bu liǎo 참을 수 없다, 견딜 수 없다

受到 shòu dào 얻다, 받다 接受 jiēshòu 받아들이다

难受 nánshòu 상심하다, (몸이) 불편하다

5 受伤 shòushāng 상처를 입다, 부상(을) 당하다

承受 chéngshòu 받아들이다, 견뎌내다

感受 gǎnshòu 느끼다, 감수하다

享受 xiǎngshòu 즐기다, 향유하다

부수 : 耳 / 총획수 : 12 / 新HSK 4~5급

联 聯
lián 잇달 련

바늘귀(耳)에 실(絲)을 꿰어서(丱) 잇달아(聯) 연결하다.
耳 : 귀 (이), 絲 : 실 (사), 丱 : 쌍 상투 (관)

4 联系 liánxì 연락하다, 연결하다

互联网 hùliánwǎng 인터넷

5 联合 liánhé 연합하다

부수 : 亻 / 총획수 : 4 / 新HSK 1~2, 4급

什 甚
shén 심할 심
세간 집/열사람 십

열(十) 명의 사람(人)이니 '열 사람(什)'이고 인간(人)생활에 꼭 필요한 많은(十) 물건이 세간이다(什). 또는 배우자(匹)와의 달콤한(甘) 애정행각이 남들이 보기에 지나칠 정도로 심하다(甚).
十 : 열 (십), 亻(人) : 사람 (인), 匹 : 짝 (필), 甘 : 달 (감)

1 什么 shénme 어떤, 무슨, 무엇

2 为什么 wèishénme 왜, 어째서

4 甚至 shènzhì 심지어, ~까지도

부수 : 讠 / 총획수 : 4 / 新HSK 1, 3, 5급

299

认
rèn

認
알 인

다른 사람의 말(讠)을 듣고 그 사람(人)을 알게 되다(认). 또는 남의 말(言)을 끝까지 참고(忍) 들어서 그 내용을 알게 되다(認).

讠(言) : 말씀 (언), 人 : 사람 (인), 忍 : 참을 (인)

❶ 认识 rènshi 알다, 인식하다

❸ 认为 rènwéi ~라고 생각하다, ~라고 여기다

认真 rènzhēn 진지하다, 착실하다

❺ 否认 fǒurèn 부인하다 **确认** quèrèn 확인하다

承认 chéngrèn 승인하다

300

六
liù
여섯 육

부수 : 八 / 총획수 : 4 / 新HSK 1급

양손의 손가락 세 개를 아래로 편 모양을 보고 숫자 여섯을 나타내는 한자를 만들었다(六).

❶ 六 liù 6, 여섯

⭐ **TIP** 주요 한자의 부수 알기(15)

47) 戈(창과 방) : '창', '무기', '전쟁'과 관계가 있습니다.
  📌 戎(오랑캐 융), 戊(천간 무), 戰(싸움 전), 戮(죽일 륙), 戚(겨레 척), 戟(창 극)
48) 舟(배주 변) : '배'와 관계가 있습니다.
  📌 船(배 선), 般(일반 반), 航(배 항), 艦(싸움배 함), 艇(거룻배 정)
49) 馬(말마 변) : '말'과 관계가 있습니다.
  📌 騎(말탈 기), 馳(달릴 치), 馴(길들일 순), 驅(말몰 구), 駿(준마 준), 驕(교만할 교),
    驛(역말 역), 驚(놀랄 경), 駒(망아지 구)
50) 魚(고기어 변) : '물고기'와 관계가 있습니다.
  📌 鮮(고울 선), 魴(방어 방), 鮑(절인 생선 포), 鮒(붕어 부), 鯉(잉어 리), 鯨(고래 경),
    鰍(미꾸라지 추), 鱗(비늘 린), 鮫(상어 교)

301

부수 : 八 / 총획수 : 6 / 新HSK 2, 4급

共
gòng
함께 공

많은 사람(卄)이 하나가(一) 되어 일을 나누어(八) 함께 일하니 '함께(共)'라는 뜻
卄 : 스물 (입), 一 : 한 (일), 八 : 여덟 (팔)

2 公共汽车 gōnggòngqìchē 버스

> 예 我坐公共汽车去上下班° Wǒ zuò gōnggòngqìchē qù shàng xiàbān.
> 나는 버스를 타고 출퇴근한다.

4 共同 gòngtóng 공통의, 공동의

302

부수 : 木 / 총획수 : 6 / 新HSK 5급

权   權
quán   권세 권

나무(木)로 된 지휘봉을 오른손(又)에 쥐고 있는 권력자, 권세가(权). 또는 나무(木) 위에 황새(萑)가 버티고 있어 다른 새들이 얼씬도 못하니 절대 권세(權)를 가지고 있다.
木 : 나무 (목), 又 : 오른손 (우), 萑 : 황새 (관)

5 权力 quánlì 권력 权利 quánlì 권리

303

부수 : 攵 / 총획수 : 6 / 新HSK 4~5급

收
shōu
거둘 수

이삭이 달린 곡식(丩)을 손에 막대기를 들고 쳐서(攵) 떨어지는 열매를 거두어 들이니 '거두다(收)'라는 뜻
丩 : 이삭에 곡식이 달린 모양, 攴(攵) : 칠 (복)

4 收 shōu 받다, 접수하다 收入 shōurù 수입, 소득
收拾 shōushi 정리하다

5 收据 shōujù 영수증 收获 shōuhuò 수확, 성과, 수확하다

304

证
zhèng

證
증명할 **증**

부수 : 讠 / 총획수 : 7 / HSK 4~5급

말(讠)을 올바르게(正) 하여 사실을 증명하다(证). 또는 높은 단상에 올라가서(登) 사건의 전말을 말하며(言) 사실 여부를 증명하다(證).

讠 : 말씀 (언), 正 : 바를 (정), 言 : 말씀 (언), 登 : 오를 (등)

4 证明 zhèngmíng 증명하다, 증명서

예 **身份证** shēnfènzhèng 신분증 **出入证** chūrùzhèng 출입증
许可证 xǔkězhèng 허가증

5 证据 zhèngjù 증거 证件 zhèngjiàn 증거 서류

305

改
gǎi
고칠 **개**

부수 : 攵 / 총획수 : 7 / 新HSK 4~5급

자신의 몸(己)을 회초리로 때려가며(攵) 스스로 잘못을 고쳐 나가니 '고치다(改)'라는 뜻이 된다.

己 : 몸 (기), 攵(攴) : 칠 (복)

4 改变 gǎibiàn 변하다, 바뀌다

5 改革 gǎigé 개혁 改进 gǎijìn 개량하다 改善 gǎishàn 개선하다
改正 gǎizhèng (잘못 · 착오를) 개정하다

306

清
qīng

清
맑을 **청**

부수 : 氵 / 총획수 : 11 / 新HSK 3, 5급

물(氵)에 푸른(青) 빛이 감돌면 맑고(清) 깨끗하다.
氵(水) : 물 (수), 青 : 푸를 (청)

3 清楚 qīngchu 뚜렷하다, 분명하다

5 清淡 qīngdàn (음식이 기름지지 않고) 담백하다

307

己

jǐ
몸 기

부수 : 제부수 / 총획수 : 3 / 新HSK 3급

사람이 양손을 바닥에 짚고 무릎 꿇고 엎드린 모양을 옆에서 보고 그린 글자(己)

3 自己 zìjǐ 자기, 자신

308

美

měi
아름다울 미

부수 : 羊 / 총획수 : 9 / 新HSK 4~5급

양(羊)이 털이 많이 자라서 탐스럽고 몸집이 크니(大) 보기에 아름답다(美).
羊 : 양 (양), 大 : 큰 (대)

4 美丽 měilì 아름답다, 예쁘다

5 美术 měishù 미술, 그림

309

再

zài
다시 재

부수 : 冂 / 총획수 : 6 / 新HSK 1~2, 5급

한 번(一) 지은 성(冂)을 흙(土)으로 다시 쌓아 올리니 '다시(再)'라는 뜻
一 : 한 (일), 冂 : 멀 경(성을 나타냄), 土 : 흙 (토)

1 再见 zàijiàn 또 만나요, 잘 가요

2 再 zài 재차, 또

5 再三 zàisān 몇 번씩, 재삼, 여러 번

• 과거에 이미 반복된 동작에는 '又(yòu)'를 쓰고, 미래에 반복될 동작에는 '再
(zài)'를 씁니다.

 你又开始了(Nǐ yòu kāishǐ le)˚ 너 또 시작이구나.
　老板, 我又来了(Lǎobǎn, wǒ yòu lái le)˚ 사장님, 저 또 왔어요.
　欢迎再来(Huānyíng zài lái)˚ 또 오십시오.
　请再说一遍(Qǐng zài shuō yí biàn)˚ 다시 한 번 말씀해 주십시오.

310

采
cǎi
캘 **채**

손(爫)으로 나무(木)의 열매를 따거나 뿌리를 캐니 '캐다(采)'라는 뜻
爫(爪) : 손톱 (조), 木 : 나무 (목)

5 采取 cǎiqǔ 취하다, 채택하다
　　采访 cǎifǎng 인터뷰하다, 탐방하다, 취재하다

⭐**TIP** 한자의 간화 원리(1)

1. 원래의 번체자 중 글자의 일부분만 남기고 나머지를 생략하는 방법
   1) 좌부 생략법 : 捨 → 舍, 務 → 务, 捲 → 卷, 係 → 系, 條 → 条, 復 → 复, 複 → 复,
   　　　　　　　　　餘 → 余, 麵 → 面
   2) 우부 생략법 : 鄉 → 乡, 雖 → 虽, 類 → 类, 離 → 离, 親 → 亲, 號 → 号
   3) 상부 생략법 : 電 → 电, 兒 → 儿, 昇 → 升, 雲 → 云, 獨 → 独
   4) 하부 생략법 : 業 → 业, 製 → 制, 築 → 筑, 氣 → 气, 飛 → 飞, 産 → 产, 蟲 → 虫
   5) 중간 생략법 : 寧 → 宁, 奪 → 夺, 尋 → 寻, 厭 → 厌
   6) 모서리 생략법 : 婦 → 妇, 啓 → 启, 陽 → 阳, 聲 → 声, 醫 → 医, 從 → 从, 裏 → 里,
   　　　　　　　　　習 → 习
   7) 외부 생략법 : 開 → 开, 閤 → 合, 術 → 术

311

转
zhuǎn/zhuàn

轉
구를 전

부수 : 车 / 총획수 : 8 / 新HSK 4~5급

수레(車)는 오로지(專) 바퀴가 돌아가는 방향으로 굴러간다(轉).
车(車) : 수레 (차), 專 : 오로지 (전)

4 转 zhuǎn (몸 따위를) 돌다, (방향·위치·상황 등이) 바뀌다

예 向右转 xiàng yòu zhuǎn 우회전
向左转 xiàng zuǒ zhuǎn 좌회전

5 转变 zhuǎnbiàn 바뀌다 转告 zhuǎngào 전달하다

312

更
gèng/gēng
다시 갱/고칠 경

부수 : 曰 / 총획수 : 7 / 新HSK 3급

한 번(一) 말해주어(曰) 지적받은 잘못을 사람(人)들은 다시 고쳐나간다(更).
一 : 한 (일), 曰 : 가로 (왈), 人 : 사람 (인)

3 更 gèng 더욱, 더

예 我比你更高。 Wǒ bǐ nǐ gèng gāo. 내가 너보다 키가 더 크다.
北京比首尔更冷。 Běijīng bǐ Shǒu'ěr gèng lěng.
북경은 서울보다 더 춥다.

[참고] '고치다'라는 뜻으로 쓰일 때 更은 1성(gēng)으로 발음합니다.
变更 biàngēng 변경하다, 바꾸다, 고치다

• 更은 '다시 (갱)', '고칠 (경)' 두 가지의 뜻과 음을 가집니다.

예 更新(갱신) 更生(갱생) 甲午更張(갑오경장) 變更(변경) 更迭(경질)

313

부수 : 十 / 총획수 : 8 / 新HSK 3, 5급

单

dān

單

홑 단

땀(丷) 흘리며 밭에서(田) 일하는 많은(十) 마을 사람 중에서 이장님은 단 한 명뿐이니 '홑, 하나(单)'라는 뜻. 또는 많은 군사(口口) 중에서 가장 으뜸(甲)가는 장수는 한 (一) 명뿐이니 '홑, 하나(單)'라는 뜻
丷 : 사람이 흘린 땀 모양, 一 : 한 (일), 田 : 밭 (전),
十 : 열 (십), 口 : 사람, 甲 : 첫째 천간 (갑)

3 菜单 càidān 메뉴, 식단

5 单纯 dānchún 단순하다 单调 dāndiào 단조롭다
单独 dāndú 혼자서, 단독으로 单位 dānwèi 회사, 직장, 기관, 단위
单元 dānyuán (교재 등의) 단원, (아파트·빌딩 등의) 현관

● 单人间(dānrénjiān) 1인실
双人间(shuāngrénjiān) 2인실(=标准间 biāozhǔnjiān)
单人床(dānrénchuáng) 1인용 침대
双人床(shuāngrénchuáng) 2인용 침대

314

부수 : 风 / 총획수 : 4 / 新HSK 5급

风

fēng

風

바람 풍

모든(凡) 기는 벌레(丿)들은 바람에 의해 움직인다(风). 또는 모든(凡) 벌레(虫)들은 바람(風)이 불어야 날린다.
凡 : 모두 (범), 丿 : 기는 벌레의 옆 모양, 虫 : 벌레 (충)

5 风格 fēnggé 스타일, 기질, 풍격
风景 fēngjǐng 풍경, 경치 风俗 fēngsú 풍속
风险 fēngxiǎn 위험, 모험

157

315

부수 : 刀 / 총획수 : 4 / 新HSK 4~5급

切
qiè/qiē
끊을 **절**

여러 번(七) 칼질(刀)을 해서 '자르다, 끊다(切)'라는 뜻
七 : 일곱 (칠), 刀 : 칼 (도)

4 一切 yíqiè 일체, 모든

5 切 qiē 끊다, 자르다　亲切 qīnqiè 친절하다

　密切 mìqiè 밀접하다, 긴밀하다

316

부수 : 扌 / 총획수 : 5 / 新HSK 1~5급

打
dǎ
칠 **타**

손(扌)으로 못(丁)을 쳐서 박으니 '치다(打)'라는 뜻
扌(手) : 손 (수), 丁 : 못 (정)

1 打电话 dǎ diànhuà 전화를 걸다

2 打篮球 dǎ lánqiú 농구 시합을 하다

3 打扫 dǎsǎo 청소하다　打算 dǎsuan ~하려고 하다, 계획, 생각

　예 这个周末你打算干什么? Zhè ge zhōumò nǐ dǎsuan gàn shénme?
　　　이번 주말에 당신은 무엇을 할 계획입니까?

4 打扰 dǎrǎo 방해하다, 지장을 주다　打扮 dǎban 화장하다, 꾸미다

　打印 dǎyìn 인쇄하다, 프린트하다　打招呼 dǎzhāohu 인사하다

　打折 dǎzhé 가격을 깎다, 할인하다

　打针 dǎzhēn 주사를 놓다, 주사를 맞다

5 打听 dǎting 물어보다, 알아보다

　打交道 dǎjiāodao (사람끼리) 왕래하다

　打喷嚏 dǎpēntì 재채기하다

　打工 dǎgōng 아르바이트하다, 일하다

317

부수 : 제부수 / 총획수 : 5 / 新HSK 2~3급

白
bái
흰 **백**

해(日)가 비치는 햇살(丿)은 밝고 투명하니 '희다(白)'라는 뜻
日 : 해, 丿 : 밝고 투명한 햇살을 선 하나로 표현함

2 白 bái 하얗다, 희다

3 明白 míngbai 분명하다, 이해하다

318

부수 : 攵 / 총획수 : 11 / 新HSK 2, 4~5급

教 教
jiào
가르칠 **교**

노인(耂)이 자식(子)을 회초리로 때리며(攵) 올바르게 가르치다(教). 또는 올바른 언행을 본받도록(爻) 매를 들어 (攵) 자식(子)을 가르치다(教).
耂(老) : 늙을 (로), 子 : 자식, 攵(攴) : 칠 (복), 爻 : 본받을 (효)

2 教室 jiàoshì 교실

[참고] 教师 jiàoshī 교사

4 教授 jiàoshòu 교수 教育 jiàoyù 교육

5 教训 jiàoxùn 꾸짖다, 교훈하다 教材 jiàocái 교재

教练 jiàoliàn 감독, 코치

319

速 速
sù 빠를 속

부수 : 辶 / 총획수 : 10 / 新HSK 4급

나무 땔감을 묶어서(束) 운반해 가니(辶) 일하는 속도가
빠르다(速).
束 : 묶을 (속), 辶(辵) : 가다

4 速度 sùdù 속도

高速公路 gāosù gōnglù 고속도로

320

花
huā
꽃 화

부수 : 艹 / 총획수 : 7 / 新HSK 3, 5급

풀(艹)이 점점 자라서 변화하여(化) 꽃이 피니 '꽃(花)'이라는 뜻
艹 : 풀 (초), 化 : 될 (화)

3 花 huā 꽃, 소비하다

5 花生 huāshēng 땅콩

TIP 한자의 간화 원리(2)

2. 번체자의 변에 그 글자와 발음이 같게 간화된 간체자

    예 歷 → 历, 遠 → 远, 認 → 认, 種 → 种, 構 → 构, 劇 → 剧, 僕 → 仆, 歡 → 欢,

    選 → 选, 鐘 → 钟

3. 기존 번체자의 초서체로 간화된 간체자

    예 書 → 书, 爲 → 为, 東 → 东, 貝 → 贝, 學 → 学, 專 → 专, 馬 → 马, 當 → 当,

    鳥 → 鸟, 盡 → 尽, 導 → 导, 倉 → 仓, 車 → 车

321

부수 : 巾 / 총획수 : 9 / 新HSK 3급

带 dài

帶 띠 대

헝겊을 겹쳐서 만든 허리띠의 모양을 본떠서 만든 글자로 '띠(帶)'의 뜻

③ 带 dài 몸에 지니다, 휴대하다, 띠, 벨트

예 腰带 yāodài 허리띠 鞋带 xiédài 신발 끈
皮带 pídài 가죽 벨트

• 带(dài)는 '지대, 구역'의 의미로도 쓰입니다.

예 长江一带(Chángjiāng yídài) 양쯔강 일대 温带(wēndài) 온대
热带(rèdài) 열대

322

부수 : 宀 / 총획수 : 6 / 新HSK 3~5급

安 ān
편안할 **안**

집(宀)안에 여인(女)이 있어야 가정이 편안하다(安).
宀 : 집 (면), 女 : 여자 (녀)

③ 安静 ānjìng 조용하다

④ 安全 ānquán 안전하다

安排 ānpái (인원·시간 등을) 안배하다, 일을 처리하다

⑤ 安慰 ānwèi 위로하다

安装 ānzhuāng (기계·기자재 등을) 설치하다

平安 píng'ān 평안하다, 편안하다

323

부수 : 土 / 총획수 : 6 / 新HSK 4~5급

场 chǎng

場 마당 **장**

햇볕(昜)이 넓게 비치는 땅(土)이 마당이다(场).
昜 : 볕 (양), 土 : 땅·흙

④ 场 chǎng 장소, 번, 회(양사)

예 一场电影 yì chǎng diànyǐng 1회의 영화
三场棒球比赛 sān chǎng bàngqiú bǐsài
세 차례의 야구 시합

⑤ 市场 shìchǎng 시장 广场 guǎngchǎng 광장

- 场이 2성(cháng)으로 발음되면 일의 경과나 자연 현상의 횟수 등을 나타내는 양사로 쓰입니다.

  예 今天我做了一场梦(Jīntiān wǒ zuò le yì cháng mèng)。
  나는 오늘 한 차례의 꿈을 꾸었다.
  昨天首尔下了一场大雨(Zuótiān Shǒu'ěr xià le yì cháng dàyǔ)。
  서울에 어제 한바탕의 소나기가 쏟아졌다.
  一场战争(yì cháng zhànzhēng) 한 차례의 전쟁

324

부수 : 제부수 / 총획수 : 7 / 新HSK 2, 5급

身 shēn 몸 신

임신한 여인의 옆모습을 본떠서 만든 글자로 임신한 여인은 항상 몸가짐을 조심한다는 데서 '몸(身)'이란 뜻

② 身体 shēntǐ 신체, 몸

⑤ 身材 shēncái 몸매, 체격 身份 shēnfen 신분, 지위

  随身 suíshēn 몸에 지니다

325

부수 : 제부수 / 총획수 : 4 / 新HSK 1~3, 5급

车 chē **車** 수레 거/차

양쪽에 바퀴가 달린 수레의 모양을 위에서 내려다 본 모양을 본떠서 만든 글자(車)

① 出租车 chūzūchē 택시

② 公共汽车 gōnggòngqìchē 버스 火车站 huǒchēzhàn 기차역

③ 自行车 zìxíngchē 자전거

⑤ 车库 chēkù 차고 车厢 chēxiāng 객실, 차실, 트렁크

- 車는 사람의 힘으로 움직이는 바퀴가 달린 탈 것에는 '수레 (거)'라고 읽고, 동물이나 기계의 힘으로 움직이는 바퀴가 달린 탈 것에는 '수레 (차)'라고 읽습니다.

  예 자전거(自轉車) 인력거(人力車) 마차(馬車) 자동차(自動車)

326

例

lì

법식 례

부수 : 亻 / 총획수 : 8 / 新HSK 4급

사람들(人)이 줄(列)을 서서 차례를 기다리는 질서 있는 모습은 어린아이들에게 본보기(例)가 된다.
亻 : 사람 (인), 列 : 줄 (렬)

4 例如 lìrú 예를 들면

327

真 眞

zhēn 참 진

부수 : 目 / 총획수 : 10 / 新HSK 2, 4~5급

여러 사람(十)의 안목(目)으로 보아도 늘 한결같이(一) 나누어 주는(八) 삶이 참되고 진실한 성인의 삶이라는 데서 '참(真)'이라는 뜻. 또는 항상 곧은(直) 마음으로 세상 팔방(八)에 나아가 세상을 이롭게 하는 삶이 진실로 참되고 진리의 삶이라는 데서 '참(眞)'이라는 뜻
十 : 열 (십), 目 : 눈 (목), 一 : 한 (일), 八 : 나눌·여덟 (팔), 直 : 곧을 (직)

2 真 zhēn 확실히, 진정으로

4 真正 zhēnzhèng 진정한, 참된

5 真实 zhēnshí 진실하다

328

务 務

wù 힘쓸 무

부수 : 力 / 총획수 : 5 / 新HSK 2, 4~5급

천천히(夂) 하더라도 힘(力)들여 일을 하니 '힘쓰다(务)'라는 뜻. 또는 군사들이 창(矛)으로 찌르고 때리며(夂) 군사훈련에 힘(力)쓰니 '힘쓰다(務)'라는 뜻
夂 : 뒤져 올 (치), 力 : 힘 (력), 矛 : 창 (모), 夂 : 칠 (복)

2 服务员 fúwùyuán 종업원

4 任务 rènwu 임무

5 义务 yìwù 의무 家务 jiāwù 집안일

329

부수 : 八 / 총획수 : 8 / 新HSK 4~5급

具
jù
갖출 구

두 손으로(廾) 재물(貝 : 돈)을 가지고 살림을 마련하여 갖추다(具).
廾 : 두 손으로 받들 (공), 貝 : 재물이나 돈을 나타냄, 조개 (패)

④ 家具 jiājù 가구

⑤ 具备 jùbèi 갖추다, 구비하다 具体 jùtǐ 구체적이다

330

부수 : 一 / 총획수 : 3 / 新HSK 3~5급

万　萬
wàn　일만 만

하나님(一)의 창조 아래 싸여(勹)있는 이 세상의 모든 만
물(万). 또는 풀숲(艹) 속에 수많은 원숭이(禹) 떼가 모여
사니 많은 수 '일만(萬)'이라는 뜻
一 : 하나님, 勹 : 쌀 (포), 艹 : 풀 (초), 禹 : 긴꼬리원숭
이 (우)

③ 万 wàn 만, 10,000

④ 千万 qiānwàn 절대, 제발, 부디

　예 千万不要浪费时间° Qiānwàn búyào làngfèi shíjiān.
　절대 시간을 낭비하지 마라.
　千万不要忘记我° Qiānwàn búyào wàngjì wǒ.
　제발 나를 잊지 마세요.

⑤ 万一 wànyī 만일, 만약

⭐**TIP** 한자의 간화 원리(3)

4. 필획의 일부를 부호로 간략화한 간체자
　예 趙 → 赵, 區 → 区, 風 → 风, 剛 → 刚, 鄧 → 邓, 對 → 对, 難 → 难, 僅 → 仅,
　　這 → 这, 倫 → 伦, 鷄 → 鸡, 漢 → 汉, 單 → 单

5. 필획이 적은 회의자로 간화된 간체자
　예 體 → 体, 塵 → 尘, 陰 → 阴, 隊 → 队, 筆 → 笔

331

부수 : 母 / 총획수 : 7 / 新HSK 2급

每
měi
매양 **매**

사람(人)들은 누구나 위급한 일을 당하면 제일 먼저 어머니(母)를 항상(每) 찾는다.
人 : 사람 (인), 母 : 어머니 (모)

2 每 měi 각, 매, ~마다, 모두

332

부수 : 제부수 / 총획수 : 5 / 新HSK 3~5급

目
mù
눈 **목**

사람의 눈동자를 세로로 그린 모양(目)

3 节目 jiémù 프로그램

4 目的 mùdì 목적

5 目前 mùqián 지금, 현재 目录 mùlù 목록 目标 mùbiāo 목표
题目 tímù 제목 项目 xiàngmù 항목

333

부수 : 제부수 / 총획수 : 6 / 新HSK 4~5급

至
zhì
이를 **지**

하늘(一)에서 새(厶)가 먹이를 찾고자 땅(土)에 이르다(至).
一 : 하늘, 厶 : 새의 옆 모양, 土 : 땅·흙 (토)

4 至少 zhìshǎo 적어도, 최소한

5 至今 zhìjīn 지금까지
至于 zhìyú ~의 정도에 이르다, ~에 관해서는, ~로 말하면

334

达 dá

達 통달할 **달**

부수 : 辶 / 총획수 : 6 / 新HSK 5급

큰(大) 걸음으로 걸어가서(辶) 목적지에 이르니 '이르다(达)'라는 뜻. 또는 새끼 양(羊)이 천천히 걸어서(辶) 어미가 있는 곳(土)에 이르니 '도달하다(達)'라는 뜻
大 : 큰 (대), 辶 : 가다, 羊 : 양 (양), 土 : 땅·흙 (토)

5 达到 dádào 도달하다, 이르다

到达 dàodá 도달하다, 도착하다

表达 biǎodá (자신의 사상이나 감정을) 나타내다

335

走 zǒu 달릴 **주**

부수 : 제부수 / 총획수 : 7 / 新HSK 2급

사람(大 → 土)이 발(足 → 疋)로 달리다(走).
大 : 사람의 형상, 足 : 발 (족)

2 走 zǒu 걷다

예 请问，到北京大学怎么走?
Qǐngwèn, dào Běijīng dàxué zěnme zǒu?
실례지만, 북경대학에 가려면 어떻게 가야 합니까?
一直往前走˚ Yìzhí wǎng qián zǒu. 곧장 앞으로 가세요.

336

积 jī

積 쌓을 **적**

부수 : 禾 / 총획수 : 10 / 新HSK 4~5급

농사지은 벼(禾)를 농부들이(口) 나누어(八) 차곡차곡 쌓다(积). 또는 자신이 벤 볏단(禾)을 책임지고(責) 차곡차곡 쌓다(積).
禾 : 벼 (화), 口 : 사람, 八 : 나누다, 責 : 책임

4 积极 jījí 적극적이다, 열성적이다

积累 jīlěi 쌓이다, 누적되다

5 面积 miànjī 면적

337

부수 : 제부수 / 총획수 : 5 / 新HSK 4~5급

示
shì
보일 시

작은(小) 두(二) 눈으로 온 세상을 바라보니 '보이다(示)'라는 뜻
小 : 작을 (소), 二 : 두 (이)

④ **表示** biǎoshì (언행으로 사상·감정 등을) 표시하다

⑤ **出示** chūshì 제시하다, 내보이다

338

부수 : 讠 / 총획수 : 5 / 新HSK 3~5급

议
yì

議
의논할 의

말(言)로 올바른(義) 방법을 찾기 위하여 서로 의논하다 (議).
讠(言) : 말씀 (언), 義 : 옳을 (의)

③ **会议** huìyì 회의

④ **建议** jiànyì 제안하다, 건의하다

⑤ **议论** yìlùn 논의하다, 의논하다

339

부수 : 士 / 총획수 : 7 / 新HSK 3, 5급

声
shēng

聲
소리 성

돌로 만든 악기(声)를 몽둥이(殳)로 때리면 귀(耳)에 들리는 것이 소리이다(聲).
声 : 돌로 만든 타악기, 殳 : 몽둥이 (수), 耳 : 귀 (이)

③ **声音** shēngyīn 목소리, 소리

⑤ **声调** shēngdiào 성조

부수 : 扌 / 총획수 : 7 / 新HSK 2, 4~5급

340

报 bào
報 알릴/갚을 보

죄인의 손(扌)을 묶고 무릎을 꿇게 하여(卩) 죄의 값을 갚게 하며 또(又) 세상 사람들에게 알리니 '알리다, 갚다(报)'라는 뜻. 또는 죄인에게 차꼬와 쇠고랑(幸)을 손(又)과 발(卩)에 채워 죄의 값을 갚게 하고, 세상 사람들에게 널리 알리니 '알리다, 갚다(報)'라는 뜻

扌(手) : 손 (수), 卩 : 사람이 무릎을 꿇은 모양, 又 : 오른손·또 (우), 幸 : 차꼬와 쇠고랑

2 报纸 bàozhǐ 신문

4 报名 bàomíng 신청하다

5 报社 bàoshè 신문사 报告 bàogào 보고서, 리포트
报到 bàodào 보고하다 报道 bàodào (뉴스 등을) 보도하다

⭐TIP 한자의 간화 원리(4)

6. 필획이 적은 동음자(同音字)로 대체해서 만든 간체자

　例 頭 → 头, 後 → 后, 園 → 园, 幹 → 干, 穀 → 谷, 醜 → 丑, 鬪 → 斗, 鬱 → 郁,
　　 闆 → 板

7. 형성(形聲)의 방법으로 새로운 글자를 만든 간체자

　例 驚 → 惊, 響 → 响, 護 → 护, 膚 → 肤, 郵 → 邮

341

부수 : 제부수 / 총획수 : 4 / 新HSK 5~6급

斗
dòu
말 두

鬪
싸움 투

곡식(丶丶) 열(十) 되를 한 말이라고 하니 '말(斗)'이라는 뜻. 옛날에는 군사들이 싸우러(鬥) 나가기 전에 제기 그릇(豆)에 제물을 올려놓고 일정한 법도(寸)에 따라 제사를 드리고 나서 전쟁터에 나가서 싸웠다는 데서 '싸우다(鬪)'라는 뜻

丶丶 : 곡식의 모양, 十 : 열 (십), 鬥 : 싸움 (투), 豆 : 제기, 寸 : 마디 · 법도 (촌)

5 奋斗 fèndòu 분투하다

6 斗争 dòuzhēng 투쟁하다, 싸우다 战斗 zhàndòu 전투하다

- 斗가 4성(dòu)으로 발음될 때는 '싸움 투(鬪)'의 간체자로 쓰이지만 3성 (dǒu)으로 발음될 때는 곡식이나 액체의 분량을 되는 단위인 '말, 두(斗)'라는 뜻을 나타냅니다.

342

부수 : 宀 / 총획수 : 7 / 新HSK 2~5급

完
wán
완전할 완

으뜸(元)가는 기술자가 지은 집(宀)이니 '완전하다(完)'라는 뜻
元 : 으뜸 (원), 宀 : 집 (면)

2 完 wán 마치다, 끝나다

3 完成 wánchéng 완성하다

4 完全 wánquán 완전히, 완전하다

5 完美 wánměi 완벽하다, 완전무결하다
完善 wánshàn 완벽하게 하다 完整 wánzhěng 온전하다, 완벽하다

- 完(wán)은 주로 동사 서술어 뒤에서 '了'를 동반하여 결과보어로 쓰입니다.
- 예 我刚刚把作业做完了(Wǒ gānggang bǎ zuòyè zuò wán le)。
나는 방금 숙제를 다 끝냈다.

343

类 lèi

類 무리 류

부수 : 米 / 총획수 : 9 / 新HSK 5급

쌀(米)은 그 크기(大)에 따라서 종류를 구분한다(类). 또는 쌀(米)로 대표되는 식물들과 개(犬)로 대표되는 동물들의 머리(頁) 모양을 보고 무리를 구분한다는 데서 '무리(類)'라는 뜻

米 : 쌀 (미), 大 : 큰 (대), 犬 : 개 (견), 頁 : 머리 (혈)

5 类型 lèixíng 유형 种类 zhǒnglèi 종류

344

八 bā 여덟 팔

부수 : 제부수 / 총획수 : 2 / 新HSK 1급

양손의 엄지손가락을 구부리고 네 손가락씩 두 손을 편 모양을 보고 숫자 '여덟(八)'을 나타냈다.

1 八 bā 8, 여덟

345

离 lí

離 떠날 리

부수 : 内 / 총획수 : 10 / 新HSK 2~3, 5급

머리(亠)가 흉한(凶) 짐승의 발자국(内)을 보고 쫓아서 멀리 떠나게 한다는 데서 '떠나다(离)'라는 뜻. 또는 날짐승(禽)인 철새(隹)는 계절에 따라 둥지를 떠난다는 데서 '떠나다(離)'라는 뜻

亠 : 머리, 凶 : 흉할 (흉), 内 : 발자국 (유), 禽 : 날짐승 (금), 隹 : 새 (추)

2 离 lí ~로부터, ~에서

예 学校离这儿远吗? Xuéxiào lí zhèr yuǎn ma?
학교가 여기에서 먼가요?

3 离开 líkāi 떠나다

5 离婚 líhūn 이혼하다

346

부수 : 十 / 총획수 : 6 / 新HSK 5급

华
huá

華
빛날 **화**

변화(化)가 여러(十) 번 거듭되어 화려하게 변하니 '빛나다(华)'라는 뜻. 또는 풀(艹)이 무성하게 자라서 드리워진 (垂) 모양에서 '꽃, 빛나다(華)'라는 뜻
化 : 변화하다, 十 : 열 (십), 艹 : 풀 (초), 垂 : 드리울 (수)

⑤ 华裔 huáyì 화교(외국의 중국인 후예)
豪华 háohuá 호화스럽다, 사치스럽다

● 华가 4성(huà)으로 발음될 때 지명이나 성씨를 나타냅니다.
　예 **华山**(huàshān) 화산　**华佗**(huàtuó) 화타(중국 삼국시대의 명의)

347

부수 : 口 / 총획수 : 6 / 新HSK 1, 3, 5급

名
míng
이름 **명**

옛날에는 전기가 없었기 때문에 저녁(夕)에는 깜깜해서 얼굴이 보이지 않으므로 입(口)으로 서로의 이름을 불러서 확인하니 '이름(名)'이라는 뜻
夕 : 저녁 (석), 口 : 입 (구)

① 名字 míngzi 이름, 성명
③ 有名 yǒumíng 유명하다
⑤ 名片 míngpiàn 명함 **名胜古迹** míngshèng gǔjì 명승고적
名牌 míngpái 유명 브랜드

348

부수 : 石 / 총획수 : 12 / 新HSK 4~5급

确
què

確
굳을 **확**

돌(石)이나 짐승의 뿔(角)은 굳고 단단하다는 데서 '굳다(确)'라는 뜻. 또는 돌(石)처럼 단단하고 높이 나는 새(隺)처럼 지조가 높고 굳다는 데서 '굳다(確)'라는 뜻
石 : 돌 (석), 角 : 뿔 (각), 隺 : 두루미 (학) 고상할 (각)

④ 确实 quèshí 정말로, 확실히 **正确** zhèngquè 정확하다, 올바르다
准确 zhǔnquè 정확하다, 확실하다
⑤ 确认 quèrèn 확인하다 **确定** quèdìng 확정하다
的确 díquè 확실히, 분명히

349

才
cái
재주/겨우 **재**

부수 : 才 / 총획수 : 3 / 新HSK 3, 5급

땅속에서 지면을 뚫고 돋아난 새싹의 모양을 보고 새싹은 자라나서 무성하게 많은 열매를 맺게 할 가능성이 있다는 데서 '재주(才)'라는 뜻. 또는 손 수(手 → 才)자의 변형으로 사람의 손은 무엇이든지 만들어 내는 재주를 가졌다는 데서 '재주(才)'라는 뜻

3 刚才 gāngcái 방금, 막

5 人才 réncái 인재

350

科
kē
과목 **과**

부수 : 禾 / 총획수 : 9 / 新HSK 4~5급

벼(禾)를 말(斗)로 헤아려서 등급을 매기듯이 학문을 일정한 기준에 따라 분류한 것이 과목이다(科).
禾 : 벼 (화), 斗 : 말 (두)

4 科学 kēxué 과학, 과학적이다

5 内科 nèikē 내과

⭐**TIP** 한자의 간화 원리(5)

8. 복잡한 편방을 간단한 고대의 한자나 별개의 글자로 대체한 간체자
예 義 → 义, 靈 → 灵, 關 → 关, 燈 → 灯, 萬 → 万, 華 → 华, 個 → 个, 寶 → 宝,
叢 → 丛, 蘭 → 兰, 無 → 无, 節 → 节, 豊 → 丰, 擊 → 击, 禮 → 礼, 羅 → 罗,
適 → 适, 澤 → 泽, 國 → 国, 慶 → 庆, 傷 → 伤, 懷 → 怀

351

张

zhāng

張

베풀 장

부수 : 弓 / 총획수 : 7 / 新HSK 3급

활(弓)시위를 길게(長) 잡아당겨서 화살을 쏘니 '늘이다, 베풀다(張)'는 뜻

弓 : 활 (궁), 長 : 길 (장)

3 张 zhāng 장(종이·가죽 등 표면이 넓고 네모진 것을 세는 양사), 열다, 펼치다

예 一张纸 yì zhāng zhǐ 한 장의 종이

一张桌子 yì zhāng zhuōzi 탁자 하나

两张床 liǎng zhāng chuáng 침대 두 개

352

信

xìn

믿을 신

부수 : 亻 / 총획수 : 9 / 新HSK 3~5급

사람(亻)의 말(言)은 믿을(信) 수 있어야 한다.

亻 : 사람 (인), 言 : 말씀 (언)

3 信用卡 xìnyòngkǎ 신용카드

4 信封 xìnfēng 편지봉투 信息 xìnxī 소식, 정보

信心 xìnxīn 자신감, 신념

5 信号 xìnhào 신호 信任 xìnrèn 신임하다, 신뢰하다

353

马

mǎ

馬

말 마

부수 : 제부수 / 총획수 : 3 / 新HSK 3~4급

서 있는 말(馬)의 옆모습을 보고 만든 상형문자

3 马 mǎ 말 马上 mǎshàng 곧, 즉시

4 马虎 mǎhu 건성건성 하다, 소홀하다

354

节 jié

節 마디 절

부수 : ⺮ / 총획수 : 5 / 新HSK 3~5급

풀(⺿)이 무릎을 구부린(卩) 모양으로 마디마디 자라니 '마디(节)'라는 뜻. 또는 대나무(竹)는 곧(卽) 한 마디씩 자라나니 '마디(節)'라는 뜻

⺿ : 풀 (초), 卩 : 무릎을 구부린 모양, 竹 : 대나무 (죽), 卽 : 곧 (즉)

3 节目 jiémù 프로그램 节日 jiérì 명절, 경축일

4 节 jié 기념일, 관절, 절약하다, 수업시간 节约 jiéyuē 절약하다

5 节省 jiéshěng 아끼다, 절약하다

• 중국의 3대 기념일(节日)은 다음과 같다.
  1. 春节(Chūnjié) 춘절(음력 설) : 10일~15일간 휴무
  2. 国庆节(Guóqìngjié) 국경절(10월 1일) : 1주일간 휴무
  3. 劳动节(Láodòngjié) 노동절(5월 1일) : 3일간 휴무

355

话 huà

話 말할 화

부수 : 讠 / 총획수 : 8 / 新HSK 4~5급

말할 때(言) 혀(舌)를 움직여서 자신의 생각을 말하니 '말하다(話)'라는 뜻

讠(言) : 말씀 (언), 舌 : 혀 (설)

4 对话 duìhuà 대화

5 话题 huàtí 화제, 논제

356

米 mǐ 쌀 미

부수 : 제부수 / 총획수 : 6 / 新HSK 1, 3, 5급

벼의 이삭 끝에 달린 열매의 모양을 보고 그린 글자로 '쌀(米)'이라는 뜻

1 米饭 mǐfàn 쌀밥

3 米 mǐ 쌀(=大米 dàmǐ 쌀)

[참²] 小米 xiǎomǐ 좁쌀 糯米 nuòmǐ 찹쌀

5 玉米 yùmǐ 옥수수

357

整
zhěng
가지런할 **정**

부수 : 攵 / 총획수 : 16 / 新HSK 4~5급

나무 땔감을 묶어놓고(束) 좌우에 튀어나온 부분을 막대기로 두들겨서(攵) 바르게(正) 정리한다는 데서 '가지런하다(整)'라는 뜻
束 : 묶을 (속), 攵(攴) : 칠 (복), 正 : 바를 (정)

4 整理 zhěnglǐ 정리하다

5 整个 zhěng gè 모든 것 整齐 zhěngqí 가지런하다
整体 zhěngtǐ 전체, 총체

358

空
kōng
빌 **공**

부수 : 穴 / 총획수 : 8 / 新HSK 3~5급

커다란 바위에 구멍(穴)을 뚫어서 만든(工) 동굴은 내부가 텅 비어있다는 데서 '비다(空)'라는 뜻
穴 : 구멍 (혈), 工 : 장인 (공)

3 空调 kōngtiáo 에어컨

4 空气 kōngqì 공기 空 kōng 텅 비다

5 空间 kōngjiān 공간

• '한가하다, 여가, 틈'이라는 뜻의 5급 어휘 空闲(kòngxián)에서는 空을 4성 (kòng)으로 발음합니다.

359

元
yuán
으뜸 **원**

부수 : 儿 / 총획수 : 4 / 新HSK 3, 5급

하늘(一)과 땅(一) 사이에 사는 만물 중 인간(儿)이 가장 으뜸가는 존재라는 데서 '으뜸(元)'이라는 뜻
一 : 하늘, 一 : 땅, 儿 : 인간

3 元 yuán 위안(元, 중국의 화폐 단위)

[참고] 美元 měiyuán 미국 달러($)
日元 rìyuán 일본 엔화(¥)

5 元旦 yuándàn 원단(양력 1월 1일)
单元 dānyuán (교재 등의) 단원, (아파트·빌딩 등의) 현관

360

부수 : 氵 / 총획수 : 7 / 新HSK 4~5급

况
kuàng

况
상황 **황**

가뭄에 비(氵)가 오게 해 달라고 맏형(兄 : 제사장)이 기
우제를 지내야 하는 어려운 상황(况)
氵(水) : 물 (수), 兄 : 맏 (형)

4 情况 qíngkuàng 정황, 상황, 형편, 사정

5 状况 zhuàngkuàng 상황, 형편, 상태

何况 hékuàng 하물며

- 连 ~都(也), 何况 ~呢(lián ~dōu/yě, hékuàng ~ne)? : ~조차도 ~한데,
  하물며 ~는?

  예 **这件事连儿童都知道, 何况成人呢**(Zhè jiàn shì lián értóng dōu zhīdao,
  hékuàng chéngrén ne)?
  이 일은 아이들조차도 모두 아는데, 하물며 어른은?

☆TIP　중국어의 문장성분(1)

1. 주어(**主语**) : 동작이나 행동을 하는 사람이나 사물로 '누가', '무엇이'에 해당하는 말
   예 <u>我</u>买票(Wǒ mǎi piào)。<u>나는</u> 표를 산다.
2. 술어(**谓语**) : 주어가 하는 동작이나 행동을 나타내는 말
   예 我<u>买</u>票(Wǒ mǎi piào)。나는 표를 <u>산다</u>.
3. 목적어(**宾语**) : 동작의 대상이 되는 말. 일반적으로 동사는 목적어를 취할 수 있으나 형용사는 목
   적어를 취할 수 없다.
   예 我买<u>票</u>(Wǒ mǎi piào)。나는 <u>표</u>를 산다.

부수 : 人 / 총획수 : 4 / 新HSK 1, 5급

今
jīn
이제 금

남자(丿)가 여자(乀)와 결혼하여 자식(丶)을 낳는 현상이 대를 거듭하여 계속되어(ㄱ) 지금 이 시대까지 이르렀다는 데서 '이제(今)'라는 뜻
丿 : 남자, 乀 : 여자, 丶 : 자식, ㄱ : 계속 이어짐을 나타냄

1 今天 jīntiān 오늘

5 至今 zhìjīn 지금까지

부수 : 隹 / 총획수 : 12 / 新HSK 5급

集
jí
모일 집

새(隹)들은 나무(木) 위에 모인다는 데서 '모이다(集)'라는 뜻
隹 : 새 (추), 木 : 나무 (목)

5 集合 jíhé 집합하다　集中 jízhōng 집중하다　集体 jítǐ 단체, 집단

363

부수 : 氵 / 총획수 : 12 / 新HSK 4~5급

温　溫
wēn
따뜻할 온

물(氵)을 담은 그릇(皿)이 햇빛(日)을 받으니 따뜻해지다(溫). 또는 감옥의 죄수(囚)에게 그릇(皿)에 물(氵)을 담아주는 것은 따뜻한 사랑이라는 데서 '따뜻하다(溫)'라는 뜻
氵(水) : 물 (수), 皿 : 그릇 (명), 日 : 해, 囚 : 죄인

4 温度 wēndù 온도

[참고] 气温 qìwēn 기온　体温 tǐwēn 체온

5 温暖 wēnnuǎn 따뜻하다, 온난하다　温柔 wēnróu 온유하다

364

부수 : 亻 / 총획수 : 6 / 新HSK 4~5급

传 chuán

傳 전할 전

옛날에는 사람(亻)에 의해서만 오로지(專) 지식이나 소식을 전할 수 있었다(傳).
亻 : 사람 (인), 專 : 오로지 (전)

4 传真 chuánzhēn 팩시밀리, 팩스

5 传播 chuánbō 전파하다
传统 chuántǒng 전통, 보수적이다
传染 chuánrǎn 전염하다
传说 chuánshuō 전설

● 传이 (zhuàn)으로 발음되는 경우 '옛날 학자들의 주해가 담긴 경서(經書)나 전기(傳記)'를 뜻합니다.
　예 春秋公羊传(Chūnqiū gōngyáng zhuàn) 춘추공양전
　水浒传(Shuǐ hǔ zhuàn) 수호전

365

부수 : 제부수 / 총획수 : 3 / 新HSK 5급

土 tǔ
흙 토

사람(大)이 죽으면 팔다리가 굳어서 한 줌의 흙(土)으로 변한다(大 → 土).

5 土地 tǔdì 토지, 땅　土豆 tǔdòu 감자

366

부수 : 讠 / 총획수 : 6 / 新HSK 4급

许 xǔ

許 허락할 허

낮 12시(午)경의 밝음처럼 환하고 분명한 태도로 말하여(言) '허락하다(許)'라는 뜻
讠(言) : 말씀 (언), 午 : 분명하다·낮 (오)

4 许多 xǔduō 매우 많다
也许 yěxǔ 어쩌면, 아마도
允许 yǔnxǔ 동의하다, 허락하다

179

367

부수 : 止 / 총획수 : 7 / 新HSK 2, 5급

步

bù
걸을 보

사람의 왼발(止)과 오른발(止 → 少)의 발자국이 차례로 찍혀 있으니 걸어간 흔적이라는 데서 '걷다(步)'라는 뜻

2 跑步 pǎobù 달리기, 조깅, 구보를 하다

5 步骤 bùzhòu (일이 진행되는) 순서, 절차, 차례

进步 jìnbù 진보하다

368

부수 : 羊 / 총획수 : 13 / 新HSK 5~6급

群

qún
무리 군

임금님(君) 휘하에 많은 신하들과 백성들이 양(羊) 떼처럼 무리(群)를 이룬다.
君 : 임금 (군), 羊 : 양 (양)

5 群 qún 무리(떼를 이룬 것을 세는 양사)

  예 一群马 yì qún mǎ 한 떼의 말

6 群众 qúnzhòng 군중, 대중

369

부수 : 广 / 총획수 : 3 / 新HSK 4~5급

广 廣

guǎng   넓을 광

집(广) 앞에 누런(黄) 곡식이 익은 넓은 들판이 펼쳐져 있다는 데서 '넓다(廣)'라는 뜻
广 : 집 (엄), 黄 : 누를 (황)

4 广播 guǎngbō 방송하다, 방송 프로그램

广告 guǎnggào 광고

5 广场 guǎngchǎng 광장

广大 guǎngdà 광대하다

广泛 guǎngfàn 폭넓다, 광범위하다

推广 tuīguǎng 널리 보급하다, 일반화하다

부수 : 石 / 총획수 : 5 / 新HSK 5~6급

370

石
shí
돌 석

낭떠러지(厂)에서 떨어진 돌(口)의 형상을 보고 그린 글자(石)
厂 : 언덕 (엄), 口 : 돌의 형상

⑤ 石头 shítou 돌
⑥ 石油 shíyóu 석유

⭐TIP 중국어의 문장성분(2)

4. 한정어(관형어-定语) : 명사나 대명사의 범위를 한정하는 말. 주어나 목적어의 범위를 한정한다.
   예 我买火车票(Wǒ mǎi huǒchē piào)° 나는 기차표를 산다.
   我买一张火车票(Wǒ mǎi yì zhāng huǒchē piào)° 나는 기차표 한 장을 산다.
   我的老师买票(Wǒ de lǎoshī mǎi piào)° 나의 선생님은 표를 산다.

5. 상황어(부사어-状语) : 술어 혹은 문장 앞에서 동작이나 문장 전체의 상황을 설명하는 말
   예 我在火车站买票(Wǒ zài huǒchēzhàn mǎi piào)° 나는 기차역에서 표를 산다.
   我刚刚买到了火车票(Wǒ gānggang mǎi dào le huǒchē piào)° 나는 방금 기차표를 샀다.
   在火车站, 我的老师买了一张火车票(Zài huǒchēzhàn, wǒ de lǎoshī mǎi le yì zhāng huǒchē piào)° 기차역에서 나의 선생님은 기차표 한 장을 샀다.

371

부수 : 讠 / 총획수 : 5 / 新HSK 3~5급

记 记
记 記
jì
기록할 기

신하가 무릎을 꿇고(己) 임금님의 말씀(言)을 기록하니 '기록하다(記)'라는 뜻

讠(言) : 말씀 (언), 己 : 사람이 무릎을 꿇고 있는 옆모습·몸 (기)

3 记得 jìde 기억하고 있다

4 记者 jìzhě 기자 日记 rìjì 일기

5 记录 jìlù 기록하다 记忆 jìyì 기억하다

372

부수 : 雨 / 총획수 : 14 / 新HSK 3급

需
xū
구할 수

적당하게 비(雨)가 내려야 농작물이 말라죽지 않고 계속 성장을 이어(而)갈 수 있으니 애써 구한다는 데서 '구하다(需)'라는 뜻

雨 : 비 (우), 而 : 말 이을 (이)

3 需要 xūyào 필요하다

373

부수 : 殳 / 총획수 : 9 / 新HSK 3, 5급

段
duàn
층계 단

몽둥이(殳)로 두드려서 언덕(厂)을 차례대로(三) 계단으로 만드니 '층계(段)'라는 뜻

厂 : 언덕 (엄), 三 : 거듭·자주, 殳 : 몽둥이 (수)

3 段 duàn 단락, 토막(사물·시간의 구분을 나타내는 양사)

5 阶段 jiēduàn 단계, 계단

374

研 研
yán 갈 **연**

부수 : 石 / 총획수 : 9 / 新HSK 4급

고인돌(石)을 두 손으로 들어 올리려고(开) 부지런히 갈다(研). 또는 돌(石)의 울퉁불퉁한 표면을 평평하게(开) 될 때까지 갈다(研).
石 : 돌 (석), 开 : 두 손으로 받들 (공), 开 : 평평할 (견)

4 研究 yánjiū 연구하다

375

界
jiè
지경 **계**

부수 : 田 / 총획수 : 9 / 新HSK 3, 6급

논이나 밭(田) 사이에 끼어들어서(介) 구획하고 경계를 만드니 '지경(界)'이라는 뜻
田 : 밭 (전), 介 : 낄 (개)

3 世界 shìjiè 세계
6 境界 jìngjiè (토지의) 경계

376

拉
lā
끌 **랍**

부수 : 扌 / 총획수 : 8 / 新HSK 4급

서 있는(立) 사람을 옆에서 손(扌)으로 잡고 끌어당기니 '끌다(拉)'라는 뜻
立 : 설 (립), 扌(手) : 손 (수)

4 拉 lā 끌다, 당기다(=pull), 견인하다 ↔ **4** 推 tuī 밀다(=push)

377

부수 : 木 / 총획수 : 8 / 新HSK 4급

林
lín
수풀 **림**

나무(木)와 나무(木)가 모여서 숲(林)을 이룬다.
木 : 나무 (목)

4 森林 sēnlín 숲, 삼림

[참고] 山林 shānlín 산림 林业 línyè 임업

378

부수 : 彳 / 총획수 : 9 / 新HSK 4~5급

律
lǜ
법칙 **률**

사람이 마땅히 행(彳)해야 할 바를 붓(聿)으로 적어서 온 세상에 알린 것이 법이라는 데서 '법(律)'이라는 뜻
彳 : 조금 걸을 (척), 가다, 聿 : 붓 (율)

4 法律 fǎlǜ 법률 律师 lǜshī 변호사

5 规律 guīlǜ 규율, 법칙 一律 yílǜ 일률적으로

379

부수 : 口 / 총획수 : 5 / 新HSK 1급

叫
jiào
부르짖을 **규**

입(口)을 가로와 세로로(丩) 크게 움직이면서 큰 소리로 부르짖다(叫).
口 : 입 (구), 丩 : 얽힐 (구)

1 叫 jiào (~라고) 하다, 부르다

◎ 你叫什么名字? Nǐ jiào shénme míngzi? 당신의 이름은 무엇입니까?
我叫李基荧° Wǒ jiào Lǐ Jī yíng. 저는 이기형이라고 합니다.

380

부수 : 一 / 총획수 : 5 / 新HSK 3~4급

且

qiě

또 **차**

접시(一) 위에 음식을 거듭 쌓아 올린 모양(目)을 본떠서 '또(且)'라는 뜻을 나타낸다.

3 不但~, 而且~ búdàn~, érqiě~ ~뿐만 아니라, 게다가

📑 他不但会说英语, 而且会说汉语。
Tā búdàn huì shuō Yīngyǔ, érqiě huì shuō Hànyǔ.
그는 영어를 할 줄 알 뿐만 아니라, 게다가 중국어도 할 줄 안다.

4 并且 bìngqiě 그리고, 게다가, 또한

⭐**TIP** 중국어의 문장성분(3)

6. 보어(补语) : 술어 뒤에서 술어를 보충하여 설명하는 말
  1) 결과보어(结果补语) : 동작 후에 나타난 결과를 설명하는 말
    📑 买**到**了(mǎi dào le) 샀다, 看**完**了(kàn wán le) 다 봤다
    听**懂**了(tīng dǒng le) 들어서 이해했다, 睡**着**了(shuì zháo le) 잠들었다
  2) 가능보어(可能补语) : 동작의 가능과 불가능을 보충하여 설명하는 말
    📑 买**得到**(mǎi de dào) 살 수 있다, 睡**不着**(shuì bu zháo) 잠들 수 없다
    看**不完**(kàn bu wán) 다 볼 수 없다, 听**得懂**(tīng de dǒng) 들어서 이해할 수 있다

185

381

부수 : 穴 / 총획수 : 7 / 新HSK 4급

究

jiū
연구할 구

동굴(穴)은 끝(九)까지 탐사를 해야 연구(究)가 끝난다. 참고로 아홉 구(九)는 일의 자리 숫자의 '끝'을 의미한다.
穴 : 굴 (혈), 九 : 아홉·수효의 끝

4 究竟 jiūjìng 도대체, 결말, 결과 研究 yánjiū 연구하다

382

부수 : 见 / 총획수 : 6 / 新HSK 4~5급

观　觀

guān　볼 관

손(又)을 눈 위에 올리고 먼 곳을 보니(见) '보다(观)'라는 뜻. 또는 황새(雚)가 먹이를 찾기 위해 주위를 돌아다니며 살펴본다(見)는 데서 '보다(觀)'라는 뜻
又 : 오른손 (우), 见 : 볼 (견), 雚 : 황새 (관), 見 : 볼 (견)

4 观众 guānzhòng 관중

5 观点 guāndiǎn 관점 观念 guānniàn 관념 观察 guānchá 관찰하다

383

부수 : 走 / 총획수 : 12 / 新HSK 3급

越

yuè
넘을 월

달아나기(走) 위해서 무성한(戊) 숲을 헤쳐서 국경을 넘어간다(越).
走 : 달릴 (주), 戊 : 무성할 (무)

3 越 yuè 뛰어넘다, 점점 ~하다, ~하면 할수록 ~하다

📌 她越来越漂亮° Tā yuè lái yuè piàoliang. 그녀는 갈수록 예뻐진다.
这本小说越看越有意思° Zhè běn xiǎoshuō yuè kàn yuè yǒuyìsi.
이 소설은 읽으면 읽을수록 재미있다.

384

织 zhī

織 짤 **직**

부수 : 糹 / 총획수 : 8 / 新HSK 5급

실(糹)은 단지(只) 천을 짜야만 옷을 만들 수 있다는 데서 '짜다(织)'라는 뜻. 또는 실(糸)이 베틀에서 창(戈) 부딪치는 소리(音)를 내면서 천을 짠다는 데서 '짜다(織)'라는 뜻
糹 : 실 (사), 只 : 다만 (지), 糸 : 실 (사), 戈 : 창 (과), 音 : 소리 (음)

5 组织 zǔzhī 조직, 조직하다

385

装 zhuāng

裝 꾸밀 **장**

부수 : 衣 / 총획수 : 12 / 新HSK 5급

씩씩하게(壯) 갑옷(衣)을 차려입고 무사다운 모습으로 꾸미다(裝).
壯 : 씩씩할 (장), 衣 : 옷 (의)

5 装 zhuāng 싣다, 포장하다
装饰 zhuāngshì 장식품, 장식하다
装修 zhuāngxiū 장식하고 꾸미다
服装 fúzhuāng 복장, 의류
安装 ānzhuāng (기계·기자재 등을) 설치하다

386

影 yǐng 그림자 **영**

부수 : 彡 / 총획수 : 15 / 新HSK 1, 3, 5급

햇볕(景)에 비친 긴 머리카락(彡)이 그림자(影)를 만든다.
景 : 볕 (경), 彡 : 길게 자란 머리털

1 电影 diànyǐng 영화

3 影响 yǐngxiǎng 영향, 영향을 주다

5 影子 yǐngzi 그림자 合影 héyǐng 단체 사진, 함께 찍은 사진

387

부수 : 竹 / 총획수 : 14 / 新HSK 3, 5급

算
suàn
셈 산

대나무(竹)를 잘라서 눈금(目)을 그려 만든 자를 양손(廾)에 들고 셈을 하다 (算).

竹(⺮) : 대나무 (죽), 目 : 눈 (목), 廾 : 받들 (공)

3 打算 dǎsuan ~하려고 하다, 계획, 생각

📢 明年我打算去中国留学。 Míngnián wǒ dǎsuan qù Zhōngguó liúxué.
내년에 나는 중국에 유학을 가려고 한다.

5 计算 jìsuàn 계산하다, 산출하다

388

부수 : 亻 / 총획수 : 7 / 新HSK 4급

低
dī
낮을 저

대감마님의 행차 때 사람(亻)이 뿌리보다 낮은 곳(氐)을 향하여 엎드려 있으니 신분이 낮은 사람이라는 데서 '낮다(低)'라는 뜻

亻 : 사람 (인), 氐 : 낮을·근본 (저)

4 低 dī (높이·등급이) 낮다 ↔ **2** 高 gāo (높이·등급이) 높다

389

부수 : 扌 / 총획수 : 9 / 新HSK 4~5급

持
chí
가질 지

손(扌)에 절(寺 : 관청)에서 준 문서를 가지고 다녔다는 데서 '가지다(持)'라는 뜻

扌(手) : 손 (수), 寺 : 관청·절 (사)

4 坚持 jiānchí 견지하다, 고수하다 支持 zhīchí 지지하다

5 持续 chíxù 지속하다 保持 bǎochí (지속적으로) 유지하다, 지키다

主持 zhǔchí 주관하다

390

부수 : 제부수 / 총획수 : 9 / 新HSK 3급

音
yīn
소리 음

사람들이 노래를 할 때는 서서(立) 입을 크게 벌리고(曰) 소리를 지르니 '소리(音)'라는 뜻

立 : 설 (립), 曰 : 가로 (왈)

3 音乐 yīnyuè 음악　声音 shēngyīn 소리, 목소리

● 참고로 성악 4중창의 명칭을 중국어로 표현하면 다음과 같습니다.

예 **女高音**(nǚ gāoyīn) 소프라노
　女低音(nǚ dīyīn) 알토
　男高音(nán gāoyīn) 테너
　男低音(nán dīyīn) 베이스

TIP　중국어의 문장성분(4)

3) 방향보어(**趋向补语**) : 동작의 방향을 보충하여 설명하는 말
예 **出去**(chū qu) 나가다, **跑过来**(pǎo guò lai) 뛰어오다, **走进去**(zǒu jìn qu) 걸어 들어가다,
　回来(huí lai) 돌아오다
4) 정도보어(**程度补语**) : 동작이나 상태의 정도를 보충하여 설명하는 말
예 **走得很慢**(zǒu de hěn màn) 느리게 걷는다, **说得很好**(shuō de hěn hào) 말을 잘한다,
　好极了(hǎo jí le) 매우 좋다

391

부수 : 人 / 총획수 : 6 / 新HSK 4급

众
zhòng

眾
무리 **중**

사람(人)과 사람(人)과 사람(人)이 모여서 한 무리(众)를 이룬다. 또는 피(血)를 나눈 사람(人)과 사람(人)과 사람(人)이 한 가족을 이룬다(眾).

人 : 사람 (인), 血 : 피 (혈)

4 观众 guānzhòng 관중, 구경꾼, 시청자

392

부수 : 乙 / 총획수 : 4 / 新HSK 1, 3, 5급

书
shū

書
글 **서**

신하가 붓(聿)을 쥐고 임금님의 말씀(曰)을 받아 적어서 글로 남기니 '글(書)'이라는 뜻. 书는 書의 초서체를 해서체화하여 쓴 간체자

聿 : 붓 (율), 曰 : 가로 (왈)

1 书 shū 책

3 图书馆 túshūguǎn 도서관

5 书架 shūjià 책꽂이

393

부수 : 巾 / 총획수 : 5 / 新HSK 5급

布
bù
베 **포**

손(𠂇)으로 방망이를 들고 잘 두드리고 펴서 만든 천(巾)이 '베(布)'이다.

𠂇 : 사람의 손을 측면에서 보고 그린 모양, 巾 : 수건 (건)

5 布 bù 천, 포 公布 gōngbù 공포하다 宣布 xuānbù 선포하다

예 我宣布第二十九届北京奥林匹克运动会的开幕。
Wǒ xuānbù dì èrshí jiǔ jiè Běijīng àolín pǐkè yùndònghuì de kāimù.
저는 제29회 북경 올림픽 경기대회의 개막을 선포합니다.

394

부수 : 夂 / 총획수 : 9 / 新HSK 3~5급

复
fù

復
돌아올 복/
다시 부

사람(人)들은 해(日)가 뜨고 지면 서서히(夂) 일터로 나
갔다 집에 돌아오기를 거듭하니 '다시, 돌아오다(复)'라는
뜻. 또는 사람들이 길을 떠났다가(彳) 다시 자기 집으로
되돌아오니(复) '다시, 돌아오다(復)'라는 뜻. 또는 추운
겨울에 사람들이 옷(衤)을 껴입으니 '겹치다(複)'라는 뜻
人 : 사람 (인), 日 : 해, 夂 : 뒤쳐 올 (치), 彳 : 조금 걸을
(척), 复 : 돌아올 (복), 衤 : 옷 (의)

③ 复习 fùxí 복습하다

④ 复印 fùyìn 복사하다 复杂 fùzá 복잡하다

⑤ 复制 fùzhì 복제하다 重复 chóngfù 중복하다 反复 fǎnfù 반복하다

• 复(fù)는 複(겹칠 복)의 간체자로도 쓰입니다. 그러므로 위의 어휘들을 번체
자로 쓰면 복습(復習), 복사(複寫), 복잡(複雜), 복제(複製), 중복(重複), 반
복(反復)으로 바꾸어 쓸 수 있습니다.

395

부수 : 宀 / 총획수 : 10 / 新HSK 3~4급

容
róng
얼굴 용

갓(宀)을 쓰고 수염이 난 사람의 얼굴 모양을 보고 나타낸 글자로, 사람의 얼굴
은 여러 가지 모양과 표정을 담는다는 데서 '얼굴, 모양, 담다(容)'라는 뜻
宀 : 갓머리, 谷 : 눈과 수염 · 입이 선명한 사람의 얼굴 모양

③ 容易 róngyì 쉽다 ↔ ② 难 nán 어렵다

④ 内容 nèiróng 내용

396

부수 : 제부수 / 총획수 : 2 / 新HSK 1, 4급

儿 ér
兒 아이 아

걷는 사람의 모습(儿)이고 사람인데 아직 대천문이 열린 (臼) 사람(儿)은 어린아이라는 데서 '아이(兒)'라는 뜻
臼 : 대천문이 열린 사람의 정수리, 절구 (구), 儿 : 사람 (인)

1 儿子 érzi 아들 ↔ **1** 女儿 nǚ'ér 딸

4 儿童 értóng 아동, 어린이

397

부수 : 頁 / 총획수 : 9 / 新HSK 3급

须 xū
須 모름지기 수

사나이는 얼굴(頁)에 수염(彡)이 마땅히 자라나니 '모름 지기(須)'라는 뜻
彡 : 터럭 (삼), 頁 : 머리 (혈)

3 必须 bìxū 반드시 ~해야 한다

398

부수 : 阝 / 총획수 : 7 / 新HSK 4~5급

际 jì
際 사이/끝 제

산언덕(阝)과 산언덕 사이에서 신에게 제사(示)드리니 '사 이(际)'라는 뜻. 또는 산언덕(阝)의 끝과 언덕의 끝 사이에 서 사람들이 모여 제사(祭)를 드리니 '끝(際)'이라는 뜻
阝(阜) : 언덕 (부), 示 : 제사·신·보다, 祭 : 제사 (제)

4 国际 guójì 국제

[참2] 国籍 guójí (사람의) 국적

5 交际 jiāojì 교제하다

399

부수 : 口 / 총획수 : 11 / 新HSK 1, 4~5급

商
shāng
장사할 **상**

상점의 진열대(冂) 위에 물건을 올려놓고(立) 사람(儿)이 입(口)으로 소리치며
장사하니 '장사하다(商)'라는 뜻
冂 : 상점의 진열장·멀 (경), 立 : 설 (립), 儿 : 사람 (인), 口 : 입 (구)

1 商店 shāngdiàn 상점

4 商量 shāngliang 상의하다, 의논하다

5 商品 shāngpǐn 상품 **商务** shāngwù 상업상의 용무
商业 shāngyè 상업

400

부수 : 제부수 / 총획수 : 8 / 新HSK 2, 5급

非
fēi
아닐 **비**

날아다니는 새의 두 날개는 서로 다른 방향으로 펼쳐져 서로 만나지 '아니하다
(非)'라는 뜻

2 非常 fēicháng 대단히, 매우, 아주

5 非 fēi 맞지 않다, ~가 아니다
예 非礼 fēilǐ 예의에 어긋나다 **非法** fēifǎ 불법적인
非卖品 fēimàipǐn 비매품

- 非 ~不可(fēi ~bù kě) : ~하지 않으면 안 된다
예 我非参加这次活动不可(Wǒ fēi cānjiā zhè cì huódòng bù kě)。
나는 이번 행사에 참가하지 않으면 안 된다.

⭐**TIP** 중국어의 문장성분(5)

5) 동량보어(动量补语) : 동작의 진행 횟수를 보충하여 설명하는 말
예 说过好几次(shuō guo hǎo jǐ cì) 여러 번 말한 적 있다
去过一趟(qù guo yí tàng) 한 번 가 본 적 있다

6) 시량보어(时量补语) : 동작의 지속 시간을 보충하여 설명하는 말
예 学了四年(xué le sì nián) 4년 동안 공부했다
说了一个小时(shuō le yí ge xiǎoshí) 한 시간 동안 말했다
睡了七个小时(shuì le qī ge xiǎoshí) 일곱 시간 동안 잤다

401

验
yàn

驗
시험할 **험**

부수 : 马 / 총획수 : 10 / 新HSK 4~5급

말(馬)을 여러 사람(僉)이 타 보고 두루 시험해 보고 산다
는 데서 '시험하다(驗)'라는 뜻
馬 : 말 (마), 僉 : 여러 사람·다 (첨)

4 经验 jīngyàn 경험

5 体验 tǐyàn 체험, 체험하다

实验 shíyàn 실험, 실험하다

402

连
lián

連
잇닿을 **련**

부수 : 辶 / 총획수 : 7 / 新HSK 4~5급

수레(車)가 줄을 지어 가니(辶) 길에 이어져 있다는 데서
'잇다(連)'라는 뜻
車 : 수레 (차), 辶 : 쉬엄쉬엄 갈 (착)·가다

4 连 lián 잇다, 계속하여, ~조차도

5 连忙 liánmáng 얼른, 재빨리

连续 liánxù 연속하다, 계속하다

• 连~ 都(也)~(lián~ dōu/yě~) : ~조차도

예 这件事连孩子们都知道(Zhè jiàn shì lián háizimen dōu zhīdao)°
이 일은 아이들조차도 다 안다.
这个汉字很难连中国人也不会写(Zhè ge Hànzì hěn nán lián zhōngguórén
yě bú huì xiě)° 이 한자는 너무 어려워서 중국인조차도 쓸 줄 모른다.

403

断
duàn

斷
끊을 **단**

부수 : 辶 / 총획수 : 11 / 新HSK 4~5급

이어져(乚) 있는 실(丝)과 실(丝)들을 도끼(斤)로 끊다(斷).
絲 : 실 (사), 斤 : 도끼 (근)

4 判断 pànduàn 판단하다

5 断 duàn 자르다, 끊다

不断 búduàn 끊임없이, 계속해서

诊断 zhěnduàn 진단하다

404

부수 : 氵 / 총획수 : 11 / 新HSK 4~5급

深
shēn
깊을 **심**

홍수(氵)가 나서 나무(木) 위의 사람(儿)마저 덮칠(冖) 정도로 물이 깊다(深).
氵(水) : 물 (수), 木 : 나무 (목), 儿 : 사람 (인), 冖 : 덮을 (멱)

4 深 shēn 깊다 ↔ **5** 浅 qiǎn 얕다

5 深刻 shēnkè 인상이 깊다

405

부수 : 隹 / 총획수 : 10 / 新HSK 3~5급

难
nán

難
어려울 **난**

맨손(又)으로 날아다니는 새(隹)를 잡기는 몹시 어렵다
는 데서 '어렵다(难)'라는 뜻. 또는 진흙(堇) 구덩이 속에
빠진 새(隹)는 빠져나오기 어렵다는 데서 '어렵다(難)'라
는 뜻
又 : 오른손・또 (우), 隹 : 새 (추), 堇 : 진흙 (근)

3 难 nán 어렵다, 힘들다 难过 nánguò 슬프다, 괴롭다

4 难道 nándào 설마 ~란 말인가? 설마 ~하겠는가?

难受 nánshòu 상심하다, (몸이) 불편하다

困难 kùnnan 곤란, 어려움

5 难怪 nánguài 어쩐지 难免 nánmiǎn 면하기 어렵다

406

부수 : 辶 / 총획수 : 7 / 新HSK 2~3, 5급

近
jìn

近
가까울 **근**

무거운 도끼(斤)를 들고 나무를 하러 가는(辶) 곳은 집에
서 가까운 곳이라는 데서 '가깝다(近)'라는 뜻
斤 : 도끼 (근), 辶 : 가다

2 近 jìn 가깝다, 짧다 ↔ **5** 远 yuǎn 멀다

3 附近 fùjìn 근처, 부근

5 接近 jiējìn 접근하다, 비슷하다 近代 jìndài 근대, 근세

407

부수 : 石 / 총획수 : 8 / 新HSK 4, 6급

矿
kuàng

鑛
쇳돌 광

돌(石)이 넓게(广) 퍼져 있는 곳에서 쇳돌(광석)도 찾을 수 있다는 데서 '쇳돌(矿)'이라는 뜻. 쇳덩어리(金)가 넓게(廣) 퍼져 있는 곳에서 캐낸 광물이 '쇳돌(鑛)'이다.

石 : 돌 (석), 广 : 넓을 (광), 金 : 쇠 (금), 廣 : 넓을 (광)

4 矿泉水 kuàngquánshuǐ 광천수, 생수

6 矿产 kuàngchǎn 광산물

[참고] 矿业 kuàngyè 광업

408

부수 : 十 / 총획수 : 3 / 新HSK 2, 4급

千
qiān
일천 천

사람 인(亻)과 열 십(十)이 합쳐진 글자로 사람 한 명의 수명이 대략 백 년인데, 열 사람의 수명이면 천 년이라는 데서 '일천(千)'이라는 뜻

2 千 qiān 천, 1,000

4 千万 qiānwàn 제발, 부디

예 **千万不要干涉我的事情°** Qiānwàn bú yào gānshè wǒ de shìqing.
제발 나의 일에 간섭하지 마세요.

• 중국인들은 '백, 천, 만'과 같은 숫자를 셀 때 반드시 앞에 한 일(一)자를 넣어서 '一百(yìbǎi), 一千(yìqiān), 一万(yíwàn)'이라고 읽습니다.

409

부수 : 口 / 총획수 : 8 / 新HSK 3~5급

周
zhōu
두루 주

週
돌 주

성(冂) 안에 농토(土)와 사람(口)들이 두루두루 퍼져 있
다는 데서 '두루(周)'라는 뜻. 또는 성 둘레(周)를 걸으니
(辶) 한 바퀴를 돈다는 데서 '돌다(週)'라는 뜻

冂 : 멀 (경), 土 : 흙 (토), 口 : 사람, 辶 : 가다

③ **周末** zhōumò 주말

> 예 **周末愉快**! Zhōumò yúkuài! 주말 잘 보내세요!

④ **周围** zhōuwéi 주위, 주변

⑤ **周到** zhōudào 세심하다, 꼼꼼하다

410

부수 : 女 / 총획수 : 8 / 新HSK 5~6급

委
wěi
맡길 위

잘 익은 벼(禾) 이삭처럼 갓 시집 온 여인(女)이 고개를 숙이고 몸을 맡기니 '맡
기다(委)'라는 뜻

禾 : 벼 (화), 女 : 여자 (녀)

⑤ **委屈** wěiqū 억울하다

⑥ **委员** wěiyuán 위원 **委托** wěituō 위탁하다

⭐**TIP**   중국어의 품사(1)

1. **명사(名词)** : 이 세상에 존재하는 모든 사람, 장소, 시간, 구체적인 사물의 이름이나 추상명사, 방
   위사 등을 포함합니다.
   예 **妈妈**(māma) 엄마, **老师**(lǎoshī) 선생님, **火车**(huǒchē) 기차, **文化**(wénhuà) 문화,
   和平(hépíng) 평화, **今天**(Jīntiān) 오늘, **韩国**(Hánguó) 한국, **东**(dōng) 동쪽,
   后边(hòubian) 뒤쪽
   1) 중국어의 명사는 '수사 + 양사 + 명사'의 어순으로 표현합니다.
      예 **两本书**(liǎng běn shū) 두 권의 책, **三件衣服**(sān jiàn yīfu) 세 벌의 옷,
      五瓶啤酒(wǔ píng píjiǔ) 다섯 병의 맥주
   2) 중국어의 명사 중에는 '子(zi), 儿(ér), 头(tou)' 등의 접미사가 붙기도 합니다.
      예 **桌子**(zhuōzi) 책상, **裙子**(qúnzi) 치마, **画儿**(huàr) 그림, **空儿**(kòngr) 틈,
      木头(mùtou) 나무, **石头**(shítou) 돌

411

부수 : 糸 / 총획수 : 10 / 新HSK 5~6급

素
sù
흴 소

실(糸)의 주된(主) 바탕이 되는 색은 흰색이라는 데서 '희다(素)'라는 뜻
糸 : 실 (사), 主 : 주인 (주)

⑤ 因素 yīnsù 요소, 성분

[참괴] **素菜** sùcài 채소 요리

⑥ 素食 sùshí 채식 **素质** sùzhì 소질 **要素** yàosù 요소

412

부수 : 扌 / 총획수 : 7 / 新HSK 4, 6급

技
jì
재주 기

손(扌)으로 젓가락(支)을 사용해서 밥을 먹는 것은 인간만이 가진 재주(技)이다.
扌(手) : 손 (수), 支 : 가지 (지)

④ 技术 jìshù 기술

⑥ 杂技 zájì 잡기, 곡예

413

부수 : 夂 / 총획수 : 8 / 新HSK 2, 5급

备 **備**
bèi 갖출 비

들판을 일구어 서서히(夂) 밭(田)의 모습을 갖추어 간다는 데서 '갖추다(备)'라는 뜻. 또는 사람들(亻)이 함께(共) 유사시에 대비하여 사용할(用) 물자들을 미리 갖추어 둔다는 데서 '갖추다(備)'라는 뜻. 또는 옛날 군인(亻)들이 전쟁이 일어날 것에 대비해서 미리 화살통에 화살을 담아 두던 모양을 보고 '갖추다(備)'라는 뜻을 나타내게 되었다.
夂 : 뒤져 올 (치), 田 : 밭 (전), 亻 : 사람 (인), 共 : 함께 (공), 用 : 쓸 (용)

② 准备 zhǔnbèi ~하려고 하다, 준비하다

⑤ 具备 jùbèi 갖추다, 구비하다 **设备** shèbèi 설비, 시설

414 부수 : 十 / 총획수 : 5 / 新HSK 3급

半
bàn

牛
절반 **반**

두 사람이 소(牛) 한 마리를 잡아서 절반씩 나누어(八) 가진다는 데서 '절반(半)'이라는 뜻
牛 : 소 (우), 八 : 나눌 (팔)

③ 半 bàn 절반, 2분의 1, 30분

예 **现在几点?** Xiànzài jǐ diǎn? 지금 몇 시입니까?
现在两点半° Xiànzài liǎng diǎn bàn. 지금 2시 30분입니다.

● 참고로 중국어로 15분은 一刻(yí kè)라고 표현합니다. 30분은 半(bàn)이라고 하고 两刻(liǎng kè)라고 하지 않습니다. 45분은 三刻(sān kè)라고 합니다.

415 부수 : 力 / 총획수 : 4 / 新HSK 3, 5급

办
bàn

辦
힘쓸 **판**

사방팔방(八)으로 뛰어다니며 힘(力)을 쓴다는 데서 '힘쓰다(办)'라는 뜻. 또는 가족의 고생(辛)과 이웃의 고생(辛)을 면하게 하기 위하여 이장님이 여러 가지로 힘(力)을 쓴다는 데서 '힘쓰다(辦)'라는 뜻
八 : 여덟 (팔), 力 : 힘 (력), 辛 : 고생하다 · 맵다

③ **办法** bànfǎ 방법, 수단 **办公室** bàngōngshì 사무실

⑤ **办理** bànlǐ 처리하다

416 부수 : 제부수 / 총획수 : 8 / 新HSK 5급

青
qīng

靑
푸를 **청**

갓 돋아난 새싹(生)과 우물(円)물의 빛은 모두 푸르다는 데서 '푸르다(青)'라는 뜻
生 : 날 (생), 井(円) : 우물 (정)

⑤ 青 qīng 푸르다, 젊다 **青春** qīngchūn 청춘

青少年 qīngshàonián 청소년

417

부수 : 目 / 총획수 : 9 / 新HSK 4~5급

省
shěng
살필 성

눈(目)을 가늘게 뜨고 적은(少) 양의 물체까지 자세히 살핀다는 데서 '살피다(省)'라는 뜻
少 : 적을 (소), 目 : 눈 (목)

4 省 shěng 절약하다

5 省略 shěnglüè 생략하다 节省 jiéshěng 아끼다, 절약하다

• 省이 '살피다'라는 뜻을 나타내는 경우 (xǐng)으로 발음합니다.
　예 反省(fǎnxǐng) 반성하다

418

부수 : 刂 / 총획수 : 6 / 新HSK 5~6급

列
liè
벌일 렬

짐승의 뼈(歹)를 칼(刂)로 발라내어 쭉 벌여 놓는다는 데서 '벌이다(列)'라는 뜻
歹 : 뼈 앙상할 (알), 刂 : 칼 (도)

5 列车 lièchē 열차

6 列举 lièjǔ 열거하다

419

부수 : 乙 / 총획수 : 3 / 新HSK 1, 3~5급

习　習
xí　익힐 습

깃(羽)털이 하얀(白) 어린 새가 나는 법을 익힌다는 데서 '익히다(習)'라는 뜻. 习는 習에서 오른쪽 윗부분만 남긴 형태의 간체자
羽 : 깃 (우), 白 : 흰 (백)

1 学习 xuéxí 공부하다, 배우다

3 习惯 xíguàn 버릇, 습관, 익숙해지다
　　练习 liànxí 연습하다 复习 fùxí 복습하다

4 预习 yùxí 예습하다

5 实习 shíxí 실습하다

420

响
xiǎng

響
울릴 **향**

부수 : 口 / 총획수 : 9 / 新HSK 3~4급

입(口)으로 낸 소리가 먼 곳을 향하여(向) 울려 퍼지니 '울리다(响)'라는 뜻. 또는 조용한 시골(鄕)에서는 소리(音)가 더 잘 울려 퍼진다는 데서 '울리다(響)'라는 뜻
口 : 입 (구), 向 : 향할 (향), 鄕 : 시골 (향), 音 : 소리 (음)

3 影响 yǐngxiǎng 영향, 영향을 주다

4 响 xiǎng 울리다, 소리가 크다

⭐**TIP** 중국어의 품사(2)

2. 대명사(代词) : 명사를 대신해서 쓰는 말이고 인칭대명사와 지시대명사, 의문대명사로 나뉩니다.
   1) 인칭대명사(人称代词) : 사람이나 사물의 이름을 대신해서 지칭하는 말입니다.
      예 我(wǒ) 나, 你(nǐ) 너, 他(tā) 그, 她(tā) 그녀, 我们(wǒmen) 우리들, 人们(rénmen) 사람들
   2) 지시대명사(指示代词) : 시간, 공간적으로 가까운 것은 这(zhè)를 사용하고, 먼 것은 那(nà)를 사용하며, 의문의 뜻은 哪(nǎ)로 표현합니다.
      예 这个(zhè ge) 이것, 那个(nà ge) 저것(그것), 这些(zhè xiē) 이것들, 那些(nà xiē) 저것들(그것들), 哪个(nǎ ge) 어느 것, 哪些(nǎ xiē) 어느 것들
   3) 의문대명사(疑问代词) : 주로 주어나 목적어 중 질문하고 싶은 곳에 의문대명사를 넣어서 질문합니다.
      예 谁(shéi), 什么时候(shénmeshíhou), 几(jǐ), 哪儿(nǎr), 什么(shénme), 怎么(zěnme)
      의문대명사가 있는 문장에는 문장 끝에 의문조사 吗(ma)가 붙지 않습니다.
      예 你是谁(Nǐ shì shéi)? 당신은 누구세요? 你们几位(Nǐmen jǐ wèi)? 당신들은 몇 분이세요?
      你什么时候去中国(Nǐ shénmeshíhou qù Zhōngguó)? 당신은 중국에 언제 갑니까?
      你怎么去中国(Nǐ zěnme qù Zhōngguó)? 당신은 중국에 어떻게 갑니까?
      你住在哪儿(Nǐ zhù zài nǎr)? 당신은 어디에 삽니까?

421

약수 : 纟 / 총획수 : 6 / 新HSK 4급

约
yuē

約
맺을 **약**

물건(丶)을 보자기로 싸고(勹) 실(糸)로 묶어서 얽어맨다는 뜻(約)
丶 : 물건, 勹 : 쌀 (포), 纟(糸) : 실 (사)

4 约会 yuēhuì 약속하다　节约 jiéyuē 절약하다

大约 dàyuē 대략, 대강

예 我大约一个月理发一次° Wǒ dàyuē yí ge yuè lǐfà yí cì.
나는 대략 한 달에 한 번 이발을 한다.

422

부수 : 支 / 총획수 : 4 / 新HSK 4~5급

支
zhī
가지 **지**

손(又)으로 나뭇가지(十)를 쥐고 쓰러지려는 지게를 받쳐 중심을 잡고 있는 모양을 보고 '가지, 지탱하다(支)'라는 뜻을 나타냈다.
又 : 오른손 (우), 十 : 나뭇가지

4 支持 zhīchí 지지하다

5 支 zhī 자루(가늘고 긴 물건을 세는 양사)　支票 zhīpiào 수표

예 你要什么？ Nǐ yào shénme? 당신은 무엇이 필요합니까？
我要两支铅笔° Wǒ yào liǎng zhī qiānbǐ.
나는 두 자루의 연필이 필요합니다.

423

부수 : 舟 / 총획수 : 10 / 新HSK 3급

般
bān
일반/옮길 **반**

배(舟)를 노(殳)를 저어서 움직이는 것이 옛날의 일반적인 교통수단이었다는 데서 '일반, 옮기다(般)'라는 뜻
舟 : 배 (주), 殳 : 몽둥이 (수)

3 一般 yìbān 보통이다, 일반적이다

424

부수 : 口 / 총획수 : 5 / 新HSK 3급

史
shǐ
역사 **사**

손(又)에 붓을 들고 중립적인(中) 입장에서 기록하는 것이 역사라는 데서 '역사(史)'라는 뜻. 역사를 기록하는 사관은 임금의 편도 백성의 편도 아닌 중립적인 입장이어야 한다.
又 : 오른손·또 (우), 中 : 가운데 (중)

3 历史 lìshǐ 역사

425

부수 : 心 / 총획수 : 13 / 新HSK 3~5급

感
gǎn
느낄 **감**

정성을 다하니(咸) 마음(心)속으로 고마움을 느낀다는 데서 '느끼다(感)'라는 뜻
咸 : 다할 (함), 心 : 마음 (심)

3 感冒 gǎnmào 감기 感兴趣 gǎnxìngqù 관심이 있다, 흥미가 있다

4 感觉 gǎnjué 느끼다, 감각 感动 gǎndòng 감동하다
感情 gǎnqíng 감정 感谢 gǎnxiè 감사하다

5 感激 gǎnjī 감격하다 感受 gǎnshòu 느끼다, 감수하다
感想 gǎnxiǎng 감상 敏感 mǐngǎn 민감하다

● 对~ 感兴趣(duì~ gǎnxìngqù) : ~에 대하여 흥미를 느끼다
예 我对中国文化很感兴趣(Wǒ duì Zhōngguó wénhuà hěn gǎnxìngqù)。
나는 중국 문화에 대하여 매우 흥미를 느낀다.

426

부수 : 力 / 총획수 : 7 / 新HSK 5급

劳　勞
láo
일할 **로**

풀(艹)이 무성하게 덮인(冖) 들판에서 힘써(力) 일한다는 데서 '일하다(劳)'라는 뜻. 또는 집(冖) 밖으로 불을 여러 개 밝히고(火火) 밤늦도록 힘써(力) 일한다는 데서 '일하다(勞)'라는 뜻
艹 : 풀 (초), 冖 : 덮을 (멱), 力 : 힘 (력), 火 : 불 (화)

5 劳动 láodòng 노동, 노동하다 劳驾 láojià 실례합니다, 수고하십니다
예 劳驾，请让一让。 Láojià, qǐng ràng yī ràng.
실례합니다, 길 좀 비켜주세요.

부수 : 亻 / 총획수 : 9 / 新HSK 2~5급

便
biàn
편할 **편**

사람(亻)들이 불편한 환경을 다시(更) 고치고 바꾸어 나가면서 편한 삶을 추구한다는 데서 '편하다(便)'라는 뜻
亻(人) : 사람 (인), 更 : 다시 (갱)

② **便宜** piányi 값이 싸다 ↔ **②** **贵** guì 비싸다

③ **方便** fāngbiàn 편리하다

> **예** **首尔的交通比较方便°** Shǒu'ér de jiāotōng bǐjiào fāngbiàn.
> 서울의 교통은 비교적 편리하다.

④ **随便** suíbiàn 함부로, 마음대로 **顺便** shùnbiàn ~하는 김에

⑤ **便** biàn 바로, 곧(=就), 편리하다 [참고] **便利店** biànlìdiàn 편의점

• 便은 (pián)으로 소리 나는 경우도 있습니다.

> **예** **便宜**(piányi) 값이 싸다

부수 : 囗 / 총획수 : 6 / 新HSK 5~6급

团 **團**
tuán
둥글 **단**

적을 에워싸는(囗) 포위망은 바탕(才)이 둥근 모양이라는 데서 '둥글다(团)'라는 뜻. 또는 오로지(专) 한 가지 목표를 위해 사람들이 둥글게 모여서(囗) 한 집단을 이루며 뭉친다는 데서 '둥글다(團)'라는 뜻
囗 : 에운담 큰 입구, 才 : 재주·바탕 (재), 专 : 오로지 (전)

⑤ **团** tuán 뭉치, 덩어리(양사)

⑥ **集团** jítuán 그룹, 집단, 단체

429

往
wǎng
갈 **왕**

부수 : 彳 / 총획수 : 8 / 新HSK 2, 4~5급

걸어서(彳) 주인(主)을 맞이하러 간다는 데서 '가다(往)'라는 뜻
彳 : 중인 변·가다, 主 : 주인 (주)

② **往** wǎng ~로 향하다

> **예** **往前走°** wǎng qián zǒu. 앞으로 쭉 가다.

④ **往往** wǎngwǎng 왕왕, 자주

⑤ **往返** wǎngfǎn 왕복하다 [참고] **单程** dānchéng 편도

430

酸
suān
실 산

부수 : 酉 / 총획수 : 14 / 新HSK 4급

술(酉)이 여러 날 지나면(夋) 신맛이 난다는 데서 '시다(酸)'라는 뜻

酉 : 술 (유), 夋 : 천천히 걸을 (준)

4 酸 suān 시다

[참고] **酸牛奶** suān niúnǎi 요구르트, 발효유, 요플레

● 맛을 나타내는 중국어의 표현에는 다음과 같은 것들이 있습니다.

　예 **甜**(tián) 달다　**咸**(xián) 짜다　**苦**(kǔ) 쓰다　**辣**(là) 맵다

　　清淡(qīngdàn) 담백하다　**油腻**(yóunì) 기름지다, 느끼하다

⭐TIP　중국어의 품사(3)

3. 수사(数词) : 수를 표시하는 단어입니다. 분수, 소수, 어림수 등 다양한 표현 방식이 있습니다.

　예 분수 : 1/4 = 4分之1

　　소수 : 4.5 = 4点5

　　어림수 : 30살 가량 = 30岁左右

4. 양사(量词) : 사물을 세는 단위나 동작의 횟수를 나타내는 단어입니다.

　1) 명량사(名量词) : 사물의 수량을 세는 단위로, 어순은 '수사 + 양사 + 명사'이다.

　　예 **把**(bǎ) : 손잡이가 달린 물건을 셀 때(우산, 의자, 칼 등)

　　本(běn) : 책, 잡지, 교과서 등을 셀 때

　　个(ge) : 사물이나 사람을 셀 때

　　位(wèi) : 사람을 높여서 부를 때

　　件(jiàn) : 일 또는 사건, 옷을 셀 때

　　张(zhāng) : 네모진 것을 셀 때(책상, 침대, 종이 등)

　　双(shuāng) : 한 쌍을 이루는 물건을 셀 때(신발, 장갑, 양말, 젓가락, 귀걸이 등)

　　瓶(píng) : 병에 담긴 음료수나 주류를 셀 때

　　家(jiā) : 건물을 셀 때(집, 상점, 공장, 기업 등)

　2) 동량사(动量词) : 동작의 횟수를 세는 단위로, 어순은 '동사 + 수사 + 양사'이다.

　　예 **遍**(biàn) : 동작의 처음부터 끝까지의 전 과정을 가리킬 때

　　场(chǎng) : 비교적 긴 시간의 경과 또는 비, 바람, 전쟁, 꿈 등의 횟수를 나타낼 때

　　次(cì) : ~회, ~번

　　回(huí) : ~회, ~번

　　趟(tàng) : 왕복으로 하는 동작을 셀 때

　　阵(zhèn) : 단기간의 횟수를 셀 때(비, 바람, 소리, 전쟁 등)

　　下(xià) : 단시간의 동작, 가벼운 동작의 횟수를 셀 때

　　番(fān) : 시간을 들여서 꼼꼼하게 하는 동작의 횟수를 셀 때

　　顿(dùn) : '먹다, 야단치다, 때리다' 등의 동사와 관련된 횟수를 나타낼 때

431

부수 : 厂 / 총획수 : 4 / 新HSK 3~4급

历　歷
lì　지낼 력

벼랑(厂) 밑에 수확한 벼(禾)(禾)들을 차곡차곡 쌓아두고 농사일을 마치니(止) 한 해가 지나갔다는 데서 '지내다 (歷)'라는 뜻

厂 : 벼랑 (엄), 禾 : 벼 (화), 止 : 그칠 (지)

3 历史 lìshǐ 역사

4 经历 jīnglì 경험하다, 체험하다

• 历(lì)는 曆(책력 력)의 간체자로도 쓰입니다.

　예 农历(nónglì) 음력　阳历(yánglì) 양력

432

부수 : 巾 / 총획수 : 5 / 新HSK 3, 5급

市
shì　저자 시

옷감(巾)을 사러 가려면(之) 시장으로 가야한다는 데서 '저자(시장, 市)'라는 뜻

巾 : 수건 (건), 之 : 갈 (지)

3 超市 chāoshì 슈퍼마켓　城市 chéngshì 도시

5 市场 shìchǎng 시장

433

부수 : 儿 / 총획수 : 7 / 新HSK 5급

克
kè　이길 극

오랫동안(古) 묵묵히 참고 골인 지점까지 걷는 사람(儿)은 결국 자신과의 싸움에서 이긴 것이라는 데서 '이기다(克)'라는 뜻

古 : 옛, 오랠 (고), 儿 : 걷는 사람 (인)

5 克 kè 그램(g)　克服 kèfú 극복하다, 이기다

434

何
hé
어찌 하

부수 : 亻 / 총획수 : 7 / 新HSK 5급

사람(亻)이 세상의 옳은(可) 이치를 전부 어찌(何) 알겠는가?
亻(人) : 사람 (인), 可 : 옳을 (가), 何 : 어찌 (하)

⑤ 何必 hébì ~할 필요가 있는가? 何况 hékuàng 하물며
如何 rúhé 어떠한가?

435

除
chú
덜 제

부수 : 阝 / 총획수 : 9 / 新HSK 3, 5급

언덕(阝)처럼 쌓인 남은(余) 흙을 덜어내고 평평한 땅에 집을 짓는다는 데서 '덜다(除)'라는 뜻
阝(阜) : 언덕 (부), 余(餘) : 남을 (여)

③ 除非 chúfēi ~한다면 몰라도, 오직 ~하여야
除了 chúle ~를 제외하고
⑤ 除夕 chúxī 섣달

- 除了~以外(chúle~yǐwài) : ~를 제외하고, ~이외에
  예 除了汉语以外, 她还会说日语(Chúle Hànyǔ yǐwài, tā hái huì shuō Rìyǔ)。
  중국어 이외에 그녀는 일본어도 할 줄 안다.

- 除非~, 否则~(chúfēi~, fǒuzé~) : ~한다면 몰라도, 그렇지 않으면 ~한다
  예 除非你亲自请我, 否则我不去(Chúfēi nǐ qīnzì qǐng wǒ, fǒuzé wǒ bú qù)。
  네가 직접 나를 초대한다면 몰라도, 그렇지 않으면 나는 가지 않겠다.

436

消 消
xiāo 사라질 소

부수 : 氵 / 총획수 : 10 / 新HSK 4~5급

고깃덩어리(月)를 작게(小) 잘라서 물(氵)을 붓고 끓이면 원래의 모양이 점점 사라진다는 데서 '사라지다(消)'라는 뜻
月(肉) : 고기 (육), 小 : 작을 (소), 氵(水) : 물 (수)

④ 消息 xiāoxi 소식
⑤ 消费 xiāofèi 소비하다 消化 xiāohuà 소화하다
消极 xiāojí 소극적이다 消失 xiāoshī 소실되다, 없어지다
取消 qǔxiāo 취소하다

437

构
gòu

構
얽을 구

부수 : 木 / 총획수 : 8 / 新HSK 5급

나무(木)토막을 갈고리(勾)로 엮어서 구조물을 얽는다는 데서 '얽다(构)'라는 뜻. 또는 나무(木)를 가로와 세로로 (井) 거듭(再) 짜서 구조물을 얽는다는 데서 '얽다(構)'라는 뜻

勾 : 갈고리 (구), 木 : 나무 (목), 井 : 우물 (정), 再 : 다시·거듭 (재)

5 构成 gòuchéng 이루다, 구성하다 结构 jiégòu 구조

438

府
fǔ
곳집 부

부수 : 广 / 총획수 : 8 / 新HSK 5급

관청 집(广)에는 백성들에게 곡식을 빌려주고(付) 돌려받는 곳집이 있었다는 데서 '곳집(府)'이라는 뜻

广 : 집 (엄), 付 : 줄 (부)

5 政府 zhèngfǔ 정부

439

称
chēng

稱
일컬을 칭

부수 : 禾 / 총획수 : 10 / 新HSK 5급

벼(禾)를 훔쳐서 달아나는 당신(尔)을 도둑이라고 일컫는다(称). 또는 벼(禾)의 무게를 다는(爯) 데서 '저울질하다(稱)'의 뜻이며 무게를 달 때 소리 내어 무게를 말하여 알리니 '일컫다(稱)'라는 뜻

禾 : 벼 (화), 尔 : 너 (이), 称 : 일컬을 칭, 爯 : 들 (칭)

5 称 chēng 칭하다, 부르다 称呼 chēnghu ~라고 부르다, 호칭

称赞 chēngzàn 칭찬하다, 찬양하다

부수 : 大 / 총획수 : 4 / 新HSK 1, 3, 5급

440

太
tài
클 태

큰 대(大)를 두 개 써서 '매우 크다(太)'라는 뜻을 나타낸 글자

1 太 tài 대단히, 매우

3 太阳 tàiyáng 태양, 해

5 太极拳 tàijíquán 태극권　太太 tàitai 처, 아내

⭐**TIP**　중국어의 품사(4)

5. **동사(动词)** : 동작, 행위, 존재, 변화, 심리상태, 동작의 방향, 사동, 명령 등을 나타내는 단어입니다.

> **예** 看(kàn) : 보다, 听(tīng) : 듣다, 说(shuō) : 말하다, 写(xiě) : 쓰다, 吃(chī) : 먹다,
> 喝(hē) : 마시다, 唱(chàng) : 노래하다, 走(zǒu) : 걷다, 跑(pǎo) : 달리다, 来(lái) : 오다,
> 去(qù) : 가다, 在(zài) : 있다, 有(yǒu) : 있다, 爱(ài) : 사랑하다, 让(ràng) : 시키다,
> 命令(mìnglìng) : 명령하다

6. **조동사(助动词)** : 능원동사(能愿动词)라고도 하며 동사의 한 형태로 동사 앞에서 동사를 돕는 동
사로서 능력(~할 수 있다), 소망(~하고 싶다), 당위성(~해야 한다) 등을 나타냅니다.

　1) **会(huì)** : (배워서 기술적으로) ~할 수 있다
　　我会说汉语(Wǒ huì shuō Hànyǔ)° 나는 중국어를 할 줄 안다.

　2) **能(néng)** : (본래 능력·권한이 있어서) ~할 수 있다
　　你能等我吗(Nǐ néng děng wǒ ma)? 당신은 나를 기다려줄 수 있나요?

　3) **可以(kěyǐ)** : (객관적인 조건상으로) ~할 수 있다, ~해도 된다(허가)
　　现在可以进去吗(Xiànzài kěyǐ jìn qu ma)? 지금 들어가도 됩니까?

　4) **可能(kěnéng)** : ~일지도 모른다(추측)
　　他可能不知道(Tā kěnéng bù zhīdao)° 그는 아마도 모를지도 모른다.

　5) **要(yào)** : ~하려 하다(의도), ~해야 한다(의무)
　　我要去洗手间(Wǒ yào qù xǐshǒujiān)° 나는 화장실에 가려고 합니다.

　6) **得(děi)** : ~해야 한다
　　我得回去(Wǒ děi huí qu)° 나는 돌아가야 합니다.

　7) **应该(yīnggāi)** : 마땅히 ~해야 한다(강한 의무)
　　你应该不可以这样(Nǐ yīnggāi bù kěyǐ zhè yàng)! 너는 마땅히 이렇게 하면 안 되지!

　8) **想(xiǎng)** : ~하고 싶다
　　我想吃火锅(Wǒ xiǎng chī huǒguō)° 나는 샤브샤브가 먹고 싶다.

　9) **愿意(yuànyì)** : 희망하다, 원하다
　　我愿意去中国旅游(Wǒ yuànyì qù Zhōngguó lǚyóu)° 나는 중국에 여행가기를 희망한다.

441

준 : 冫 / 총획수 : 10 / 新HSK 2, 4급

准
zhǔn

準
법도 준

얼음(冫)이 어는 계절이면 새(隹)들은 따뜻한 남쪽을 향해 규칙적으로 날아온다는 데서 '법도(准)'라는 뜻. 또는 물(氵) 위로 새(隹) 열(十) 마리가 수면과 평행하게 법도를 지키며 질서정연하게 날아다닌다는 데서 '법도, 평평하다(準)'라는 뜻

冫(冰) : 얼음(빙), 隹 : 새(추), 氵(水) : 물(수), 十 : 열(십)

2 准备 zhǔnbèi 준비하다

4 准确 zhǔnquè 정확하다, 확실하다 准时 zhǔnshí 정시에

标准 biāozhǔn 기준, 표준

442

부수 : 米 / 총획수 : 14 / 新HSK 4~5급

精
jīng

精
깨끗할 정

쌀(米)에 푸른(青)빛이 감돌 정도로 깨끗하다는 데서 '깨끗하다(精)'라는 뜻

米 : 쌀 (미), 青 : 푸를 (청)

4 精彩 jīngcǎi 훌륭하다, 뛰어나다

5 精力 jīnglì 정신과 체력, 정력 精神 jīngshén 정신, 주요 의미

• 精神을 (jīngshen)으로 발음하면 '기운, 원기, 활력'의 뜻을 나타냅니다.

443

부수 : 亻 / 총획수 : 10 / 新HSK 4~5급

值
zhí

值
값 치

사람(亻)이 인생을 곧게(直) 살아가는 것이 값어치가 있는 삶이라는 데서 '값(值)'이라는 뜻

亻(人) : 사람 (인), 直 : 곧을 (직)

4 值得 zhídé ~할 만한 가치가 있다

5 价值 jiàzhí 가치

444

号
hào

號
이름 **호**

부수 : 口 / 총획수 : 5 / 新HSK 1, 4급

산 정상에서 입(口)을 크게 벌리고 땅(一)을 향하여 고불 고불(勹) 숨을 내뱉어 소리를 지르거나 이름을 부른다는 데서 '이름, 부르다(号)'라는 뜻. 또는 호랑이(虎)가 으르 렁거리며 부르짖듯(号) 큰 소리로 외쳐 이름을 부르거나 부르짖는다는 데서 '이름, 부르짖다(號)'라는 뜻

口 : 입 (구), 一 : 땅, 勹 : 쌀 (포), 号 : 부를 (호),
虎 : 범 (호)

1 号 hào 번호

4 号码 hàomǎ 번호, 숫자

445

率
lǜ/shuài
비율 **률**/거느릴 **솔**

부수 : 玄 / 총획수 : 11 / 新HSK 5급

우두머리(亠)가 작은(幺) 참모를 좌, 우 양쪽에 두 명씩(二) 거느리고 아랫사람 열 명(十)을 일정한 비율로 거느린다는 데서 '비율, 거느리다(率)'라는 뜻

亠 : 우두머리, 幺 : 작을 (요), 二 : 두 (이), 十 : 열 (십)

5 效率 xiàolǜ 효율, 능률

● 率은 비율 (률)·거느릴 (솔) 두 가지의 음을 갖습니다. 率이 (shuài)로 발음 되면 '거느리다, 인솔하다'의 의미를 갖습니다.

예 率领(shuàilǐng) 인솔하다, 거느리다, 이끌다

446

族
zú
겨레 **족**

부수 : 方 / 총획수 : 11 / 新HSK 4, 6급

이민족과 전쟁이 나서 사방(方)에서 사람(人)들이 화살(矢)을 들고 한곳에 모이 니 한 '민족'이요 '겨레(族)'이다.

方 : 방위 (방), 人 : 사람 (인), 矢 : 화살 (시)

4 民族 mínzú 민족

6 贵族 guìzú 귀족

447

부수 : 糹 / 총획수 : 11 / 新HSK 5급

维
wéi

維
맬 유

실(糸)을 새(隹)의 발목에 매서 새를 부린다는 데서 '매다(維)'라는 뜻

糹(糸) : 실 (사), 隹 : 새 (추)

5 维修 wéixiū 간수・수리하다, 보수하다

448

부수 : 刂 / 총획수 : 6 / 新HSK 4~5급

划
huá/huà

劃
그을 획

날카로운 창(戈)과 칼(刂)을 사용하여 바닥이나 벽에 선을 긋는다는 데서 '긋다(划)'라는 뜻. 또는 손에 붓(聿)을 쥐고 도화지(一)에 밭(田)을 그리고 칼(刂)로 선을 긋는다는 데서 '긋다(劃)'라는 뜻

戈 : 창 (과), 刂 : 칼 (도), 聿 : 붓 (율), 田 : 밭 (전)

4 计划 jìhuà 계획, 기획

[참고] **计划生育** jìhuàshēngyù 산아 제한 계획

5 划 huá 배를 젓다, 베다, 긋다

449

부수 : 辶 / 총획수 : 9 / 新HSK 3급

选
xuǎn

選
가릴 선

제일 먼저(先) 달려가는(辶) 사람을 선수로 가려낸다는 데서 '가리다(选)'라는 뜻. 또는 사람(巳)과 사람(巳)들이 함께(共) 모여서 제사를 이끌어 갈(辶) 제사장을 가려낸다는 데서 '가리다(選)'라는 뜻

先 : 먼저 (선), 辶 : 가다, 巳 : 사람, 共 : 함께 (공)

3 选择 xuǎnzé 고르다, 선택하다

450

부수 : 木 / 총획수 : 9 / 新HSK 4~5급

标 標
biāo　　표할 **표**

나무(木) 중에 신(示)에게 제사를 드리는 신당은 따로 표시를 한다는 데서 '표하다(标)'라는 뜻. 또는 나무(木)에 신에게 받은 표적(票)을 붙여서 분명하게 표시한다는 데서 '표하다(標)'라는 뜻

木 : 나무 (목), 示 : 제사·신·보일 (시), 票 : 표·증표 (표)

4 标准 biāozhǔn 기준, 표준

5 目标 mùbiāo 목표

⭐TIP　**중국어의 품사(5)**

7. **형용사(形容词)** : 사람이나 사물의 모양, 성질, 상태를 나타내는 단어입니다.

예 **大**(dà) : 크다, 나이가 많다 ↔ **小**(xiǎo) : 작다, 나이가 어리다

多(duō) : 많다 ↔ **少**(shǎo) : 적다 / **高**(gāo) : 높다, 키가 크다 ↔ **矮**(ǎi) : 키가 작다

胖(pàng) : 뚱뚱하다 ↔ **瘦**(shòu) : 마르다 / **重**(zhòng) : 무겁다 ↔ **轻**(qīng) : 가볍다

快(kuài) : 빠르다 ↔ **慢**(màn) : 느리다 / **好**(hǎo) : 좋다 ↔ **坏**(huài) : 나쁘다

长(cháng) : 길다 ↔ **短**(duǎn) : 짧다 / **宽**(kuān) : 넓다 ↔ **窄**(zhǎi) : 좁다

新(xīn) : 새롭다 ↔ **旧**(jiù) : 오래되다 / **远**(yuǎn) : 멀다 ↔ **近**(jìn) : 가깝다

深(shēn) : 깊다 ↔ **浅**(qiǎn) : 얕다 / **硬**(yìng) : 단단하다 ↔ **软**(ruǎn) : 부드럽다

451

写

xiě

寫

베낄 **사**

부수 : ⼍ / 총획수 : 5 / 新HSK 1, 5급

종이를 덮고(⼍) 주어진(与) 원본 그대로 베껴서 그린다는 데서 '베끼다(写)'라는 뜻. 또는 옛날 집(宀)에는 대들보 밑에 빛나는(舄) 현판이 걸려 있었는데, 이는 유명한 사람의 글씨를 베껴 쓴 것이라는 데서 '베끼다, 글씨를 쓰다(寫)'라는 뜻. 또는 까치(舄)가 둥지(宀)를 이 나무, 저 나무에 만들어 놓는다는 데서 '베끼다(寫)'라는 뜻
⼍ : 덮을 (멱), 与 : 줄 (여), 宀 : 집 (면), 舄 : 까치·빛날 (작)

1 写 xiě 글씨를 쓰다

5 写作 xiězuò 글을 짓다, 저작하다

452

存

cún

있을 **존**

부수 : 子 / 총획수 : 6 / 新HSK 4~5급

하나님(一)이 사람(亻)을 창조하여 자식(子)을 낳아 생육·번성하게 하여 지금까지 이 세상에 존재하게(存) 하였다는 데서 '있다, 존재하다'라는 뜻
一 : 하나님·한 번·처음·오직, 亻 : 사람 (인), 子 : 자식

4 存 cún 저축하다, 보존하다

5 存在 cúnzài 존재하다 保存 bǎocún 보존하다, 지키다

453

候

hòu

기후 **후**

부수 : 亻 / 총획수 : 10 / 新HSK 1, 4~5급

과녁(侯)에 화살(丨)을 쏠 때는 비가 오는지 바람이 부는지 먼저 기후부터 살핀다는 데서 '기후(候)'라는 뜻
侯 : 과녁 (후), 丨 : 뚫을 (곤)

1 時候 shíhou 때, 시각

4 气候 qìhòu 기후

5 问候 wènhòu 안부를 묻다, 문안드리다

454

毛
máo
털 모

부수 : 제부수 / 총획수 : 4 / 新HSK 4~5급

새의 깃털 모양을 본떠서 만든 한자(毛)

4 毛 máo 털, 깃털, 마오(중국의 화폐 단위) 毛巾 máojīn 수건
羽毛球 yǔmáoqiú 배드민턴

5 毛病 máobìng 결점, 고장 眉毛 méimao 눈썹

455

亲 **親**
qīn 어버이/친할 **친**

부수 : 亠 / 총획수 : 9 / 新HSK 4~5급

항상 곁에 서서(立) 꿈나무(木)와 같은 자식을 돌보는 사람은 어버이라는 데서 '어버이(亲)'라는 뜻. 또는 나무 십자가(木)를 지고 서서(立) 항상 우리를 지켜보시는(見) 예수님의 마음이 바로 '어버이'의 마음이라는 데서 '어버이(親)'라는 뜻. 또는 나무(木) 위에 서서(立) 외출한 자식이 돌아오나 지켜보는(見) 사람이 '그 자식과 가장 친한 사람이거나 어버이'라는 데서 '친하다, 어버이(親)'의 뜻
立 : 설 (립), 木 : 나무 (목), 見 : 볼 (견)

4 亲戚 qīnqi 친척 父亲 fùqīn 아버지 母亲 mǔqīn 어머니

5 亲爱 qīn'ài 사랑하다 亲切 qīnqiè 친절하다
亲自 qīnzì 직접, 손수

456

快
kuài
쾌할 쾌

부수 : 忄 / 총획수 : 7 / 新HSK 2, 4~5급

마음(忄)에 결정(夬)을 내리니 속이 후련하다는 데서 '유쾌하다(快)'라는 뜻
忄(心) : 마음 (심), 夬 : 터놓다·정하다·결정하다

2 快 kuài 빠르다 快乐 kuàilè 즐겁다, 유쾌하다

4 愉快 yúkuài 유쾌하다, 기쁘다 凉快 liángkuai 시원하다, 서늘하다

5 痛快 tòngkuài 기분 좋다, 통쾌하다, 즐겁다
尽快 jǐnkuài 되도록 빨리 赶快 gǎnkuài 재빨리, 황급히

부수 : 攵 / 총획수 : 10 / 新HSK 4~5급

效
xiào
본받을 **효**

품행이 바른 사람과 사귀어(交) 그 행실을 본받도록 채찍질하며(攵) 가르친다는 데서 '본받다(效)'라는 뜻
交 : 사귈 (교), 攵(攴) : 칠 (복)

4 效果 xiàoguǒ 효과

5 效率 xiàolǜ 효율, 능률

부수 : 斤 / 총획수 : 12 / 新HSK 6급

斯
sī
이 **사**

키(其)를 만들려고 도끼(斤)로 나무를 쪼갠다는 뜻이지만 나중에 지시대명사 '이(斯)'의 뜻을 나타내게 됨
其 : 그 (기), 斤 : 도끼 (근)

6 斯文 sīwen 고상하다, 우아하다, 점잖다

[참고] 斯文 sīwén 문화, 선비, 학자

부수 : 阝 / 총획수 : 9 / 新HSK 1, 5급

院
yuàn
집 **원**

언덕(阝)같은 담을 동서남북으로 완전하게(完) 둘러쳐서 지은 관청이나 벼슬아치의 집이라는 데서 '집(院)'이라는 뜻
阝(阜) : 언덕 (부), 完 : 완전할 (완)

1 医院 yīyuàn 병원

5 法院 fǎyuàn 법원

[참고] 学院 xuéyuàn 단과 대학

460

부수 : 木 / 총획수 : 9 / 新HSK 3~4급

查
chá
조사할 **사**

나무(木)를 쌓고 또 쌓아놓고(且) 재목으로 쓸 것을 조사한다는 데서 '조사하다
(査)'라는 뜻

木 : 나무 (목), 且 : 또 (차)

3 检查 jiǎnchá 검사하다

4 调查 diàochá 조사하다

⭐**TIP**　**중국어의 품사(6)**

8. **부사(副词)** : 동사나 형용사 앞에서 정도, 시간, 빈도, 범위, 상태, 어기, 긍정, 부정을 나타낸다.
   1) 정도부사
      很(hěn) 매우, **非常**(fēicháng) 대단히, **最**(zuì) 가장, **更**(gèng) 더욱, **比较**(bǐjiào) 비교적
   2) 시간부사
      就(jiù) 곧/즉시, **才**(cái) 겨우/비로소, **已经**(yǐjing) 이미, **马上**(mǎshàng) 곧/즉시,
      从来(cónglái) 지금까지
   3) 빈도부사
      又(yòu) 또/다시(과거 → 현재), **再**(zài) 또/다시(미래), **还**(hái) 아직/여전히,
      也(yě) ~도 또한/~조차도, **经常**(jīngcháng) 늘/항상
   4) 범위부사
      只(zhǐ) 단지/다만, **都**(dōu) 모두(범위를 총괄), **一共**(yígòng) 모두(수량을 총괄),
      一起(yìqǐ) 함께
   5) 상태부사
      仍然(réngrán) 여전히, **渐渐**(jiànjiàn) 점점, **亲自**(qīnzì) 몸소/직접, **突然**(tūrán) 갑자기
   6) 어기부사
      难道(nándào) 설마 ~하겠는가?, **果然**(guǒrán) 과연, **究竟**(jiūjìng) 도대체,
      千万(qiānwàn) 부디/제발, **幸亏**(xìngkuī) 다행히, **干脆**(gāncuì) 차라리
   7) 긍정·부정부사
      不(bù) ~하지 않는다, **没**(méi) ~하지 않았다/~못하다, **别**(bié) ~하지 마라,
      一定(yídìng) 반드시/필히, **必须**(bìxū) 반드시 ~해야 한다

461

부수 : 氵 / 총획수 : 6 / 新HSK 4급

江
jiāng
강 **강**

시냇물(氵)이 모여서 만들어진(工) 것이 강이다(江).
氵(水) : 물 (수), 工 : 만들 (공)

4 长江 Chángjiāng 양쯔강

[참고] 중국의 3대 강
　　长江 Chángjiāng 양쯔강 黑龙江 Hēilóngjiāng 흑룡강
　　黄河 Huánghé 황하강

462

부수 : 土 / 총획수 : 9 / 新HSK 6급

型
xíng
본보기 **형**

하나님은 최초의 인간이 죄를 범하자 죽어서 다시 흙(土)으로 변하는 형벌(刑)로 만인과 만대에 본보기로 삼으셨다는 데서 '본보기(型)'라는 뜻
刑 : 형벌 (형), 土 : 흙 (토)

6 典型 diǎnxíng 전형, 대표적인, 전형적인 模型 móxíng 모형

463

부수 : 目 / 총획수 : 11 / 新HSK 2, 4급

眼
yǎn
눈 **안**

사람의 눈(目)은 볼 수 있는 범위가 앞면으로 한정되어(艮) 측면이나 후면은 볼 수 없는 눈이다(眼).
目 : 눈 (목), 艮 : 머물 (간)

2 眼睛 yǎnjing 눈

4 眼镜 yǎnjing 안경

464

부수 : 王 / 총획수 : 4 / 新HSK 5급

王
wáng
임금 **왕**

옛날에는 하늘(一)과 땅(一)과 사람(一)을 모두 지탱하는 절대적인 존재가 임금(王)이라고 믿었다는 데서 '임금(王)'이라는 뜻

5 王子 wángzǐ 왕자 ↔ **5** 公主 gōngzhǔ 공주
　　国王 guówáng 국왕

465

按
àn
누를 **안**

부수 : 扌 / 총획수 : 9 / 新HSK 4, 6급

몸을 편안하게(安) 하고자 손(扌)으로 눌러서 안마한다는 데서 '누르다(按)'라는 뜻
扌(手) : 손 (수), 安 : 편안할 (안)

4 按时 ànshí 제때에, 시간에 맞추어

按照 ànzhào ~에 따라, ~에 의해

6 按摩 ànmó 안마하다, 마사지하다

466

格
gé
격식 **격**

부수 : 木 / 총획수 : 10 / 新HSK 4~5급

나무(木)는 제각각(各) 자신의 규격, 크기, 모양에 알맞게 격식에 맞게 자라난다는 데서 '격식(格)'이라는 뜻
木 : 나무 (목), 各 : 각각 (각)

4 表格 biǎogé 표, 양식, 도표 性格 xìnggé 성격

合格 hégé 규격에 맞다, 합격이다

严格 yángé 엄격하다, 엄하다 价格 jiàgé 가격, 값

5 格外 géwài 각별히 资格 zīgé 자격 风格 fēnggé 스타일, 풍격

及格 jígé 합격하다

467

养 養
yǎng
기를 **양**

부수 : 八 / 총획수 : 9 / 新HSK 4~5급

양(羊)은 양 떼들 사이에 끼여서(介) 기른다는 데서 '기르다(养)'라는 뜻. 또는 양(羊)에게 풀을 먹여서(食) 기른다는 데서 '기르다(養)'라는 뜻
羊 : 양 (양), 介 : 낄 (개), 食 : 먹을 (식)

4 养成 yǎngchéng 습관이 되다, 기르다

5 营养 yíngyǎng 영양

培养 péiyǎng 기르다, 배양하다, 양성하다

468

易
yì
바꿀 역/쉬울 이

부수 : 日 / 총획수 : 8 / 新HSK 3, 5급

해(日)가 없어지면(勿) 세상이 어둡게 바뀐다는 데서 '바꾸다(易)'라는 뜻. 또는 빛(日)이 없으면(勿) 마귀가 활동하기 쉽다는 데서 '쉽다(易)'라는 뜻
日 : 해·날 (일), 勿 : 말다·아니다·없다

③ 容易 róngyì 쉽다 ↔ ③ 难 nán 어렵다

⑤ 贸易 màoyì 무역 轻易 qīngyì 함부로 하다, 경솔하다, 수월하다

469

置 置
zhì 둘 치

부수 : 罒 / 총획수 : 13 / 新HSK 5~6급

농작물을 해치는 새를 잡기 위하여 그물(罒)을 곧게 펴서 (直) 쳐둔다는 데서 '두다(置)'라는 뜻
网(罒) : 그물 (망), 直 : 곧을 (직)

⑤ 位置 wèizhì 위치

⑥ 设置 shèzhì 설치하다, 세우다

470

派
pài
갈래 파

부수 : 氵/ 총획수 : 9 / 新HSK 5~6급

시냇물이나 강물(氵)이 흘러가다 언덕을 굽이쳐(厂) 흐르고 나무뿌리(氏)처럼 여러 갈래로 갈라진다는 데서 '갈래(派)'라는 뜻
氵(水) : 물 (수), 厂 : 언덕, 氏 : 성씨 (씨)

⑤ 派 pài 파견하다

⑥ 派别 pàibié 파별, 파벌, 유파 派遣 pàiqiǎn 파견하다

⭐TIP　중국어의 품사(7)

9. **조사(助词)** : 일반적으로 단독으로 사용할 수 없고 구체적인 의미도 없지만 단어를 연결하고 구를 구성하는 역할을 하는 중요한 단어입니다.

1) **동태조사(动态助词)** : 동사 뒤에서 동사의 동작, 행위, 상태를 나타냅니다.

① 了(le) : 동작의 완료를 나타냅니다.

　　例 我买了一斤牛肉(Wǒ mǎi le yì jīn niúròu)。 나는 쇠고기 한 근을 샀다.

② 着(zhe) : 동작이나 상태의 지속을 나타냅니다.

　　例 老师站着, 学生坐着(Lǎoshī zhàn zhe, xuésheng zuò zhe)。
　　선생님은 서서 계시고, 학생들은 앉아 있다.

③ 过(guo) : 과거의 경험을 나타냅니다.

　　例 我去过上海(Wǒ qù guo Shànghǎi)。 나는 상하이에 가 본 적이 있다.

2) **구조조사(结构助词)** : 2개 이상의 단어나 구 사이의 문법적인 관계를 나타냅니다.

① 的(de) : 명사나 대명사, 형용사 또는 구 뒤에 놓여서 관형어를 만들어 뒤에 오는 명사를 수식합니다.

　　例 这是我的汽车(Zhè shì wǒ de qìchē)。 이것은 나의 자동차입니다.

② 地(de) : 형용사나 부사 또는 구 뒤에 놓여서 부사어를 구성하고 뒤에 오는 동사나 형용사를 수식합니다.

　　例 他们非常热情地帮助我(Tāmen fēicháng rèqíng de bāngzhù wǒ)。
　　그들은 매우 친절하게 나를 도와주었다.

③ 得(de) : 일반적으로 형용사, 부사로 사용되지만 구와 함께 쓰일 경우 동사나 형용사 뒤에서 정도보어나 가능보어를 이끄는 역할을 합니다.

　　例 她说汉语说得很流利(Tā shuō Hànyǔ shuō de hěn liúlì)。
　　그녀는 중국어를 매우 유창하게 잘합니다.

3) **어기조사(语气助词)** : 주로 문장 끝에 놓여 화자의 태도(의문, 추측, 명령, 감탄, 확인, 제안), 기분, 심정 등을 나타냅니다.

① 吗(ma) : 의문을 나타냅니다.

　　例 今天晚上你有空吗(Jīntiān wǎnshang nǐ yǒu kòng ma)? 오늘 저녁에 당신 시간 있어요?

② 呢(ne) : 의문이나 생략식 의문을 나타냅니다.

　　例 我是韩国人, 你呢(Wǒ shì Hánguórén, nǐ ne)? 나는 한국인입니다. 당신은요?

③ 啊(a) : 감탄이나 긍정, 재촉, 열거의 어기를 나타냅니다.

　　例 你的衣服多么漂亮啊(Nǐ de yīfu duōme piàoliang a)!
　　당신의 옷은 어쩌면 이렇게 아름다울까요!

④ 了(le) : 상태의 변화나 임박형('막 ~하려 하다')의 상태를 나타냅니다.

　　例 天黑了(Tiān hēi le)。 날이 어두워졌다.
　　快要放暑假了(Kuàiyào fàng shǔjià le)。 곧 여름방학을 하게 된다.

⑤ 吧(ba) : 확인이나 추측, 제안의 어기를 나타냅니다.

　　例 这是你买的吧(Zhè shì nǐ mǎi de ba)? 이것은 당신이 산 것이지요?
　　你是中国人吧(Nǐ shì zhōngguórén ba)? 당신은 중국 사람이지요?
　　今天晚上我们一起去看电影吧(Jīntiān wǎnshang wǒmen yìqǐ kàn diànyǐng ba)。
　　오늘 저녁에 우리 영화를 보러 갑시다.

471

层 / 層
céng
층 **층**

부수 : 尸 / 총획수 : 7 / 新HSK 3급

집(尸)에도 구름(云)처럼 계단을 만들어 층을 올린다는 데서 '층(层)'을 뜻한다. 또는 집(尸) 위에 거듭(曾) 집을 지어서 높이가 층층이 올라간다는 데서 '층(層)'이라는 뜻
尸 : 집, 云 : 구름 (운), 曾 : 거듭 (증)

3 层 céng 층, 겹, 계층

[참고] 一层 yì céng 1층, 二层 èr céng 2층

472

片
piàn
조각 **편**

부수 : 片 / 총획수 : 4 / 新HSK 3, 5급

나무(木)를 위에서 아래로 자른 오른쪽 절반의 모양을 본떠서 만든 글자로 '조각(片)'의 뜻

3 照片 zhàopiàn 사진

5 片 piàn 편(편평하고 얇은 모양의 것을 세는 양사)

片面 piànmiàn 단편적이다, 일방적이다　名片 míngpiàn 명함

动画片 dònghuàpiàn 만화 영화

473

始
shǐ
처음 **시**

부수 : 女 / 총획수 : 8 / 新HSK 2, 5급

모든 인간은 어머니(女)가 낳아서 기르니(台) 어머니가 최초의 보호자라는 데서 '처음·비로소(始)'의 뜻
女 : 여자 (녀), 厶 : 팔꿈치를 안으로 구부린 모양, 口 : 사람·어린 아기

2 开始 kāishǐ 시작하다, 처음, 시작

5 始终 shǐzhōng 시종, 처음과 끝

474

却
què
물리칠 **각**

부수 : 卩 / 총획수 : 7 / 新HSK 4급

성전에 가서(去) 무릎을 꿇고(卩) 정성껏 중보기도를 하여 병을 물리쳤다는 데서 '물리치다(却)'라는 뜻
去 : 갈 (거), 卩 : 병부 절·사람이 무릎을 꿇고 있는 모양

4 却 què 오히려, 반대로

475

专
zhuān

專
오로지 **전**

부수 : 一 / 총획수 : 4 / 新HSK 4~5급

손(寸)으로 돌리는 물레(車)는 오직 한쪽 방향으로만 돈다는 데서 '오로지(專)'라는 뜻
寸 : 마디·손 (촌), 車 : 수레·수레의 바퀴·도르래

4 专门 zhuānmén 전문적으로, 오로지
专业 zhuānyè 전공, 전문
5 专家 zhuānjiā 전문가
专心 zhuānxīn 전심전력하다

476

状
zhuàng

狀
모양 **상**/문서 **장**

부수 : 犬 / 총획수 : 7 / 新HSK 5급

널빤지(爿)에 개(犬)가 오줌을 싸서 일정한 모양이 그려진다는 데서 '모양(狀)'이라는 뜻
爿 : 나무 조각 (장), 犬 : 개 (견)

5 状况 zhuàngkuàng 상황, 형편
状态 zhuàngtài 상태 形状 xíngzhuàng 형상

477

부수 : 月 / 총획수 : 8 / 新HSK 3~4급

育
yù
기를 육

어머니의 자궁(月)에서 아이(子)가 거꾸로 머리부터 나오는 모습에서 '낳다, 기르다(育)'라는 뜻
月(肉) : 고기 (육), 子 : 아들 (자)

③ 体育 tǐyù 체육, 스포츠

④ 教育 jiàoyù 교육, 교육하다

478

부수 : 제부수 / 총획수 : 2 / 新HSK 5급

厂　廠
chǎng　헛간 창

비를 피할 수 있는 언덕이나 절벽의 모양(厂)으로 물건을 보관하는 장소인 '헛간'을 뜻한다. 또는 물건을 대량으로 생산해 내는 넓은(敞) 집(广)이 공장이라는 데서 '헛간, 공장(廠)'이라는 뜻
厂 : 언덕, 敞 : 넓을 (창), 广 : 집 (엄)

⑤ 工厂 gōngchǎng 공장

479

부수 : 亠 / 총획수 : 8 / 新HSK 1, 4급

京
jīng
서울 경

높은 언덕 위에 서 있는 왕궁의 모양을 본떠서 만든 한자로 왕궁은 각 나라의 수도에 있었으므로 '서울(京)'이라는 뜻

① 北京 Běijīng 베이징(중국의 수도)

④ 京剧 jīngjù 경극

480

부수 : 讠 / 총획수 : 7 / 新HSK 1, 4급

识

shí

識

알 식

말(讠)을 할 때 사람들은 단지(只) 자신들이 알고 있는 분야나 화제로 이야기를 한다는 데서 '알다(识)'라는 뜻. 또는 말(言)이나 소리(音)를 많은 사람들이 알도록 창(戈)이나 뾰족한 연장으로 벽이나 땅바닥에 글자나 그림으로 새겨 적으니 '알다, 기록하다(識)'라는 뜻

讠 : 말씀 (언), 只 : 다만 (지), 言 : 말씀 (언), 音 : 소리 (음), 戈 : 창 (과)

① 认识 rènshi 알다, 인식하다

④ 知识 zhīshi 지식

TIP 중국어의 품사(8)

10. 개사(介词) : '전치사'라고도 하며 일반적으로 명사나 대명사와 함께 쓰여 전치사구를 이루며 부사어, 관형어, 보어가 됩니다(어순 : 주어 + 부사 + 조동사 + 개사 + 명사 + 동사 + 목적어).

  예 我早就想给朋友们看那里的风景(Wǒ zǎojiù xiǎng gěi péngyoumen kàn nàli de fēngjǐng)。
  나는 일찍이 친구들에게 그곳의 풍경을 보여주고 싶었다.

  我给你打电话(Wǒ gěi nǐ dǎ diànhuà)。 내가 너에게 전화를 걸겠다.

  他在中国学习(Tā zài Zhōngguó xuéxí)。 그는 중국에서 공부한다.

  老师常常给我们出难题(Lǎoshī chángcháng gěi wǒmen chū nántí)。
  선생님은 우리들에게 항상 어려운 문제를 내신다.

481

부수 : 辶 / 총획수 : 9 / 新HSK 4급

适 shì

適 맞을 적

혀(舌)로 말한 바대로 행하니(辶) 마땅하다(适). 또는 나무뿌리(商)는 그 나무의 크기에 알맞게 뻗어 나간다(辶)는 데서 '마땅하다(適)'라는 뜻

舌 : 혀 (설), 辶 : 가다, 商 : 밑동 (적)

4 适合 shìhé 적합하다, 부합하다

适应 shìyìng 적응하다

合适 héshì 적합하다, 적당하다, 알맞다

482

부수 : 尸 / 총획수 : 12 / 新HSK 5급

属 shǔ

屬 붙일 속

시체(尸)가 썩어서 벌레(禹)들이 붙는다는 데서 '붙다(属)'라는 뜻. 시체(尸) 안의 썩어서 고인 물(氺) 속에 알에서 깨어난 벌레(蜀)들이 붙어 있다는 데서 '붙다(屬)'라는 뜻

尸(주검 시) + 禹(벌레 우) = 属(붙일 속)

尸 : 주검 (시), 氺 : 물 (수), 蜀 : 벌레 (촉)

5 属于 shǔyú ~에 속하다, ~의 소유이다

483

부수 : 囗 / 총획수 : 10 / 新HSK 5급

圆 yuán

圓 둥글 원

죄인(員)을 둘러싼 군인들의 대형이 둥글게 에워싼(囗) 형태라는 데서 '둥글다(圓)'라는 뜻

員 : 사람 (원), 囗 : 에운담 큰 입구

5 圆 yuán 둥글다, 원

484

부수 : 勹 / 총획수 : 5 / 新HSK 3~5급

包
bāo
쌀 **포**

태아(巳)가 엄마의 뱃속에 감싸여(勹) 있는 모양에서 '싸다(包)'라는 뜻

巳 : 태아, 勹 : 쌀 (포)

③ 包 bāo 가방, 주머니, 싸다

[참고] 书包 shūbāo 책가방 钱包 qiánbāo 지갑

④ 包子 bāozi (만두소가 든 둥글게 빚은) 찐빵, 만두

⑤ 包含 bāohán 포함하다 包括 bāokuò 포함하다, 포괄하다

包裹 bāoguǒ 소포, 포장하다, 싸다

485

부수 : 제부수 / 총획수 : 4 / 新HSK 2, 4~5급

火
huǒ
불 **화**

모닥불이 타오르는 모양을 본떠서 만든 상형문자

② 火车站 huǒchēzhàn 기차역

④ 火 huǒ 불, 화염

⑤ 着火 zháohuǒ 불나다, 불붙다 火柴 huǒchái 성냥

486

부수 : 亻 / 총획수 : 7 / 新HSK 1, 6급

住
zhù
살 **주**

사람(亻)이 주인(主)이 되어서 일정한 거처에 산다는 데서 '살다(住)'라는 뜻

亻(人) : 사람 (인), 主 : 주인 (주)

① 住 zhù 거주하다, 숙박하다, 머무르다

⑥ 住宅 zhùzhái 주택

● 참고로 '병원에 입원하다'는 住院(zhùyuàn)이라고 하고, '퇴원하다'는 出院(chūyuàn)이라고 합니다.

487

调
diào

調
조사할 **조**

부수 : 讠 / 총획수 : 10 / 新HSK 4~5급

진리의 말씀(讠)을 세상에 널리 두루(周) 전하여 인간 세상을 조화롭게 다스린다는 데서 '고르다(调)'라는 뜻. 또는 강연하는 강사가 말을 할 때(言) 청중들이 두루두루(周) 알아듣도록 설명하며, 모두에게 골고루 이해시키도록 충분히 사전 조사를 한다는 데서 '조사하다(調)'라는 뜻
言 : 말씀 (언), 周 : 두루 (주)

4 调查 diàochá 조사하다

5 声调 shēngdiào 성조

• 调가 '고르다'의 의미일 때는 (tiáo)로 발음하고, 이 경우 중국 사용빈도 506 위에 올라있다.
⬤예 4급 어휘 : **调整**(tiáozhěng) 조정하다, 조절하다
  5급 어휘 : **调皮**(tiáopí) 장난스럽다

488

满
mǎn

滿
가득찰 **만**

부수 : 氵 / 총획수 : 13 / 新HSK 3~5급

물(氵)이 많이(卄) 들어와서 두(两) 마을에 홍수가 났다는 데서 '가득 차다(满)'라는 뜻. 또는 텅 빈 항아리에 물(氵)을 이십 명(卄)이 두 번(两)씩 길어다 가득 채웠다는 데서 '가득 차다(滿)'라는 뜻
氵(水) : 물 (수), 卄 : 스물 (입), 两(兩) : 두 (량)

3 满意 mǎnyì 만족하다, 만족스럽다

4 满 mǎn 가득 차다, 가득하다

5 满足 mǎnzú 만족하다

489

县
xiàn

縣
고을 **현**

부수 : 厶 / 총획수 : 7 / 新HSK 5급

사람들이 또(且) 사람들과 사사로이(厶) 관계를 맺으며 공동체를 이루며 살아가니 '고을(县)'이라는 뜻. 또는 눈(目)에 잘 보이지 않는 감추어진(匸) 산골의 소수(小) 인원에 의해서 이어져(系) 내려온 시골 마을이라는 데서 '고을(縣)'이라는 뜻
눈 목(目) + 감출 혜(匸) + 작을 소(小) + 이을 계(系) = 고을 현(縣)
且 : 또 (차), 厶 : 사사로울 (사)

5 县 xiàn 현(중국 행정구역의 단위)

490

부수 : 尸 / 총획수 : 7 / 新HSK 6급

局
jú
판/부분 **국**

한 사건, 한 사건 자(尺)로 재듯 정확히 판단하여 입(口)으로 말하여 결론을 확정지으니 '부분, 판, 장면(局)'이라는 뜻

尺 : 자 (척), 口 : 입 (구)

6 局部 júbù 국부, 일부분 局面 júmiàn 국면

局势 júshì (정치·군사·경제 등의) 형세, 정세

局限 júxiàn 국한하다

[참고] **电话局** diànhuàjú 전화국

⭐TIP 중국어의 품사(9)

11. 접속사(连词) : 일반적으로 단어와 단어, 구와 구, 문장과 문장을 연결하는 데 쓰입니다.

1) 我**不是**中国人, **而是**韩国人(Wǒ bú shì zhōngguórén, érshì hánguórén)。
   나는 중국인이 아니고, 한국인이다(병렬 관계).

2) 他**既是**作家, **又是**老师(Tā jìshì zuòjiā, yòu shì lǎoshī)。
   그는 작가이면서, 선생님이기도 하다(병렬 관계).

3) 她**不但**长得很漂亮, **而且**性格也非常好(Tā búdàn zhǎng de hěn piàoliang, érqiě xìnggé yě fēicháng hǎo)。
   그녀는 용모가 아름다울 뿐만 아니라, 게다가 성격도 아주 좋다(점층 관계).

4) 每天晚上我**不是**做作业, **就是**复习功课(Měitiān wǎnshang wǒ búshì zuò zuòyè, jìshì fùxí gōngkè)。
   매일 저녁 나는 숙제를 하지 않으면 수업 내용을 복습한다(선택 관계).

5) **因为**她很骄傲, **所以**大家不喜欢她(Yīnwèi tā hěn jiāo'ào, suǒyǐ dàjiā bù xǐhuan tā)。
   그녀는 너무 교만하기 때문에, 그래서 모두들 그녀를 좋아하지 않는다(인과 관계).

6) **虽然**考试失败了, **但是**我并不失望(Suīrán kǎoshì shībài le, dànshi wǒ bìng bù shīwàng)。
   비록 시험에는 실패했지만, 나는 절대로 실망하지 않는다(전환 관계).

7) **如果**你不努力学习, **就**一定考不上名牌大学(Rúguǒ nǐ bù nǔlì xuéxí, jiù yídìng kǎo bu shàng míngpái dàxué)。
   만약에 네가 열심히 공부하지 않는다면 분명히 명문대학에 합격할 수 없을 것이다(가정 관계).

8) **为了**实现今年的目标, 大家都努力奋斗呢(Wèile shíxiàn jīnnián de mùbiāo, dàjiā dōu nǔlì fěndòu ne)。
   우리들의 목표를 실현하기 위하여 모두들 노력하며 분투하고 있다(목적 관계).

9) **不管**天气怎么样, 我每天都要坚持锻炼身体(Bùguǎn tiānqì zěnmeyàng, wǒ měitiān dōu yào jiānchí duànliàn shēntǐ)。
   날씨가 어떠한지에 관계없이, 나는 매일 신체단련을 계속한다(조건 관계).

491

부수 : 灬 / 총획수 : 13 / 新HSK 3~5급

照
zhào
비칠 조

불(灬)을 사방에 밝혀서 주변을 환하게(昭) 비춘다는 데서 '비치다(照)'라는 뜻
灬(火) : 불 (화), 昭 : 밝을·환할 (소)

3 照片 zhàopiàn 사진 照相机 zhàoxiàngjī 사진기, 카메라
照顾 zhàogù 돌보다, 간호하다 护照 hùzhào 여권

4 照 zhào 비추다, (사진·영화를) 찍다

5 照常 zhàocháng 평소대로, 평소와 같다
执照 zhízhào 면허증, 허가증

492

부수 : 厶 / 총획수 : 8 / 新HSK 3~5급

参
cān

參
참여할 참

별 장식 3개(厶厶厶)를 하고 머리(彡)를 곱게 빗은 왕비
(人)가 행사에 참여한다는 데서 '참여하다(參)'라는 뜻
厶 : 고깔 모양, 彡 : 길게 자란 머리털, 人 : 사람 (인)

3 参加 cānjiā 참가하다

4 参观 cānguān 참관하다

5 参考 cānkǎo 참고하다 参与 cānyù 참여하다

493

부수 : 纟 / 총획수 : 6 / 新HSK 2급

红
hóng

紅
붉을 홍

실(糸)에 붉은 물감을 들여서 만든(工) 것이 붉은 실이
라는 데서 '붉다(紅)'라는 뜻
纟(糸) : 실 (사), 工 : 장인·만들 (공)

2 红 hóng 붉다, 빨갛다

494

细
xì

細
가늘 세

부수 : 糹 / 총획수 : 8 / 新HSK 4~5급

실(糸)처럼 밭(田)이랑은 가늘다는 데서 '가늘다(細)'라는 뜻

糹(糸) : 실 (사), 田 : 밭 (전)

4 仔细 zǐxì 세심하다, 꼼꼼하다

详细 xiángxì 자세하다, 상세하다

5 细节 xìjié 세부사항, 자세한 사정

495

引
yǐn
끌 인

부수 : 弓 / 총획수 : 4 / 新HSK 4급

활(弓)을 쏘기 위해서는 활시위(丨)를 당겨야 한다는 데서 '당기다, 끌다(引)'라는 뜻

弓 : 활 (궁), 丨 : 뚫을 (곤)

4 引起 yǐnqǐ 일으키다, 야기하다

吸引 xīyǐn 매료시키다, 흡인하다, 빨아 당기다

496

听
tīng

聽
들을 청

부수 : 口 / 총획수 : 7 / 新HSK 1급

입(口)을 도끼처럼(斤) 무겁게 하고 남의 말을 들으라는 데서 '듣다(听)'라는 뜻. 또는 곧고(直) 바른 마음(心)과 귀(耳)로 임금(王)은 백성들의 소리를 귀담아 들어야 한다는 데서 '듣다(聽)'라는 뜻

口 : 입 (구), 斤 : 도끼 (근), 直 : 곧을 (직), 心 : 마음 (심), 耳 : 귀 (이), 王 : 임금 (왕)

1 听 tīng 듣다

497

부수 : 讠 / 총획수 : 8 / 新HSK 3급

该 gāi

該 마땅히 **해**

설교하는 목사는 말씀(言)을 살진 돼지(亥)처럼 넉넉히 갖추고 준비해서 강단에 오르는 것이 마땅하다는 데서 '갖추다, 마땅하다(該)'라는 뜻

言 : 말씀 (언), 亥 : 돼지 (해)

3 应该 yīnggāi ~해야 한다

498

부수 : 钅 / 총획수 : 10 / 新HSK 3급

铁 tiě

鐵 쇠 **철**

쇠(钅)가 가진 성질을 잃지(失) 않도록 강철(铁)을 만든다는 데서 '철(铁)'이라는 뜻. 또는 창(戈)을 만드는 데 으뜸(王)이 되는 좋고(吉) 단단하며 견고한 쇠붙이(金)가 바로 '철(鐵)'이다.

钅 : 쇠 (금), 失 : 잃을 (실), 金 : 쇠 (금), 戈 : 창 (과), 王 : 임금 (왕), 吉 : 길할 (길)

3 地铁 dìtiě 지하철

[참고] 城铁 chéngtiě 도시철도

• 한국어로 '지하철(地下鐵)'은 3음절 단어입니다. 그러나 중국인들은 짝수를 좋아하여 가운데 글자 下를 생략하여 '地铁(dìtiě)'라고 2음절 단어로 표현합니다. 간혹 보이는 다른 예를 들면 우체국(郵遞局) → 邮局(yóujú), 비행기(飛行機) → 飞机(fēijī) 등이 있습니다.

499

부수 : 亻 / 총획수 : 6 / 新HSK 4~5급

价 jià

價 값 **가**

사람(亻)들 사이에 끼어들어서(介) 물건의 가격을 흥정하니 '값(价)'이라는 뜻. 사람(亻)이 장사할(賈) 때는 물건의 가격을 기준으로 한다는 데서 '값(價)'이라는 뜻

亻(人) : 사람 (인), 介 : 낄 (개), 賈 : 장사할 (고)

4 价格 jiàgé 가격, 값

5 价值 jiàzhí 가치

500

严 yán

嚴 엄할 엄

부수 : 一 / 총획수 : 7 / 新HSK 4~5급

깊은 산에 버금(亚)가는 산기슭(厂)은 분위기가 엄숙하다는 데서 '엄숙하다(严)'라는 뜻. 또는 입(口)과 입(口)으로 언덕(厂) 아래로 감히(敢) 쳐들어 온 적군을 향해 엄한 목소리로 소리친다는 데서 '엄하다(嚴)'라는 뜻

亚 : 버금 (아), 厂 : 기슭 (엄), 口 : 입 (구), 敢 : 감히 (감)

4 严格 yángé 엄격하다 严重 yánzhòng 위급하다, 심각하다

5 严肃 yánsù 엄숙하다, 근엄하다

⭐TIP 중국어의 품사(10)

12. 감탄사(感叹词) : 말하는 사람의 놀람, 느낌, 감정, 응답 등을 나타내는 말이며 단독으로 사용할 수도 있고 문장의 요소가 될 수도 있습니다.

> 예 喂! 你们怎么不过来(Wèi, Nǐmen zěnme bú guòlai)? 야, 너희들 왜 안 오니?
> 哦! 我想起来了(Ò! Wǒ xiǎngqǐlai le)° 아! 생각났어요.
> 嗯! 马上过去(Èng! Mǎshang guòqu)° 응! 곧 갈게.
> 哎呀! 太可惜了(Āiyā! Tài kěxī le)° 아이구! 너무 아까워.

13. 의성사(拟声词) : 사람의 말소리나 자연의 소리를 모방해서 나타낸 말이고 단독으로 사용되기도 하며 부사어, 술어, 한정어, 보어가 될 수도 있습니다.

> 예 砰(pēng) : 폭발음, 유리가 깨지는 소리
> 咔嚓(kā chā) : 가볍고 날카로운 소리, 열쇠 잠그는 소리, 카메라의 셔터 소리
> 嗡嗡(wēng wēng) : 길고 둔한 소리, 모기나 벌레가 날아가는 소리, 선풍기 소리
> 轰隆轰隆(hōng long hōng long) : 무겁고 둔한 소리, 열차 소리
> 咕嘟咕嘟(gū dū gū dū) : 음식이 끓어오르는 소리, 물을 마시는 소리
> 叮铃叮铃(dīng ling dīng ling) : 전화 벨소리

자격증 / 공무원 / 취업까지 Best 온라인 강의 제공
www.Sdedu.co.kr

Begin
Again

여기서 멈출 거예요?
고지가 바로 눈앞에 있어요.
마지막 한 걸음까지 시대에듀가 함께할게요!

PART 3

중국 상용한자
(501~1000위)

501	首	shǒu 머리 **수**
502	底	dǐ 밑 **저**
503	液	yè 진 **액**
504	官	guān 벼슬 **관**
505	德	dé 덕 **덕**
506	调 調	diào 고를 **조**
507	随 隨	suí 따를 **수**
508	病	bìng 병 **병**
509	苏 蘇	sū 되살아날 **소**
510	失	shī 잃을 **실**
511	尔 爾	ěr 너 **이**
512	死	sǐ 죽을 **사**
513	讲 講	jiǎng 익힐 **강**
514	配	pèi 짝/나눌 **배**
515	女	nǚ 여자 **녀**
516	黄 黃	huáng 누를 **황**
517	推	tuī 밀 **추**
518	显 顯	xiǎn 나타날 **현**
519	谈 談	tán 말씀 **담**
520	罪	zuì 허물 **죄**

521	神 神	shén 귀신 **신**
522	艺 藝	yì 재주 **예**
523	呢	ne 소곤거릴 **니**
524	席	xí 자리 **석**
525	含	hán 머금을 **함**
526	企	qǐ 꾀할 **기**
527	望	wàng 바랄 **망**
528	密	mì 빽빽할 **밀**
529	批	pī 비평할 **비**
530	营 營	yíng 경영할 **영**
531	项 項	xiàng 목 **항**
532	防	fáng 막을 **방**
533	举 舉	jǔ 들 **거**
534	球	qiú 공 **구**
535	英	yīng 꽃부리 **영**
536	氧	yǎng 불 **양**
537	势 勢	shì 형세 **세**
538	告	gào 알릴 **고**
539	李	lǐ 오얏 **리**
540	台 臺	tái 대 **대**

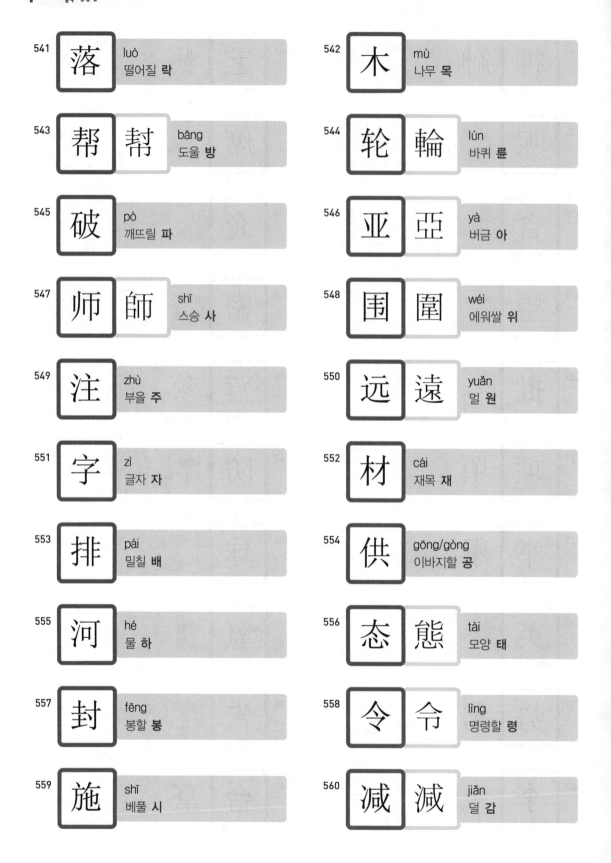

541 落 luò 떨어질 **락**

542 木 mù 나무 **목**

543 帮 幫 bāng 도울 **방**

544 轮 輪 lún 바퀴 **륜**

545 破 pò 깨뜨릴 **파**

546 亚 亞 yà 버금 **아**

547 师 師 shī 스승 **사**

548 围 圍 wéi 에워쌀 **위**

549 注 zhù 부을 **주**

550 远 遠 yuǎn 멀 **원**

551 字 zì 글자 **자**

552 材 cái 재목 **재**

553 排 pái 밀칠 **배**

554 供 gōng/gòng 이바지할 **공**

555 河 hé 물 **하**

556 态 態 tài 모양 **태**

557 封 fēng 봉할 **봉**

558 令 令 lìng 명령할 **령**

559 施 shī 베풀 **시**

560 减 減 jiǎn 덜 **감**

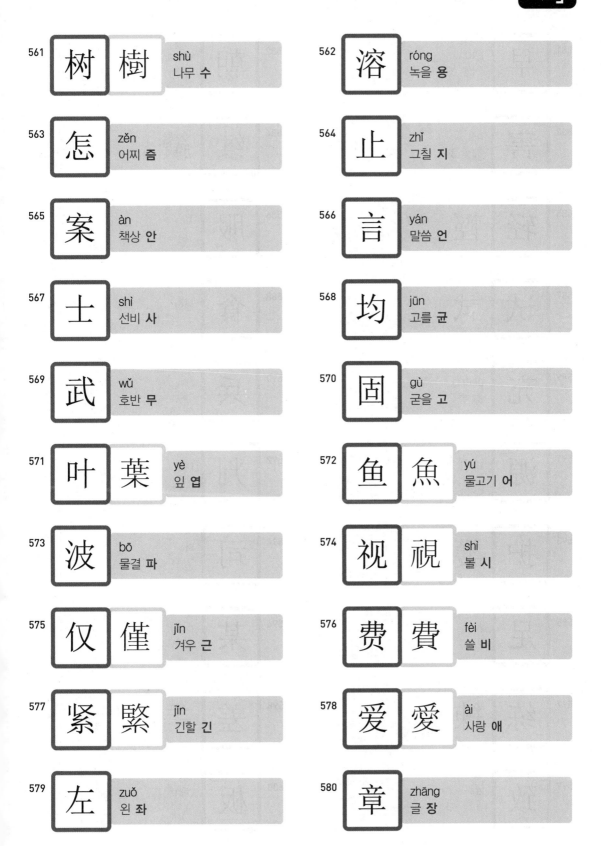

561 树 樹 shù 나무 수

562 溶 róng 녹을 용

563 怎 zěn 어찌 즘

564 止 zhǐ 그칠 지

565 案 àn 책상 안

566 言 yán 말씀 언

567 士 shì 선비 사

568 均 jūn 고를 균

569 武 wǔ 호반 무

570 固 gù 굳을 고

571 叶 葉 yè 잎 엽

572 鱼 魚 yú 물고기 어

573 波 bō 물결 파

574 视 視 shì 볼 시

575 仅 僅 jǐn 겨우 근

576 费 費 fèi 쓸 비

577 紧 緊 jǐn 긴할 긴

578 爱 愛 ài 사랑 애

579 左 zuǒ 왼 좌

580 章 zhāng 글 장

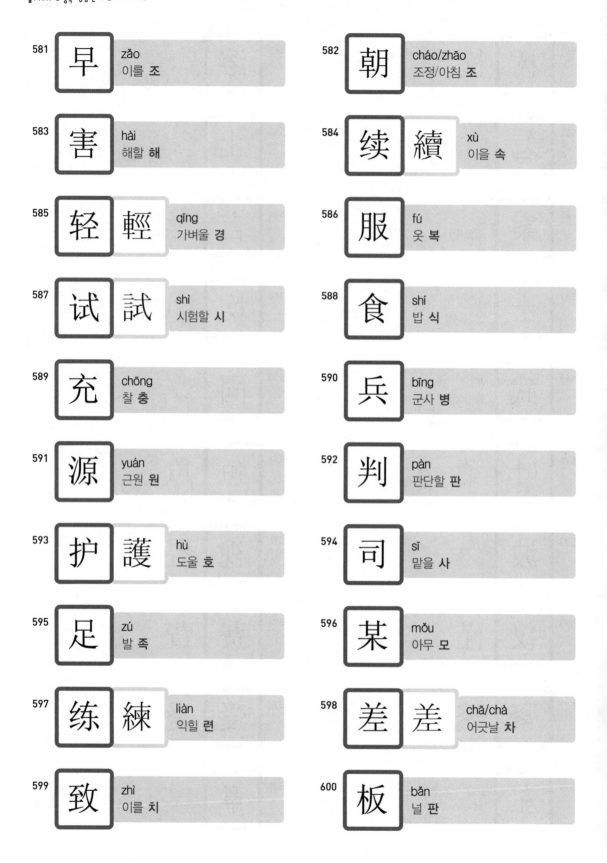

581 早 zǎo 이를 조

582 朝 cháo/zhāo 조정/아침 조

583 害 hài 해할 해

584 续 續 xù 이을 속

585 轻 輕 qīng 가벼울 경

586 服 fú 옷 복

587 试 試 shì 시험할 시

588 食 shí 밥 식

589 充 chōng 찰 충

590 兵 bīng 군사 병

591 源 yuán 근원 원

592 判 pàn 판단할 판

593 护 護 hù 도울 호

594 司 sī 맡을 사

595 足 zú 발 족

596 某 mǒu 아무 모

597 练 練 liàn 익힐 련

598 差 差 chā/chà 어긋날 차

599 致 zhì 이를 치

600 板 bǎn 널 판

601 田	tián 밭 전	602 降	jiàng/xiáng 내릴 강/항복할 항
603 黑	hēi 검을 흑	604 犯	fàn 범할 범
605 负 負	fù 질 부	606 击 擊	jī 칠 격
607 范 範	fàn 법 범	608 继 繼	jì 이을 계
609 兴 興	xīng/xìng 일/기뻐할 흥	610 似	sì/shì 같을 사
611 余 餘	yú 남을 여	612 坚 堅	jiān 굳을 견
613 曲	qū 굽을 곡	614 输 輸	shū 보낼 수
615 修	xiū 닦을 수	616 的	dí/dì 과녁 적
617 故	gù 연고 고	618 城	chéng 재 성
619 夫	fū 지아비 부	620 够	gòu 모을 구

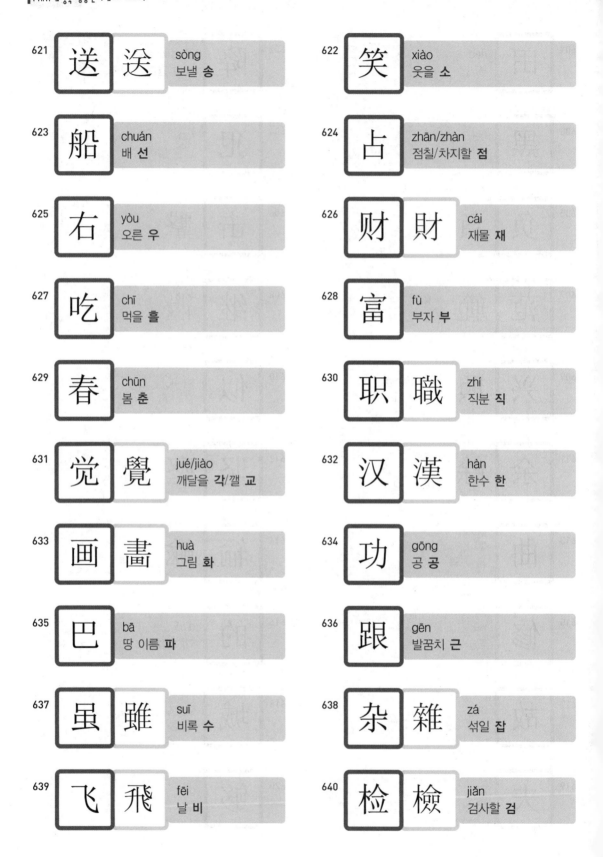

621 送 送 sòng 보낼 **송**

622 笑 xiào 웃을 **소**

623 船 chuán 배 **선**

624 占 zhān/zhàn 점칠/차지할 **점**

625 右 yòu 오른 **우**

626 财 財 cái 재물 **재**

627 吃 chī 먹을 **흘**

628 富 fù 부자 **부**

629 春 chūn 봄 **춘**

630 职 職 zhí 직분 **직**

631 觉 覺 jué/jiào 깨달을 **각**/깰 **교**

632 汉 漢 hàn 한수 **한**

633 画 畵 huà 그림 **화**

634 功 gōng 공 **공**

635 巴 bā 땅 이름 **파**

636 跟 gēn 발꿈치 **근**

637 虽 雖 suī 비록 **수**

638 杂 雜 zá 섞일 **잡**

639 飞 飛 fēi 날 **비**

640 检 檢 jiǎn 검사할 **검**

641 吸 xī 마실 **흡**

642 助 zhù 도울 **조**

643 升 昇 shēng 오를 **승**

644 阳 陽 yáng 볕 **양**

645 互 hù 서로 **호**

646 初 chū 처음 **초**

647 创 創 chuàng 비롯할 **창**

648 抗 kàng 막을 **항**

649 考 kǎo 생각할 **고**

650 投 tóu 던질 **투**

651 坏 壞 huài 무너질 **괴**

652 策 cè 꾀 **책**

653 古 gǔ 옛 **고**

654 径 徑 jìng 길 **경**

655 换 換 huàn 바꿀 **환**

656 未 wèi 아닐 **미**

657 跑 pǎo 달릴 **포**

658 留 liú 머무를 **류**

659 钢 鋼 gāng 강철 **강**

660 曾 曾 céng 일찍 **증**

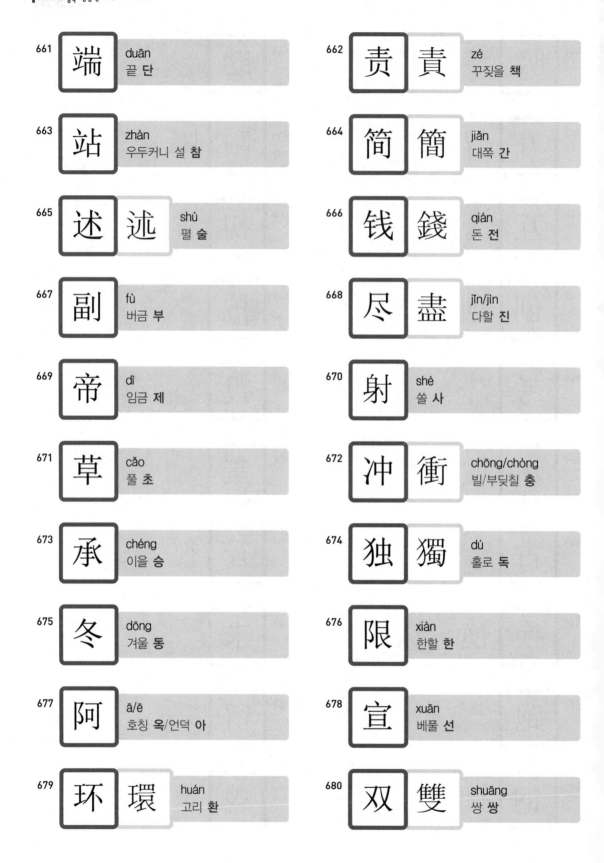

661 端 duān 끝 단

662 责 責 zé 꾸짖을 책

663 站 zhàn 우두커니 설 참

664 简 簡 jiǎn 대쪽 간

665 述 述 shù 펼 술

666 钱 錢 qián 돈 전

667 副 fù 버금 부

668 尽 盡 jǐn/jìn 다할 진

669 帝 dì 임금 제

670 射 shè 쏠 사

671 草 cǎo 풀 초

672 冲 衝 chōng/chòng 빌/부딪칠 충

673 承 chéng 이을 승

674 独 獨 dú 홀로 독

675 冬 dōng 겨울 동

676 限 xiàn 한할 한

677 阿 ā/ē 호칭 옥/언덕 아

678 宣 xuān 베풀 선

679 环 環 huán 고리 환

680 双 雙 shuāng 쌍 쌍

681	请 請	qǐng 청할 **청**
682	超	chāo 뛰어넘을 **초**
683	微	wēi 작을 **미**
684	让 讓	ràng 사양할 **양**
685	控	kòng 당길 **공**
686	州	zhōu 고을 **주**
687	良	liáng 어질 **량**
688	轴 軸	zhóu/zhòu 굴대 **축**
689	找	zhǎo 찾을 **조**
690	否	fǒu 아닐 **부**
691	纪 紀	jì 벼리 **기**
692	益 益	yì 더할 **익**
693	依	yī 의지할 **의**
694	优 優	yōu 넉넉할 **우**
695	顶 頂	dǐng 정수리 **정**
696	础 礎	chǔ 주춧돌 **초**
697	载 載	zǎi/zài 해/실을 **재**
698	倒	dǎo/dào 넘어질/거꾸로 될 **도**
699	房	fáng 방 **방**
700	突	tū 부딪칠 **돌**

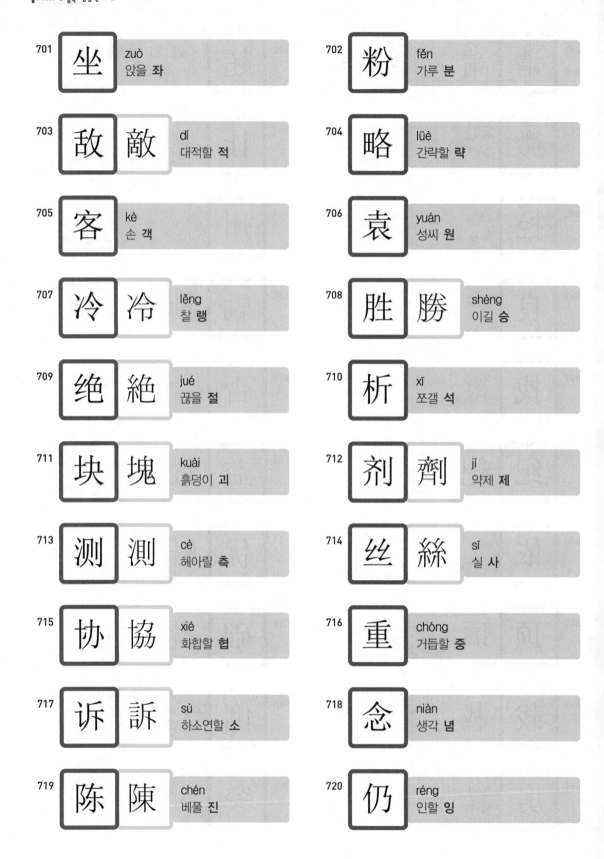

701 坐 zuò 앉을 **좌**

702 粉 fěn 가루 **분**

703 敌 敵 dí 대적할 **적**

704 略 lüè 간략할 **략**

705 客 kè 손 **객**

706 袁 yuán 성씨 **원**

707 冷 冷 lěng 찰 **랭**

708 胜 勝 shèng 이길 **승**

709 绝 絕 jué 끊을 **절**

710 析 xī 쪼갤 **석**

711 块 塊 kuài 흙덩이 **괴**

712 剂 劑 jì 약제 **제**

713 测 測 cè 헤아릴 **측**

714 丝 絲 sī 실 **사**

715 协 協 xié 화합할 **협**

716 重 chóng 거듭할 **중**

717 诉 訴 sù 하소연할 **소**

718 念 niàn 생각 **념**

719 陈 陳 chén 베풀 **진**

720 仍 réng 인할 **잉**

| 721 | 罗 羅 | luó
그물 라 |
| 722 | 盐 鹽 | yán
소금 염 |

| 723 | 友 | yǒu
벗 우 |
| 724 | 洋 | yáng
큰 바다 양 |

| 725 | 错 錯 | cuò
어긋날 착 |
| 726 | 苦 | kǔ
쓸 고 |

| 727 | 夜 | yè
밤 야 |
| 728 | 刑 | xíng
형벌 형 |

| 729 | 移 | yí
옮길 이 |
| 730 | 频 頻 | pín
자주 빈 |

| 731 | 逐 逐 | zhú
쫓을 축 |
| 732 | 靠 | kào
기댈 고 |

| 733 | 混 | hùn
섞일 혼 |
| 734 | 母 | mǔ
어미 모 |

| 735 | 短 | duǎn
짧을 단 |
| 736 | 皮 | pí
가죽 피 |

| 737 | 终 終 | zhōng
마칠 종 |
| 738 | 聚 | jù
모을 취 |

| 739 | 汽 | qì
물 끓는 김 기 |
| 740 | 村 | cūn
마을 촌 |

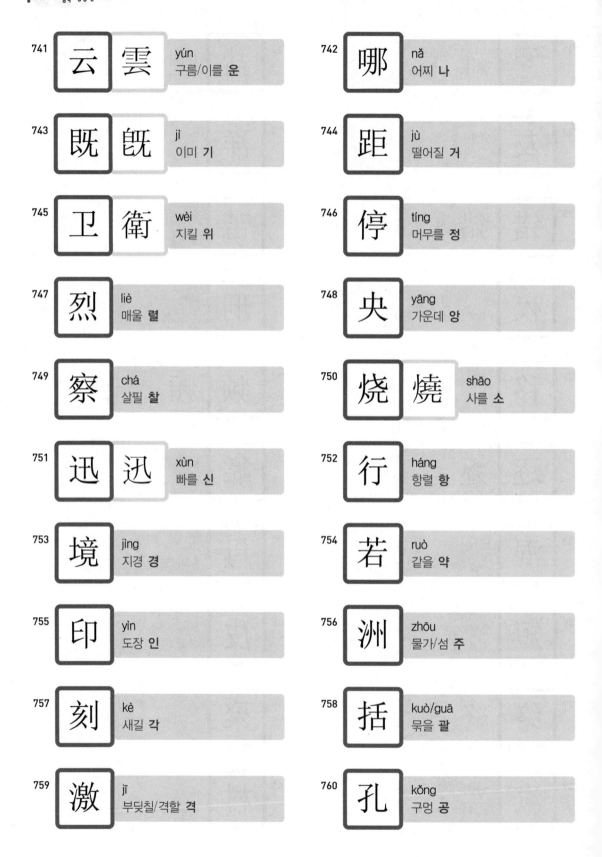

741 云 雲 yún
구름/이를 운

742 哪 nǎ
어찌 나

743 既 旣 jì
이미 기

744 距 jù
떨어질 거

745 卫 衛 wèi
지킬 위

746 停 tíng
머무를 정

747 烈 liè
매울 렬

748 央 yāng
가운데 앙

749 察 chá
살필 찰

750 烧 燒 shāo
사를 소

751 迅 迅 xùn
빠를 신

752 行 háng
항렬 항

753 境 jìng
지경 경

754 若 ruò
같을 약

755 印 yìn
도장 인

756 洲 zhōu
물가/섬 주

757 刻 kè
새길 각

758 括 kuò/guā
묶을 괄

759 激 jī
부딪칠/격할 격

760 孔 kǒng
구멍 공

761 搞 gǎo 옆으로 칠 고

762 甚 甚 shèn 심할 심

763 室 shì 집 실

764 待 dài 기다릴 대

765 核 hé 씨 핵

766 校 xiào/jiào 학교/교정할 교

767 散 sǎn/sàn 흩어질 산

768 侵 qīn 침노할 침

769 吧 ba/bā 아이 다툴 파

770 甲 jiǎ 갑옷 갑

771 游 yóu 헤엄칠 유

772 久 jiǔ 오랠 구

773 菜 cài 나물 채

774 味 wèi 맛 미

775 旧 舊 jiù 옛 구

776 摸 mō 더듬을 모

777 湖 hú 호수 호

778 货 貨 huò 재화 화

779 损 損 sǔn 덜 손

780 预 預 yù 미리 예

PART 3

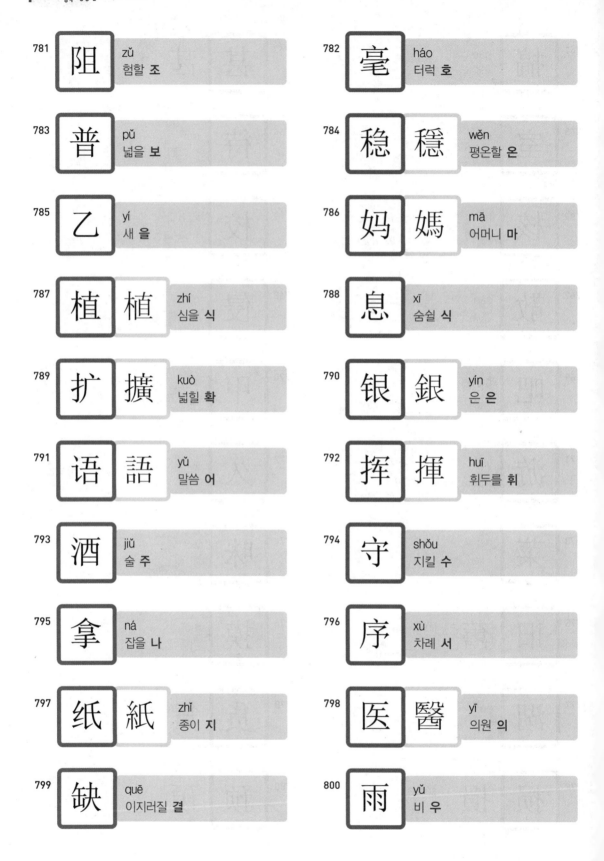

781 阻	zǔ 험할 조	782 毫 háo 터럭 호
783 普	pǔ 넓을 보	784 稳 穩 wěn 평온할 온
785 乙	yí 새 을	786 妈 媽 mā 어머니 마
787 植 植	zhí 심을 식	788 息 xī 숨쉴 식
789 扩 擴	kuò 넓힐 확	790 银 銀 yín 은 은
791 语 語	yǔ 말씀 어	792 挥 揮 huī 휘두를 휘
793 酒	jiǔ 술 주	794 守 shǒu 지킬 수
795 拿	ná 잡을 나	796 序 xù 차례 서
797 纸 紙	zhǐ 종이 지	798 医 醫 yī 의원 의
799 缺	quē 이지러질 결	800 雨 yǔ 비 우

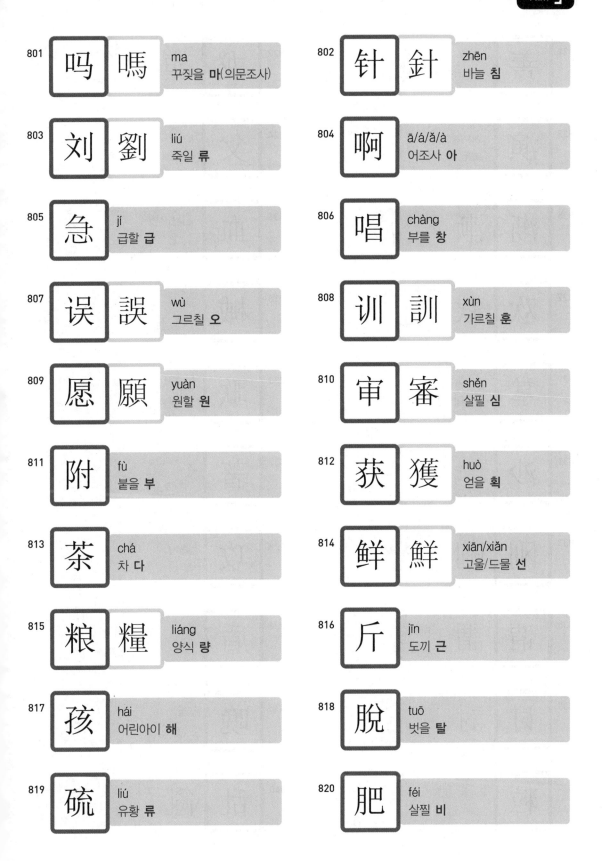

801 吗 嗎 ma 꾸짖을 **마**(의문조사)

802 针 針 zhēn 바늘 **침**

803 刘 劉 liú 죽일 **류**

804 啊 ā/á/ǎ/à 어조사 **아**

805 急 jí 급할 **급**

806 唱 chàng 부를 **창**

807 误 誤 wù 그르칠 **오**

808 训 訓 xùn 가르칠 **훈**

809 愿 願 yuàn 원할 **원**

810 审 審 shěn 살필 **심**

811 附 fù 붙을 **부**

812 获 獲 huò 얻을 **획**

813 茶 chá 차 **다**

814 鲜 鮮 xiān/xiǎn 고울/드물 **선**

815 粮 糧 liáng 양식 **량**

816 斤 jīn 도끼 **근**

817 孩 hái 어린아이 **해**

818 脱 tuō 벗을 **탈**

819 硫 liú 유황 **류**

820 肥 féi 살찔 **비**

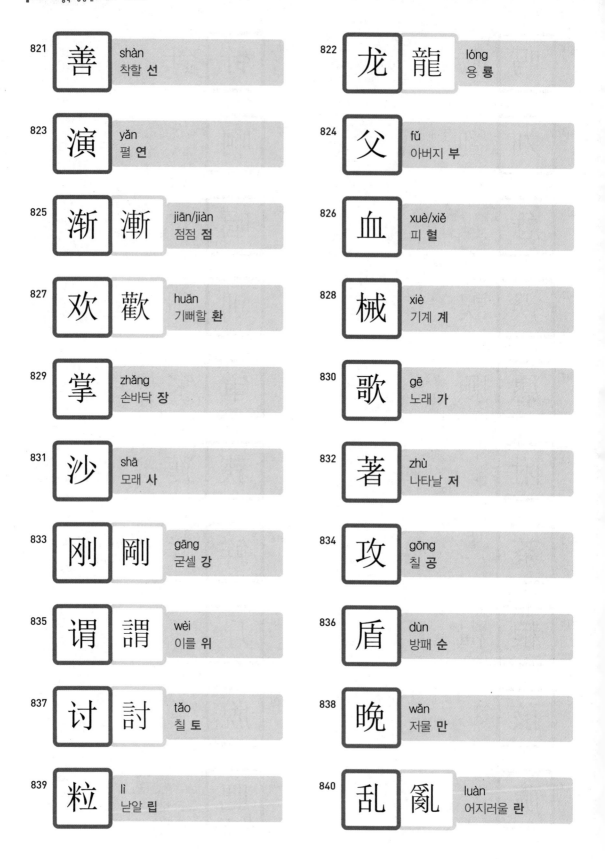

821 善 shàn 착할 선

822 龙 龍 lóng 용 룡

823 演 yǎn 펼 연

824 父 fù 아버지 부

825 渐 漸 jiān/jiàn 점점 점

826 血 xuè/xiě 피 혈

827 欢 歡 huān 기쁘할 환

828 械 xiè 기계 계

829 掌 zhǎng 손바닥 장

830 歌 gē 노래 가

831 沙 shā 모래 사

832 著 zhù 나타날 저

833 刚 剛 gāng 굳셀 강

834 攻 gōng 칠 공

835 谓 謂 wèi 이를 위

836 盾 dùn 방패 순

837 讨 討 tǎo 칠 토

838 晚 wǎn 저물 만

839 粒 lì 낟알 립

840 乱 亂 luàn 어지러울 란

841 燃 rán
탈 연

842 矛 máo
창 모

843 乎 hū
어조사 호

844 杀 殺 shā
죽일 살

845 药 藥 yào
약 약

846 宁 寧 níng/nìng
편안할/차라리 녕

847 鲁 魯 lǔ
미련할 로

848 贵 貴 guì
귀할 귀

849 钟 鐘 zhōng
쇠북 종

850 煤 méi
그을음 매

851 毒 dú
독 독

852 读 讀 dú
읽을 독

853 班 bān
나눌 반

854 伯 bó
맏 백

855 香 xiāng
향기 향

856 介 jiè
낄 개

857 迫 pò
닥칠 박

858 句 jù
글귀 구

859 丰 豐 fēng
풍년 풍

860 培 péi
북돋울 배

861 握 wò 쥘 악

862 兰 蘭 lán 난초 란

863 担 擔 dān 멜 담

864 弦 xián 시위 현

865 蛋 dàn 새알 단

866 沉 沈 chén 가라앉을 침

867 假 jiǎ 거짓 가

868 穿 chuān 뚫을 천

869 执 執 zhí 잡을 집

870 答 dá/dā 대답할 답

871 乐 樂 lè/yuè/yào 즐길 락/풍류 악/좋아할 요

872 谁 誰 shéi 누구 수

873 顺 順 shùn 순할 순

874 烟 煙 yān 연기 연

875 缩 縮 suō 줄일 축

876 征 zhēng 칠 정

877 脸 臉 liǎn 얼굴 검

878 洗 xǐ 씻을 세

879 松 sōng 소나무 송

880 脚 jiǎo 다리 각

881	困	kùn 곤할 곤
882	异 異	yì 다를 이
883	免	miǎn 면할 면
884	背	bēi/bèi 등 배
885	星	xīng 별 성
886	福 福	fú 복 복
887	买 買	mǎi 살 매
888	染	rǎn 물들 염
889	井	jǐng 우물 정
890	概 槪	gài 대개 개
891	慢	màn 게으를 만
892	怕	pà 두려워할 파
893	磁	cí 자석 자
894	倍	bèi 곱 배
895	祖 祖	zǔ 할아버지 조
896	皇	huáng 임금 황
897	促	cù 재촉할 촉
898	静 靜	jìng 고요할 정
899	补 補	bǔ 기울 보
900	评 評	píng 평할 평

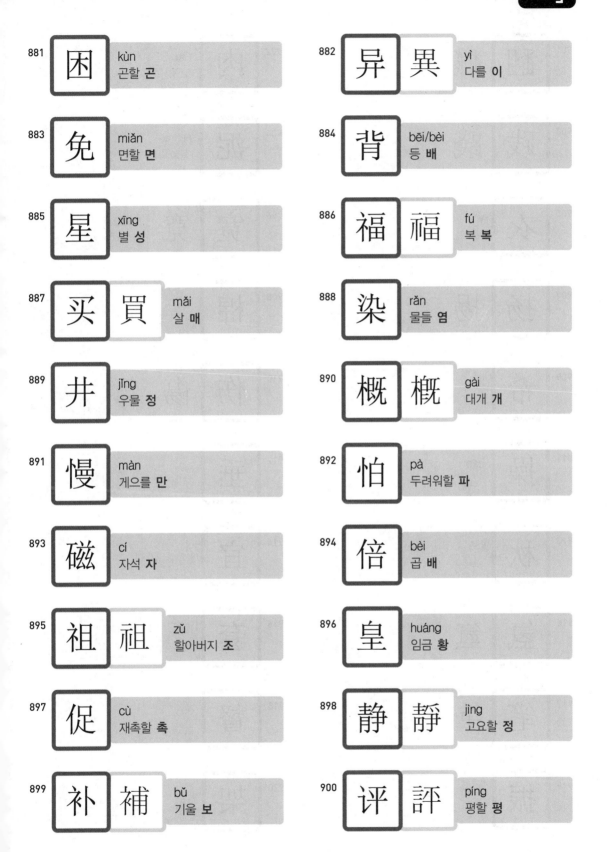

901 翻 翻	fān 뒤집을 번	
902 肉	ròu 고기 육	
903 践 踐	jiàn 밟을 천	
904 泥	ní 진흙 니	
905 衣	yī 옷 의	
906 宽 寬	kuān 너그러울 관	
907 扬 揚	yáng 날릴 양	
908 棉	mián 목화 면	
909 希	xī 바랄 희	
910 伤 傷	shāng 다칠 상	
911 操	cāo 잡을 조	
912 垂	chuí 드리울 수	
913 秋	qiū 가을 추	
914 宜	yí 마땅 의	
915 氢 氫	qīng 수소 경	
916 套	tào 덮개 투	
917 笔 筆	bǐ 붓 필	
918 督	dū 살필 독	
919 振	zhèn 떨칠 진	
920 架	jià 시렁 가	

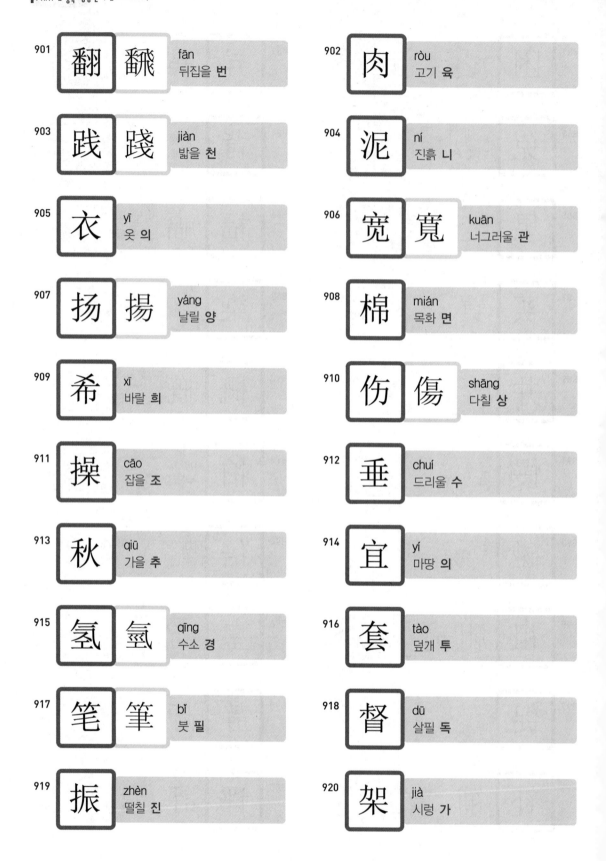

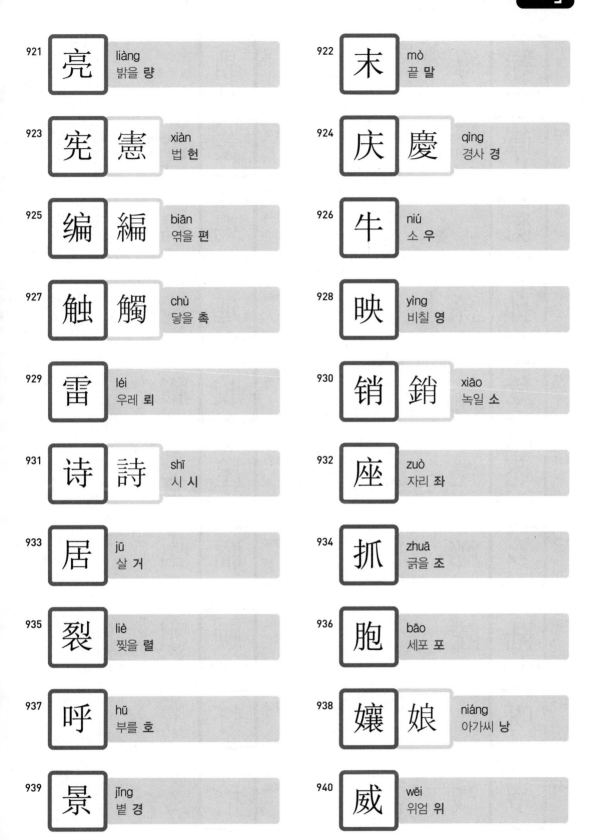

921 亮 liàng 밝을 량

922 末 mò 끝 말

923 宪 憲 xiàn 법 헌

924 庆 慶 qìng 경사 경

925 编 編 biān 엮을 편

926 牛 niú 소 우

927 触 觸 chù 닿을 촉

928 映 yìng 비칠 영

929 雷 léi 우레 뢰

930 销 銷 xiāo 녹일 소

931 诗 詩 shī 시 시

932 座 zuò 자리 좌

933 居 jū 살 거

934 抓 zhuā 긁을 조

935 裂 liè 찢을 렬

936 胞 bāo 세포 포

937 呼 hū 부를 호

938 孃 娘 niáng 아가씨 낭

939 景 jǐng 볕 경

940 威 wēi 위엄 위

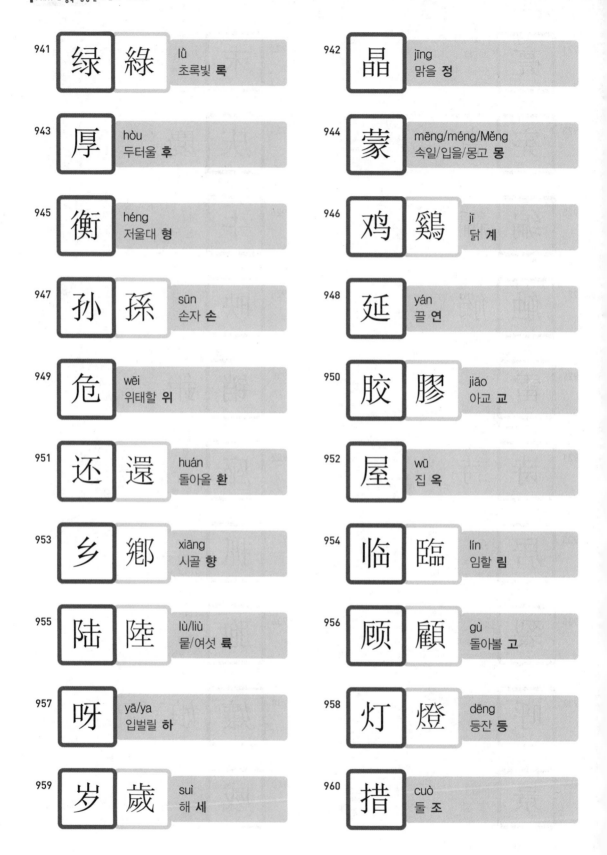

941 绿 綠 lǜ 초록빛 **록**

942 晶 jīng 맑을 **정**

943 厚 hòu 두터울 **후**

944 蒙 mēng/méng/Měng 속일/입을/몽고 **몽**

945 衡 héng 저울대 **형**

946 鸡 鷄 jǐ 닭 **계**

947 孙 孫 sūn 손자 **손**

948 延 yán 끌 **연**

949 危 wēi 위태할 **위**

950 胶 膠 jiāo 아교 **교**

951 还 還 huán 돌아올 **환**

952 屋 wū 집 **옥**

953 乡 鄉 xiāng 시골 **향**

954 临 臨 lín 임할 **림**

955 陆 陸 lù/liù 뭍/여섯 **륙**

956 顾 顧 gù 돌아볼 **고**

957 呀 yā/ya 입벌릴 **하**

958 灯 燈 dēng 등잔 **등**

959 岁 歲 suì 해 **세**

960 措 cuò 둘 **조**

961	束	shù 묶을 속
962	耐	nài 견딜 내
963	剧 劇	jù 심할 극
964	玉	yù 구슬 옥
965	赵 趙	zhào 조나라 조
966	跳	tiào 뛸 도
967	哥	gē 형 가
968	季	jì 계절 계
969	课 課	kè 부과할 과
970	凯 凱	kǎi 개선할 개
971	胡	hú 오랑캐 호
972	额 額	é 이마 액
973	款	kuǎn 항목 관
974	绍 紹	shào 이을 소
975	卷	juǎn/juàn/quán 말/두루마리/굽을 권
976	齐 齊	qí 가지런할 제
977	伟 偉	wěi 클 위
978	蒸	zhēng 찔 증
979	殖 殖	zhí 불릴 식
980	永	yǒng 길 영

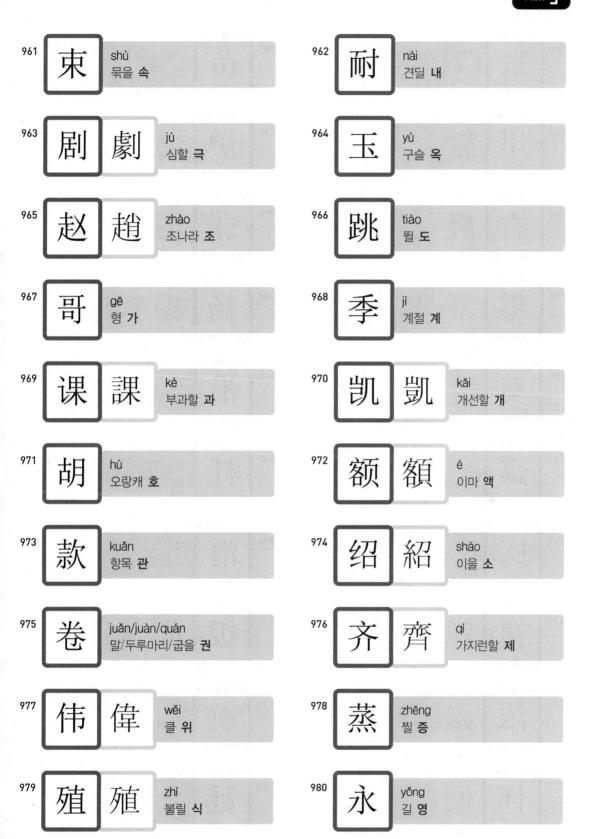

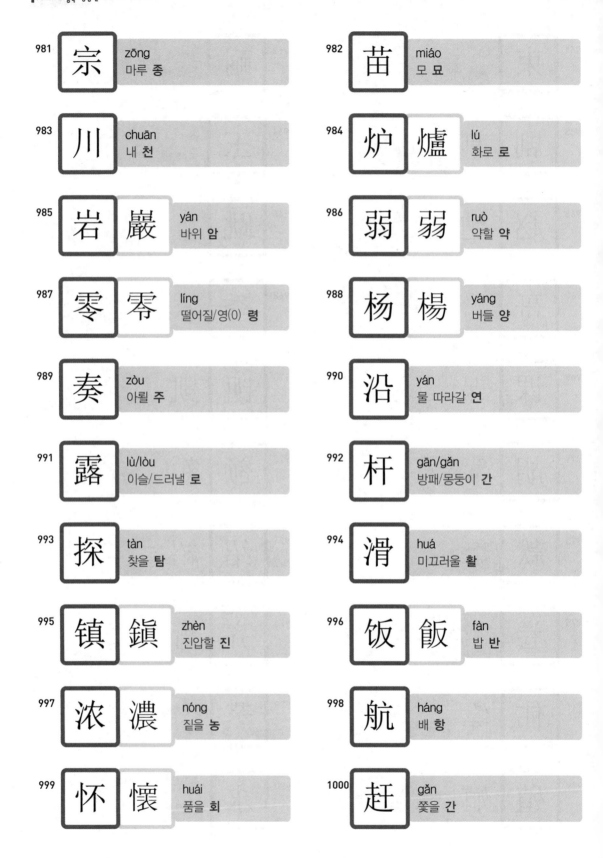

981 宗 zōng 마루 종

982 苗 miáo 모 묘

983 川 chuān 내 천

984 炉 爐 lú 화로 로

985 岩 巖 yán 바위 암

986 弱 弱 ruò 약할 약

987 零 零 líng 떨어질/영(0) 령

988 杨 楊 yáng 버들 양

989 奏 zòu 아뢸 주

990 沿 yán 물 따라갈 연

991 露 lù/lòu 이슬/드러낼 로

992 杆 gān/gǎn 방패/몽둥이 간

993 探 tàn 찾을 탐

994 滑 huá 미끄러울 활

995 镇 鎭 zhèn 진압할 진

996 饭 飯 fàn 밥 반

997 浓 濃 nóng 짙을 농

998 航 háng 배 항

999 怀 懷 huái 품을 회

1000 赶 gǎn 쫓을 간

한어병음

T

W

한자독음

중국 현지인이 많이 쓰는 중국어 기본 회화표현

1. 인사하는 표현

① 안녕하세요!
你好! Nǐ hǎo!

② 안녕하세요.(아침 인사)
早上好! Zǎoshang hǎo!

③ 안녕하세요.(점심 인사)
中午好! Zhōngwǔ hǎo!

④ 안녕하세요.(저녁 인사)
晚上好! Wǎnshang hǎo!

⑤ 여러분 안녕하세요.
大家好! Dàjiā hǎo!

⑥ 선생님 안녕하세요.
老师好! Lǎoshī hǎo!

⑦ 얘들아, 안녕!
你们好! Nǐmen hǎo!

⑧ 잘 가.
再见! Zàijiàn!

⑨ 안녕히 가세요.
慢走! Mànzǒu!

⑩ 저녁에 만나요.
晚上见! Wǎnshang jiàn!

⑪ 잠시 후에 만나요.
一会儿见! Yíhuìr jiàn!

⑫ 내일 만나요.
明天见! Míngtiān jiàn!

⑬ 식사하셨습니까?
你吃饭了吗? Nǐ chī fàn le ma?

⑭ 오랜만입니다.
好久不见。 Hǎojiǔ bújiàn.

⑮	그동안 잘 지내셨나요?	最近过得好吗? Zuìjìn guò de hǎo ma?
⑯	주말 즐겁게 보내세요.	周末愉快。 Zhōumò yúkuài!
⑰	너는 어디에 가니?	你去哪儿? Nǐ qù nǎr?
⑱	너는 지금 어디에 있니?	你现在在哪儿? Nǐ xiànzài zài nǎr?
⑲	건강은 어떠세요?	你身体好吗? Nǐ shēntǐ hǎo ma?
⑳	요즘 바쁘세요?	最近你忙吗? Zuìjìn nǐ máng ma?

2. 감사의 표현

①	감사합니다!	谢谢! Xiè xie!
②	대단히 감사합니다.	非常感谢你。 / 太谢谢你了。 Fēicháng gǎnxiè nǐ. / Tài xièxie nǐ le.
③	정말 잘 되었어요.	那太好了。 Nà tài hǎo le.
④	도와주셔서 감사합니다.	谢谢你的帮助。 Xièxie nǐ de bāngzhù.
⑤	수고하셨습니다!	辛苦了! Xīn kǔ le!
⑥	천만에요.	不客气! / 哪儿啊! / 哪里哪里! Bú kèqi! / Nǎr a! / Nǎli nǎli!
⑦	여러분 덕분입니다.	托你们的福。 Tuō nǐmen de fú.
⑧	당신이 다시 오신 걸 환영합니다.	欢迎你再来。 Huānyíng nǐ zài lái.

3. 사과의 표현

1 미안합니다.

对不起。 Duìbuqǐ.

---

2 죄송합니다.

很抱歉。 Hěn bàoqiàn.

---

3 저를 용서해주세요.

请你原谅我! Qǐng nǐ yuánliàng wǒ!

---

4 당신에게 폐를 끼쳐드렸군요.

给你添麻烦了。 Gěi nǐ tiān máfan le.

---

5 부끄럽습니다.

不好意思。 Bùhǎoyìsi.

---

6 괜찮습니다.

没关系。 / 没事儿。
Méi guānxi. / Méi shìr.

---

7 실례합니다.

打扰一下。 Dǎrǎo yíxià.

---

8 이건 불가능합니다.

这不可能的。 Zhè bù kěnéng de.

---

9 당신을 오래 기다리게 했습니다.

让你久等了。 Ràng nǐ jiǔ děng le.

---

10 좀 비켜 주세요.

请让一下。 Qǐng ràng yíxià.

4. 축하의 표현

①	축하합니다!	祝贺你! / 恭喜你! Zhùhè nǐ! / Gōngxǐ nǐ!
②	몸 건강하시길 바랍니다!	祝你身体健康! Zhù nǐ shēntǐ jiànkāng!
③	당신의 성공을 기원합니다!	祝你成功! Zhù nǐ chénggōng!
④	모든 일이 뜻대로 이루어지길 바랍니다!	万事如意! Wànshì rúyì!
⑤	모든 일이 순조로우시길 바랍니다.	一切顺利! Yíqiè shùnlì!
⑥	생일 축하합니다!	祝你生日快乐! Zhù nǐ shēngrì kuàilè!
⑦	가는 길 평안하시길 바랍니다.	一路平安。 Yílù píng'ān.
⑧	새해 복 많이 받으세요.	新年快乐! Xīnnián kuàilè!
⑨	부자 되세요!	恭喜发财! Gōngxǐ fācái!
⑩	정말 대단합니다.	太棒了! / 真了不起! tài bàng le! / zhēn liǎobuqǐ!

5. 허락과 금지의 표현

① 괜찮겠습니까? ~해도 됩니까?

~可以吗? Kěyǐ ma?

② 됩니다. / 안됩니다.

行。 / 不行。
Xíng. / Bù xíng.

③ 알겠습니다.

好的。 Hǎo de.

④ 당연히 됩니다.

当然可以。 Dāngrán kěyǐ.

⑤ 문제없습니다.

没问题。 Méi wèntí.

⑥ 당신 편한 대로 하세요.

随你的便。 Suí nǐ de biàn.

⑦ 당신 스스로 결정하세요.

你自己决定吧。 Nǐ zìjǐ juédìng ba.

⑧ 화내지 마세요.

别生气。 Bié shēngqì.

⑨ 다음에 다시 얘기합시다.

下次再说吧。 Xiàcì zài shuō ba.

⑩ 실례지만, 사진 좀 찍어주시겠어요?

麻烦你，能帮我照相吗?
Máfan nǐ, néng bāng wǒ zhàoxiàng ma?

6. 물건 사기

① 이것은 무엇입니까?　　　　　这是什么？ Zhè shì shénme?

② 얼마입니까?　　　　　多少钱？ Duōshao qián?

③ 이거 어떻게 파나요?　　　　　这个怎么卖？ Zhè ge zěnme mài?

④ 좀 싸게 해 주세요.　　　　　便宜一点儿吧。 Piányi yìdiǎnr ba.

⑤ 당신은 무엇이 필요합니까?　　　　　你要什么？ Nǐ yào shénme?

⑥ 또 다른 것도 필요합니까?　　　　　还需要别的吗？ Hái xūyào biéde ma?

⑦ 필요 없습니다.　　　　　不要了。 Bú yào le.

⑧ 너무 비쌉니다.　　　　　太贵了。 Tài guì le.

⑨ 저에게 다른 것을 보여주세요.　　　　　给我看看别的。
Gěi wǒ kànkan bié de.

⑩ 당신은 몇 개가 필요합니까?　　　　　你要几个？ Nǐ yào jǐ ge?

⑪ 나는 두 개가 필요합니다.　　　　　我要两个。 Wǒ yào liǎng ge.

⑫ 카드로 결재해도 되나요?　　　　　可以刷卡吗？ Kěyǐ shuā kǎ ma?

⑬ 최저 가격은 얼마입니까?　　　　　最低价格是多少？
Zuìdī jiàgé shì duōshao?

⑭ 저에게 영수증을 주세요.　　　　　请给我发票。 Qǐng gěi wǒ fāpiào.

7. 전화 대화

1 여보세요.

喂。 Wéi.

---

2 왕 선생님 계십니까?

王先生在吗?
Wáng xiānsheng zài ma?

---

3 계십니다. / 안 계십니다.

在。 / 不在。 Zài. / Bú zài.

---

4 잠시만 기다리세요.

请稍等一下。 Qǐng shāo děng yíxià.

---

5 통화중입니다.

通话中。 / 占线。
Tōnghuà zhōng. / Zhàn xiàn.

---

6 잠시 후에 다시 전화 걸어주세요.

一会儿再打吧。 Yíhuìr zài dǎ ba.

---

7 다시 한 번 말씀해주세요.

请再说一遍。 Qǐng zài shuō yí biàn.

---

8 전화를 받지 않습니다.

没人接。 Méi rén jiē.

---

9 당신은 누구십니까?

你是哪位? Nǐ shì nǎ wèi?

---

10 당신 뭐라고 말씀하셨나요?

你说什么? Nǐ shuō shénme?

8. 소개의 표현

① 처음 뵙겠습니다.   初次见面。Chūcì jiànmiàn.

② 당신의 성함은 무엇입니까?   您贵姓？Nín guì xìng?

③ 나는 ○○○입니다.   我叫○○○。Wǒ jiào ○○○.

④ 만나서 반갑습니다.   见到你很高兴。Jiàndào nǐ hěn gāoxìng.

⑤ 당신을 알게 되어 매우 기쁩니다.   认识你很高兴。Rènshi nǐ hěn gāoxìng.

⑥ 제가 소개 좀 하겠습니다.   我来介绍一下。Wǒ lái jièshào yíxià.

⑦ 잘 부탁드리겠습니다.   请多多关照。Qǐng duō duō guānzhào.

⑧ 그는 누구입니까?   他是谁？Tā shì shéi?

⑨ 그는 우리들의 중국어 선생님입니다.   他是我们的汉语老师。Tā shì wǒmen de Hànyǔ lǎoshī.

⑩ 그는 우리 아빠입니다.   他是我爸爸。Tā shì wǒ bàba.

9. 소개의 표현

① 너 몇 살이니?   你几岁？Nǐ jǐ suì?

② 나이가 어떻게 되세요?   你多大？Nǐ duōdà?

③ 금년에 연세가 어떻게 되시나요?   您今年多大年纪？Nín jīnnián duōdà niánji?

④ 나는 올해 25살입니다.   我今年二十五岁。Wǒ jīnnián èrshí wǔ suì.

10. 일상 회화

1 당신은 어느 나라 사람입니까?

你是哪国人? Nǐ shì nǎ guó rén?

---

2 나는 한국인입니다.
나는 중국인입니다.

我是韩国人。 Wǒ shì Hánguórén.
我是中国人。 Wǒ shì Zhōngguórén.

---

3 지금은 몇 시입니까?

现在几点?
Xiànzài jǐ diǎn?

---

4 지금은 오후 3시입니다.

现在下午三点。
Xiànzài xiàwǔ sāndiǎn.

---

5 오늘은 몇 월 며칠입니까?

今天几月几号?
Jīntiān jǐ yuè jǐ hào?

---

6 오늘은 5월 15일입니다.

今天五月十五号。
Jīntiān wǔ yuè shíwǔ hào.

---

7 오늘은 무슨 요일입니까?

今天星期几? Jīntiān xīngqījǐ?

---

8 오늘은 일요일입니다.

今天星期天。 Jīntiān xīngqītiān.

---

9 당신은 어디에서 오셨나요?

你是从哪儿来的?
Nǐ shì cóng nǎr lái de?

---

10 나는 상해에서 왔습니다.

我是从上海来的。
Wǒ shì cóng Shànghǎi lái de.

---

11 당신은 어디에서 일합니까?

你在哪儿工作?
Nǐ zài nǎr gōngzuò?

---

12 나는 학교에서 일합니다.

我在学校工作。
Wǒ zài xuéxiào gōngzuò.

---

13 당신은 무엇을 하고 있습니까?

你在干什么? Nǐ zài gàn shénme?

---

14 나는 숙제를 하고 있는 중입니다.

我在做作业。 Wǒ zài zuò zuòyè.

---

⑮ 화장실이 어디에 있나요?

洗手间在哪儿?
Xǐshǒujiān zài nǎr?

⑯ 계산대 왼쪽에 있습니다.

在收款台旁边儿。
Zài shōukuǎntái pángbiānr.

⑰ 오늘 저녁에 시간 있으세요?

今天晚上你有时间吗?
Jīntiān wǎnshang nǐ yǒu shíjiān ma?

⑱ 당신은 중국 어디 사람인가요?

你是中国哪里人?
Nǐ shì Zhōngguó nǎli rén?

⑲ 당신 집은 몇 식구인가요?

你家有几口人? Nǐ jiā yǒu jǐ kǒu rén?

⑳ 우리 집은 다섯 식구입니다.

我家有五口人。 Wǒ jiā yǒu wǔ kǒu rén.

11. 길 묻기

❶ 말씀 좀 여쭙겠습니다.

请问一下。 Qǐng wèn yíxià.

❷ 박물관까지 어떻게 갑니까?

到博物馆怎么走?
Dào bówùguǎn zěnme zǒu?

❸ 앞으로 쭉 가세요.

一直往前走。 Yìzhí wǎng qián zǒu.

❹ 걸어서 갈 수 있습니까?

能走着去吗? Néng zǒuzhe qù ma?

❺ 여기에서 공항까지 어떻게 갑니까?

从这儿到机场怎么去?
Cóng zhèr dào jīchǎng zěnme zǒu?

❻ 공항버스를 타는 것이 가장 좋을 겁니다.

最好坐机场巴士。
Zuìhǎo zuò jīchǎng bāshì.

❼ 여기서 공항까지 얼마나 오래 걸리나요?

从这儿到机场要多长时间?
Cóng zhèr dào jīchǎng yào duōcháng shíjiān?

⑧ 대략 1시간 30분 정도 걸립니다.

大概要一个半小时。
Dàgài yào yí ge bàn xiǎoshí.

⑨ 이 근처에 지하철역이 있습니까?

这儿附近有没有地铁站?
Zhèr fùjìn yǒu méiyǒu dìtiězhàn?

⑩ 여기서 멉니까? / 여기서 가깝습니까?

离这儿远吗? / 离这儿近吗?
Lí zhèr yuǎn ma? / Lí zhèr jìn ma?

12. 환전하기

① 은행이 어디에 있나요?

银行在哪儿?
Yínháng zài nǎr?

② 바로 롯데마트 맞은편에 있습니다.

就在乐天玛特对面。
Jiù zài Lètiān mǎtè duìmiàn.

③ 여기에서 환전할 수 있나요?

这儿能换钱吗?
Zhèr néng huànqián ma?

④ 저는 미국 달러를 중국 위안화로 바꾸고 싶습니다.

我想把美元换成人民币。
Wǒ xiǎng bǎ měiyuán huànchéng rénmínbì.

⑤ 얼마나 환전하시겠습니까?

你要换多少?
Nǐ yào huàn duōshao?

⑥ 이 표를 좀 작성해 주세요.

请填一下这张表。
Qǐng tián yíxià zhè zhāng biǎo.

13. 식당 이용하기

1 여기에 한국 식당이 있습니까?

这里有韩国餐厅吗?
Zhèli yǒu Hánguó cāntīng ma?

---

2 이 식당의 위치 좀 알려주세요.

请告诉我这个餐厅的位置。
Qǐng gàosu wǒ zhè ge cāntīng de wèizhi.

---

3 어서 오세요, 몇 분이세요?

欢迎光临, 几位?
Huānyíng guānglín, jǐ wèi?

---

4 자리 있습니까?

有位子吗? Yǒu wèizi ma?

---

5 당신들은 무슨 요리를 주문하시겠습니까?

你们要点什么菜?
Nǐmen yào diǎn shénme cài?

---

6 저는 이것으로 주세요.

我要这个。 Wǒ yào zhè ge.

---

7 여기는 무슨 음료가 있나요?

这里有什么饮料?
Zhèli yǒu shénme yǐnliào?

---

8 이 근처에 패스트푸드점이 있나요?

这儿附近有快餐厅吗?
Zhèr fùjìn yǒu kuàicāntīng ma?

---

9 여기서 드시겠습니까?
아니면 포장하시겠습니까?

在这儿吃还是带走?
Zài zhèr chī háishi dàizǒu?

---

10 계산해 주세요.

请结帐。 / 买单。
Qǐng jiézhàng. / Mǎidān.

14. 공항 이용하기

1 실례지만 수하물 수레가 어디에 있나요?

请问，手推车在哪儿？
Qǐngwèn, shǒutuīchē zài nǎr?

---

2 내일 북경행 비행기가 있습니까?

明天有飞往北京的航班吗？
Míngtiān yǒu fēi wǎng Běijīng de hángbān ma?

---

3 저는 출발시간을 좀 확인하고 싶습니다.

我想确认一下出发时间。
Wǒ xiǎng quèrèn yíxià chūfāshíjiān.

---

4 제 자리가 어디에 있나요?

我的座位在哪儿？
Wǒ de zuòwèi zài nǎr?

---

5 안전벨트를 매 주세요.

请系好安全带。
Qǐng jìhǎo ānquándài.

---

6 우리 비행기 곧 이륙하겠습니다.

我们的飞机快要起飞了。
Wǒmen de fēijī kuàiyào qǐfēi le.

---

7 저는 일반석으로 하겠습니다.

我要经济舱。
Wǒ yào jīngjìcāng.

---

8 저는 창가 쪽 자리로 앉고 싶습니다.

我想坐靠窗户的座位。
Wǒ xiǎng zuò kào chuānghu de zuòwèi.

---

9 스튜어디스, 물 한 잔 주세요.

空中小姐，给我一杯水。
Kōngzhōng xiǎojiě, gěi wǒ yìbēi shuǐ.

---

10 입국 카드를 작성해 주세요.

请把入境卡填一下。
Qǐng bǎ rùjìngkǎ tián yíxià.

15. 비교의 표현

① 아빠는 엄마보다 키가 큽니다.

爸爸比妈妈高。
Bàba bǐ māma gāo.

---

② 그녀는 당신만큼 예쁘지 못합니다.

她不如你好看。
Tā bùrú nǐ hǎokàn.

---

③ 북경은 서울보다 더 춥습니다.

北京比首尔还冷。
Běijīng bǐ Shǒu'ěr hái lěng.

---

④ 고속열차표는 비행기 표만큼 비쌉니다.

动车票跟机票一样贵。
Dòngchēpiào gēn jīpiào yíyàng guì.

---

⑤ 오빠는 나보다 세 살 많습니다.

哥哥比我大三岁。
Gēge bǐ wǒ dà sān suì.

---

⑥ 그녀는 나보다 두 살 어립니다.

她比我小两岁。
Tā bǐ wǒ xiǎo liǎng suì.

---

⑦ 이 옷은 저 옷보다 더 예쁩니다.

这件衣服比那件更漂亮。
Zhèjiàn yīfu bǐ nàjiàn gèng piàoliang.

---

⑧ 가을은 여름만큼 그렇게 덥지 않습니다.

秋天没有夏天那么热。
Qiūtiān méiyǒu xiàtiān nàme rè.

---

⑨ 샤브샤브가 양꼬치 구이보다 더 맛있어요!

火锅比羊肉串更好吃。
Huǒguō bǐ yángròuchuàn gèng hǎochī!

---

⑩ 자전거는 자동차만큼 빠르지 못합니다.

自行车没有汽车快。
Zìxíngchē méiyǒu qìchē kuài.

발음은 같지만 성조나 의미가 다른 중국어 단어

①	报道 bàodào	보도하다	报到 bàodào	도착 신고를 하다
②	北京 běijīng	북경	背景 bèijǐng	배경
③	备课 bèikè	수업을 준비하다	贝壳 bèiké	조개껍질
④	被子 bèizi	이불	杯子 bēizi	컵, 잔
⑤	城里 chénglǐ	성벽 안, 시내	成立 chénglì	세우다, 설립하다
⑥	成人 chéngrén	성인, 어른	承认 chéngrèn	인정하다, 시인하다
⑦	处理 chǔlǐ	처리하다	出力 chūlì	진력하다, 힘을 쓰다
⑧	出去 chūqu	나가다	除去 chúqù	제거하다
⑨	出事 chūshì	사고가 나다	厨师 chúshī	요리사
⑩	出席 chūxí	출석하다	除夕 chúxī	섣달그믐, 음력 12월 31일
⑪	辞职 cízhí	사직하다	次之 cìzhī	그 다음 가다
⑫	大家 dàjiā	여러분	打架 dǎjià	싸우다
⑬	单人 dānrén	1인, 한 사람	担任 dānrèn	(직책을) 담임하다, 맡다

297

⑭	大学 dàxué	대학	大雪 dàxuě	함박눈
⑮	等级 děngjí	등급	登记 dēngjì	기재하다
⑯	反应 fǎnyìng	반응	反映 fǎnyìng	반영하다
⑰	发源 fāyuán	발원	法院 fǎyuàn	법원
⑱	风俗 fēngsú	풍속, 풍습	风速 fēngsù	바람의 빠르기, 풍속
⑲	负荷 fùhè	(책임 등을) 맡다, 감당하다	符合 fúhé	부합하다
⑳	高速 gāosù	고속	告诉 gàosu	알리다
㉑	各人 gèrén	각자, 각 개인	个人 gèrén	개인
㉒	歌星 gēxīng	유명가수	个性 gèxìng	(사람의) 개성
㉓	公里 gōnglǐ	킬로미터	公厘 gōnglí	밀리미터
㉔	公元 gōngyuán	서기	公园 gōngyuán	공원
㉕	管理 guǎnlǐ	관리하다	惯例 guànlì	관례
㉖	骨科 gǔkē	정형외과	顾客 gùkè	손님, 고객
㉗	国际 guójì	국제	国籍 guójí	국적
㉘	谷物 gǔwù	곡식, 곡물	鼓舞 gǔwǔ	(사기나 용기를) 북돋우다, 진작하다

㉙	故障 gǔzhàng	(기계 따위의) 고장		鼓掌 gǔzhǎng	박수치다	
㉚	汉语 Hànyǔ	중국어		韩语 hányǔ	한국어	
㉛	好话 hǎohuà	칭찬, 듣기 좋은 말		豪华 háohuá	호화롭다	
㉜	号码 hàomǎ	번호		好吗 hǎoma?	어때요?	
㉝	何时 héshí	언제, 어느 때		合适 héshì	적합하다, 알맞다	
㉞	环城 huánchéng	도시를 순환하다		换乘 huànchéng	(차를) 갈아타다	
㉟	护士 hùshi	간호사		忽视 hūshì	소홀히 하다, 무시하다	
㊱	焦急 jiāojí	초조하다		交际 jiāojì	교제하다	
㊲	教室 jiàoshì	교실		教师 jiàoshī	교사	
㊳	竭尽 jiéjìn	다하다		接近 jiējìn	접근하다, 가깝다	
㊴	机会 jīhuì	기회		集会 jíhuì	집회	
㊵	经典 jīngdiǎn	경전, 고전		景点 jǐngdiǎn	명승지	
㊶	经历 jīnglì	경력		经理 jīnglǐ	사장, 지배인	
㊷	及时 jíshí	제때에		即使 jíshǐ	설령~할지라도	
㊸	酒店 jiǔdiàn	호텔		九点 jiǔdiǎn	9시	

44	就是 jiùshì	바로, 그렇다	九十 jiǔshí	90	
45	老实 lǎoshi	성실한, 온순한, 솔직한	老师 lǎoshī	선생님	
46	凉快 liángkuai	시원하다	两块 liǎngkuài	2위안	
47	练习 liànxí	연습하다	联系 liánxì	연락하다	
48	立法 lìfǎ	법률을 제정하다	理发 lǐfà	이발하다	
49	领事 lǐngshì	영사	零食 língshí	간식, 군것질	
50	利润 lìrùn	이윤	理论 lǐlùn	이론	
51	历史 lìshǐ	역사	理事 lǐshì	이사	
52	栗子 lìzi	밤	梨子 lízi	배	
53	毛衣 máoyī	스웨터	贸易 màoyì	무역	
54	美丽 měilì	아름답다	魅力 mèilì	매력	
55	面试 miànshì	면접시험	面食 miànshí	밀가루 음식, 분식	
56	民族 mínzú	민족	民主 mínzhǔ	민주적인	
57	难看 nánkàn	못 생기다, 보기 싫다	难堪 nánkān	난감하다, 난처하다	
58	年纪 niánjì	나이, 연세	年级 niánjí	학년	

300

59	努力 nǔlì	노력하다	奴隶 núlì	노예
60	排队 páiduì	줄을 서다	派对 pàiduì	파티(party)
61	汽车 qìchē	자동차	骑车 qíchē	자전거를 타다
62	其实 qíshí	사실은	七十 qīshí	70
63	妻子 qīzi	부인, 아내	起子 qǐzi	병따개
64	权利 quánlì	권리	权力 quánlì	권력
65	商务 shāngwù	비즈니스	上午 shàngwǔ	오전
66	时间 shíjiān	시간	事件 shìjiàn	사건
67	视力 shìlì	시력	实力 shílì	실력
67	势力 shìli	세력		
68	食物 shíwù	음식물	失误 shīwù	실수
69	实用 shíyòng	실용적이다	使用 shǐyòng	사용하다
70	收集 shōují	수집하다	手机 shǒujī	핸드폰
71	睡觉 shuìjiào	잠을 자다	水饺 shuǐjiǎo	물만두
72	司机 sījī	기사	死机 sǐjī	다운되다
73	同时 tóngshí	동시에	同事 tóngshì	직장 동료

74	统一 tǒngyī	통일하다	同意 tóngyì	동의하다
75	通知 tōngzhī	통지서	统治 tǒngzhì	통치하다
76	误会 wùhuì	오해하다	舞会 wǔhuì	무도회
77	物理 wùlǐ	물리	屋里 wūli	방안, 실내
	武力 wǔlì	무력		
78	现金 xiànjīn	현금	先进 xiānjìn	선진의, 진보적인
79	消化 xiāohuà	소화하다	笑话 xiàohua	우스갯소리, 농담, 비웃다
80	小姐 xiǎojiě	아가씨	小街 xiǎojiē	골목
81	小事 xiǎoshì	작은 일	小时 xiǎoshí	시간
82	习惯 xíguàn	습관	吸管 xīguǎn	빨대
83	形式 xíngshì	형식	形势 xíngshì	정세, 형편
84	洗手 xǐshǒu	손을 씻다	吸收 xīshōu	흡수하다
85	学园 xuéyuán	학원	学院 xuéyuàn	단과대학
	学员 xuéyuán	수강생		
86	眼睛 yǎnjing	눈	眼镜 yǎnjìng	안경

87	颜色 yánsè	색깔	眼色 yǎnsè	윙크, 눈짓
88	一致 yízhì	일치하다	一直 yìzhí	계속, 줄곧
89	有点 yǒudiǎn	조금, 약간	优点 yōudiǎn	장점
90	由于 yóuyú	~때문에	犹豫 yóuyù	머뭇거리다, 주저하다
	忧郁 yōuyù	우울하다	鱿鱼 yóuyú	오징어
91	震动 zhèndòng	(자연적 재해나 중대한 사건으로) 진동하다	振动 zhèndòng	(물리적으로) 진동하다
92	争辩 zhēngbiàn	쟁변하다, 논쟁하다	政变 zhèngbiàn	정변, 쿠데타
93	知道 zhīdao	알다	指导 zhǐdǎo	지도하다
94	指甲 zhǐjia	손톱	趾甲 zhǐjiǎ	발톱
95	专业 zhuānyè	전공	转业 zhuǎnyè	업종을 바꾸다
96	注意 zhùyì	주의하다, 조심하다	主意 zhǔyi	아이디어, 생각
97	自愿 zìyuàn	자원하다	资源 zīyuán	자원
98	综合 zōnghé	종합하다	总和 zǒnghé	총계, 총수, 총화
99	昨夜 zuóyè	어젯밤	作业 zuòyè	숙제
100	阻止 zǔzhǐ	저지하다	组织 zǔzhī	조직하다

자격증 / 공무원 / 취업까지 Best 온라인 강의 제공
www.SDedu.co.kr

Begin
Again

여기서 멈출 거예요?
고지가 바로 눈앞에 있어요.
마지막 한 걸음까지 시대에듀가 함께할게요!

쉬울 이 알 지

易知

중국어와한자

최신개정판 출간!

MP3로 간편하게, 동영상으로 확실하게 학습하세요!

MP3 QR코드 서비스

MP3 다운로드 없이 50일 분량의
MP3를 바로 들으실 수 있습니다.

동영상 무료 강의 서비스

동영상 QR코드!

영상을 보며 사용빈도 순으로 중국어 한자를 학습하실 수 있습니다.
※ 현재 순차적으로 강의 업로드 중입니다.

도서구입 및 내용문의 **1600-3600**

관광 통역안내사

· 과목별 기본서
· 단기완성(종합본)

STEP 1 이론이 곧 기본이다!

많은 이론을 공부했는데 시험에서 전혀 나오지 않았다거나, 간혹 문제집만 풀고도 합격했다는 수험생들이 있지만 대부분 '운'으로 이루어지는 경우가 많습니다. 가장 기본적인 토대가 되는 이론을 꼼꼼하게 공부하세요. 토양을 잘 다져두면 어떤 것을 심어도 가꾸기가 수월해지는 법입니다.

· 관광통역안내사 필기+면접 용어상식사전

STEP 4 잠시 쉬어가고 싶을 때!

시험을 앞두고 마음이 심란할 때, 뭔가 더 공부해야 할 것 같은 불안감이 들 때, 술술 읽혀 내려가는 재미난 관광상식으로 쉬어가세요. 필기시험과 면접시험을 동시에 준비할 수도 있답니다.

· 50일 만에 끝내는 중국어 관광통역안내사 2차 면접
· 관광통역안내사 2차 면접 핵심기출 100제

STEP 5 합격의 마지막 관문, 2차 면접시험!

필기시험 후의 면접시험 준비는 시간싸움입니다. 따라서 가장 자주 출제되었던 100여 가지의 주제만을 엄선하여 모범답안을 수록하였습니다. 핵심기출을 참고하여, 나만의 새로운 문항과 모범답안을 만들어 보세요!

합격의 공식
시대에듀

쉬울 이 알 지
易知 新HSK에 자주 출제되는 **번체자**와 **간체자**를 한 번에!

중국어와 한자

쓰기노트

 (주)시대고시기획

易知 중국어와 한자

한자의 필순원칙

① 위에서 아래로 쓴다.

三 → 一 二 三

● 言, 亡, 立, 工, 宮, 客

② 왼쪽에서 오른쪽으로 쓴다.

川 → ノ 川 川

● 仙, 训, 州, 街, 班

③ 가로획과 세로획이 교차될 때는 가로획을 먼저 쓴다.

十 → 一 十

● 七, 木, 求, 才, 井, 古

④ 좌우의 획이 대칭이 될 때는 가운데를 먼저 쓰고 왼쪽, 오른쪽의 순서로 쓴다.

小 → ノ 小 小

● 水, 乐, 変, 幽, 业, 承

⑤ 사각형 모양은 세로획을 먼저 쓰고 가로획을 쓴다.

口 → ｜ 冂 冂 口

● 回, 田, 曲, 四, 申, 甲, 由

⑥ 둘러싼 모양의 글자는 바깥쪽을 먼저 쓴다.

国 → ｜ 冂 冂 冂 曰 囯 国 国 国

● 问, 用, 围, 风, 内, 再

⑦ 삐침(ノ)과 파임(乀)이 만날 때는 삐침을 먼저 쓰고 파임을 나중에 쓴다.

文 → 丶 亠 ナ 文

● 又, 大, 人, 父, 夏, 更

2

⑧ 글자의 한가운데를 꿰뚫는 획은 가장 나중에 쓴다.

事 → 一 厂 厂 厂 亖 亖 亖 亖 事

🖎 中, 手, 车, 申, 半, 笔

⑨ 전체 글자의 중간을 긋는 획은 가장 나중에 쓴다.

母 → ㄴ 口 口 母 母

🖎 女, 舟, 子, 冊, 每, 肅

⑩ 아래로 에운 획이나 '책받침(辶)', '민책받침(廴)'은 나중에 쓴다.

也 → 乛 也 也

🖎 世, 比, 造, 道, 近, 建, 廷, 延

⑪ 받침을 먼저 쓰는 경우

趣 → 一 十 土 キ ㅑ 非 走 走 赱 起 起 起 趄 趣 趣

🖎 起, 題, 勉, 匙

⑫ 위에서 아래로 에워 싼 획은 먼저 쓴다.

力 → フ 力

🖎 方, 刀

⑬ 오른쪽 위의 점과 중간 하단의 점 및 밑에 있는 점은 맨 나중에 찍는다.

成 → 一 厂 厂 成 成 成

🖎 代, 伐, 犬, 太, 武, 战, 式, 或

⑭ 삐침(丿)이 짧고 가로획(一)이 길면 삐침을 먼저 쓴다.

有 → 丿 ナ 冇 有 有 有

🖎 右, 布, 希

⑮ 삐침(丿)이 길고 가로획(一)이 짧으면 가로획을 먼저 쓴다.

左 → 一 ナ 广 左 左

🖎 友, 存, 在, 发

的				
de				
과녁 적				

的 的 的 的 的
de

一 一 一 一 一
yī

是 是 是 是 是
shì

在 在 在 在 在
zài

不 不 不 不 不
bù

一
yī
한 일

是
shì
옳을 시

在
zài
있을 재

不
bù
아니 불/부

了 瞭	了	了	了	了	了
le/liǎo 마칠 료	le/liǎo				

有	有	有	有	有	有
yǒu 있을 유	yǒu				

和	和	和	和	和	和
hé 화목할 화	hé				

人	人	人	人	人	人
rén 사람 인	rén				

这 這	这	这	这	这	这
zhè 이 저	zhè				

| 中 | 中 | 中 | 中 | 中 |

中
zhōng
가운데 중

zhōng

| 大 | 大 | 大 | 大 | 大 |

大
dà
큰 대

dà

| 为 爲 | 为 | 为 | 为 | 为 |

为 爲
wèi
할 위

wèi

| 上 | 上 | 上 | 上 | 上 |

上
shàng
위 상

shàng

| 个 個 | 个 | 个 | 个 | 个 |

个 個
gè
낱 개

gè

国	国	国	国	国
guó				

国 國
guó
나라 국

我	我	我	我	我
wǒ				

我
wǒ
나 아

以	以	以	以	以
yǐ				

以
yǐ
써 이

要	要	要	要	要
yào				

要
yào
중요할 요

他	他	他	他	他
tā				

他
tā
다를 타

| 时 | 时 | 时 | 时 | 时 |

时 時
shí
때 시

shí

| 来 | 来 | 来 | 来 | 来 |

来 來
lái
올 래

lái

| 用 | 用 | 用 | 用 | 用 |

用
yòng
쓸 용

yòng

| 们 | 们 | 们 | 们 | 们 |

们 們
men
들 문

men

| 生 | 生 | 生 | 生 | 生 |

生
shēng
날 생

shēng

到
dào
이를 도

到 到 到 到 到
dào

作
zuò
지을 작

作 作 作 作 作
zuò

地
de
땅 지

地 地 地 地 地
de

于 於
yú
어조사 우

于 于 于 于 于
yú

出
chū
날 출

出 出 出 出 出
chū

就	就	就	就	就

就
jiù
나아갈 취

分	分	分	分	分

分
fēn
나눌 분

对	对	对	对	对

对 對
duì
대답할 대

成	成	成	成	成

成
chéng
이룰 성

会	会	会	会	会

会 會
huì
모일 회

可	可	可	可	可	可
kě 옳을 가	kě				

主	主	主	主	主	主
zhǔ 주인 주	zhǔ				

发 發	发	发	发	发	发
fā 필 발	fā				

年	年	年	年	年	年
nián 해 년	nián				

动 動	动	动	动	动	动
dòng 움직일 동	dòng				

11

同	同	同	同	同

tóng

同
tóng
같을 동

工	工	工	工	工

gōng

工
gōng
장인 공

也	也	也	也	也

yě

也
yě
뱀/어조사 야

能	能	能	能	能

néng

能
néng
능할 능

下	下	下	下	下

xià

下
xià
아래 하

过 過
guò
지날 과

过　过　过　过　过
guò

子
zǐ
아들 자

子　子　子　子　子
zǐ

说 說
shuō
말씀 설

说　说　说　说　说
shuō

产 産
chǎn
낳을 산

产　产　产　产　产
chǎn

种 種
zhǒng
씨 종

种　种　种　种　种
zhǒng

面 麵	面	面	面	面	面
miàn 얼굴/밀가루 면	miàn				

而	而	而	而	而	而
ér 말이을 이	ér				

方	方	方	方	方	方
fāng 모 방	fāng				

后 後	后	后	后	后	后
hòu 왕후/뒤 후	hòu				

多	多	多	多	多	多
duō 많을 다	duō				

定	定	定	定	定
dìng				

定
dìng
정할 정

行	行	行	行	行
xíng				

行
xíng
다닐 행

学	学	学	学	学
xué				

学 學
xué
배울 학

法	法	法	法	法
fǎ				

法
fǎ
법 법

所	所	所	所	所
suǒ				

所
suǒ
바 소/곳 소

民	民	民	民	民

民
mín
백성 민

得	得	得	得	得

得
dé
얻을 득

经	经	经	经	经

经 經
jīng
지날 경

十	十	十	十	十

十
shí
열 십

三	三	三	三	三

三
sān
석 삼

只 祗	只	只	只	只	只
zhǐ 다만 지	zhǐ				

进 進	进	进	进	进	进
jìn 나아갈 진	jìn				

着 着	着	着	着	着	着
zhe/zháo 붙을 착	zhe/zháo				

等	等	等	等	等	等
děng 무리 등	děng				

部	部	部	部	部	部
bù 나눌 부	bù				

17

度	度	度	度	度

度
dù
법도 도

家	家	家	家	家

家
jiā
집 가

电	电	电	电	电

电 電
diàn
번개 전

力	力	力	力	力

力
lì
힘 력

里	里	里	里	里

里 裏
lǐ
속/마을 리

如	如	如	如	如
rú				

如 rú 같을 여

水	水	水	水	水
shuǐ				

水 shuǐ 물 수

化	化	化	化	化
huà				

化 huà 될 화

高	高	高	高	高
gāo				

高 gāo 높을 고

自	自	自	自	自
zì				

自 zì 스스로 자

二 èr 두 이	二	二	二	二	二
理 lǐ 다스릴 리	理	理	理	理	理
起 qǐ 일어날 기	起	起	起	起	起
小 xiǎo 작을 소	小	小	小	小	小
物 wù 물건 물	物	物	物	物	物

现現	现	现	现	现	现
xiàn 나타날 현	xiàn				

实實	实	实	实	实	实
shí 열매 실	shí				

加	加	加	加	加	加
jiā 더할 가	jiā				

量	量	量	量	量	量
liàng 분량 량	liàng				

都都	都	都	都	都	都
dōu 모두 도	dōu				

| 两 | 兩 | liǎng | 두 량 |

| 两 | 两 | 两 | 两 | 两 |
| liǎng | | | | |

| 体 | 體 | tǐ | 몸 체 |

| 体 | 体 | 体 | 体 | 体 |
| tǐ | | | | |

| 制 | 製 | zhì | 지을 제 |

| 制 | 制 | 制 | 制 | 制 |
| zhì | | | | |

| 机 | 機 | jī | 틀/기계 기 |

| 机 | 机 | 机 | 机 | 机 |
| jī | | | | |

| 当 | 當 | dāng | 마땅할 당 |

| 当 | 当 | 当 | 当 | 当 |
| dāng | | | | |

| 使 | | | | |
| shǐ 하여금 사 | 使 shǐ | 使 | 使 | 使 使 |

| 点 點 | | | | |
| diǎn 점 점 | 点 diǎn | 点 | 点 | 点 点 |

| 从 從 | | | | |
| cóng 좇을 종 | 从 cóng | 从 | 从 | 从 从 |

| 业 業 | | | | |
| yè 업 업 | 业 yè | 业 | 业 | 业 业 |

| 本 | | | | |
| běn 근본 본 | 本 běn | 本 | 本 | 本 本 |

去
qù
갈 거

把
bǎ
잡을 파

性
xìng
성품 성

好
hǎo/hào
좋을/좋아할 호

应 應
yīng/yìng
응할 응

去　去　去　去　去
qù

把　把　把　把　把
bǎ

性　性　性　性　性
xìng

好　好　好　好　好
hǎo/hào

应　应　应　应　应
yīng/yìng

开	开	开	开	开
kāi				

开 開
kāi
열 개

它	它	它	它	它
tā				

它 牠
tā
그것/다를 타

合	合	合	合	合
hé				

合
hé
합할 합

还	还	还	还	还
hái/huán				

还 還
hái/huán
다시/돌아올 환

因	因	因	因	因
yīn				

因
yīn
인할 인

由				
yóu				

由
yóu
말미암을 유

其	其	其	其	其
qí				

其
qí
그 기

些	些	些	些	些
xiē				

些
xiē
적을 사

然	然	然	然	然
rán				

然
rán
그럴 연

前	前	前	前	前
qián				

前
qián
앞 전

外 wài 바깥 외	外 wài	外	外	外	外
天 tiān 하늘 천	天 tiān	天	天	天	天
政 zhèng 정사 정	政 zhèng	政	政	政	政
四 sì 넉 사	四 sì	四	四	四	四
日 rì 날 일	日 rì	日	日	日	日

那 nà 저 나/어찌 나	那 nà	那	那	那	那
社 社 shè 모일 사	社 shè	社	社	社	社
义 義 yì 옳을 의	义 yì	义	义	义	义
事 shì 일 사	事 shì	事	事	事	事
平 平 píng 평평할 평	平 píng	平	平	平	平

形				

形
xíng
모양 형

xíng

相				

相
xiāng
서로 상

xiāng

全				

全
quán
온전할 전

quán

表				

表
biǎo
겉 표

biǎo

间				

间 間
jiān
사이 간

jiān

样 樣	样	样	样	样	样
yàng 모양 양	yàng				

与 與	与	与	与	与	与
yǔ/yù 더불/줄 여	yǔ/yù				

又	又	又	又	又	又
yòu 또 우	yòu				

各	各	各	各	各	各
gè 각각 각	gè				

重	重	重	重	重	重
zhòng 무거울 중	zhòng				

新
xīn
새 신

新 新 新 新 新
xīn

线 線
xiàn
줄 선

线 线 线 线 线
xiàn

内
nèi
안 내

内 内 内 内 内
nèi

数 數
shù
셈 수

数 数 数 数 数
shù

正
zhèng
바를 정

正 正 正 正 正
zhèng

心 xīn 마음 심	心	心	心	心	心
反 fǎn 돌이킬 반	反	反	反	反	反
你 nǐ 너 니	你	你	你	你	你
明 míng 밝을 명	明	明	明	明	明
看 kàn 볼 간	看	看	看	看	看

原	原	原	原	原

原
yuán
언덕 원

yuán

关	关	关	关	关

关 關
guān
빗장 관

guān

么	么	么	么	么

么 麼
me
그런가 마

me

利	利	利	利	利

利
lì
날카로울 리

lì

比	比	比	比	比

比
bǐ
견줄 비

bǐ

或	或	或	或	或

或
huò
혹 혹

但	但	但	但	但

但
dàn
다만 단

质	质	质	质	质

质 質
zhì
바탕 질

气	气	气	气	气

气 氣
qì
기운 기

第	第	第	第	第

第
dì
차례 제

向 xiàng 향할 향	向	向	向	向	向
道道 dào 길 도	道	道	道	道	道
命 mìng 목숨 명	命	命	命	命	命
此 cǐ 이 차	此	此	此	此	此
变變 biàn 변할 변	变	变	变	变	变

条 條 tiáo 가지 조	条 tiáo	条	条	条	条
只 隻 zhǐ 하나 척	只 zhǐ	只	只	只	只
没 沒 méi 없을 몰	没 méi	没	没	没	没
结 結 jié 맺을 결	结 jié	结	结	结	结
解 解 jiě 풀 해	解 jiě	解	解	解	解

问 問 wèn 물을 문	问	问	问	问	问
	wèn				
意 yì 뜻 의	意	意	意	意	意
	yì				
建 jiàn 세울 건	建	建	建	建	建
	jiàn				
月 yuè 달 월	月	月	月	月	月
	yuè				
公 gōng 공평할 공	公	公	公	公	公
	gōng				

无 無	无	无	无	无	无
wú 없을 무	wú				

系 繫	系	系	系	系	系
xì 맬 계	xì				

军 軍	军	军	军	军	军
jūn 군사 군	jūn				

很	很	很	很	很	很
hěn 매우 흔	hěn				

情 情	情	情	情	情	情
qíng 뜻 정	qíng				

者 者
zhě
놈 자

者	者	者	者	者
zhě				

最
zuì
가장 최

最	最	最	最	最
zuì				

立
lì
설 립

立	立	立	立	立
lì				

代
dài
대신할 대

代	代	代	代	代
dài				

想
xiǎng
생각할 상

想	想	想	想	想
xiǎng				

已 yǐ 이미 이	已	已	已	已	已
通 通 tōng 통할 통	通	通	通	通	通
并 竝 bìng 아우를/나란히 병	并	并	并	并	并
提 tí 끌 제	提	提	提	提	提
直 直 zhí 곧을 직	直	直	直	直	直

題 題	題	題	題	題	題
tí	tí				
제목 제					

党 黨	党	党	党	党	党
dǎng	dǎng				
무리 당					

程	程	程	程	程	程
chéng	chéng				
한도 정					

展	展	展	展	展	展
zhǎn	zhǎn				
펼 전					

五	五	五	五	五	五
wǔ	wǔ				
다섯 오					

果 guǒ 열매 과	果 guǒ	果	果	果	果
料 liào 헤아릴 료	料 liào	料	料	料	料
象 xiàng 코끼리 상	象 xiàng	象	象	象	象
员 員 yuán 인원 원	员 yuán	员	员	员	员
革 gé 가죽 혁	革 gé	革	革	革	革

位
wèi
자리 위

位 位 位 位 位
wèi

入
rù
들 입

入 入 入 入 入
rù

常
cháng
항상 상

常 常 常 常 常
cháng

文
wén
글월 문

文 文 文 文 文
wén

总 總
zǒng
거느릴 총

总 总 总 总 总
zǒng

次				

次
cì
버금 차

品
pǐn
물건 품

式
shì
법 식

活
huó
살 활

设 設
shè
베풀 설

次 cì

品 pǐn

式 shì

活 huó

设 shè

及
jí
미칠 급

及 及 及 及 及
jí

管
guǎn
대롱 관

管 管 管 管 管
guǎn

特
tè
특별할 특

特 特 特 特 特
tè

件
jiàn
물건 건

件 件 件 件 件
jiàn

长 長
cháng
길 장

长 长 长 长 长
cháng

求	求	求	求	求

求
qiú
구할 구

老	老	老	老	老

老
lǎo
늙을 로

头	头	头	头	头

头 頭
tóu
머리 두

基	基	基	基	基

基
jī
터 기

资	资	资	资	资

资 資
zī
재물 자

边 邊
biān
가 변

边 边 边 边 边
biān

流
liú
흐를 류

流 流 流 流 流
liú

路
lù
길 로

路 路 路 路 路
lù

级 級
jí
등급 급

级 级 级 级 级
jí

少
shǎo
적을 소

少 少 少 少 少
shǎo

图圖	图	图	图	图	图
tú 그림 도	tú				

山	山	山	山	山	山
shān 메 산	shān				

统統	统	统	统	统	统
tǒng 거느릴 통	tǒng				

接	接	接	接	接	接
jiē 접할 접	jiē				

知	知	知	知	知	知
zhī 알 지	zhī				

较 較 jiào 견줄 교	较	较	较	较	较
jiào					

长 長 zhǎng 어른 장	长	长	长	长	长
zhǎng					

将 將 jiāng 장수/장차 장	将	将	将	将	将
jiāng					

组 組 zǔ 짤 조	组	组	组	组	组
zǔ					

见 見 jiàn 볼 견	见	见	见	见	见
jiàn					

| 计 計 | 计 | 计 | 计 | 计 | 计 |
| jì 셀 계 | ji | | | | |

| 別 | 別 | 別 | 別 | 別 | 別 |
| bié 다를 별 | bié | | | | |

| 她 | 她 | 她 | 她 | 她 | 她 |
| tā 그녀 **타**/아가씨 저 | tā | | | | |

| 手 | 手 | 手 | 手 | 手 | 手 |
| shǒu 손 수 | shǒu | | | | |

| 角 角 | 角 | 角 | 角 | 角 | 角 |
| jiǎo 뿔 각 | jiǎo | | | | |

期	期	期	期	期

期
qī
기약할 기

根	根	根	根	根

根
gēn
뿌리 근

论	论	论	论	论

论 論
lùn
논할 론

运	运	运	运	运

运 運
yùn
옮길 운

农	农	农	农	农

农 農
nóng
농사 농

指 zhǐ 가리킬 지	指 zhǐ	指	指	指	指
几 幾 jǐ 몇 기	几 jǐ	几	几	几	几
九 jiǔ 아홉 구	九 jiǔ	九	九	九	九
区 區 qū 구분할 구	区 qū	区	区	区	区
强 強 qiáng 강할 강	强 qiáng	强	强	强	强

放 fàng 놓을 방	放	放	放	放	放
决 决 jué 결단할 결	决	决	决	决	决
西 xī 서녘 서	西	西	西	西	西
被 bèi 입을 피	被	被	被	被	被
干 乾 gān 방패 간/ 하늘/마를 건	干	干	干	干	干

做	做	做	做	做

做
zuò
지을 주

必	必	必	必	必

必
bì
반드시 필

战	战	战	战	战

战 戰
zhàn
싸움 전

先	先	先	先	先

先
xiān
먼저 선

回	回	回	回	回

回
huí
돌 회

则	则	则	则	则

则 則
zé
법칙 칙

则 zé

任	任	任	任	任

任
rèn
맡길 임

任 rèn

取	取	取	取	取

取
qǔ
취할 취

取 qǔ

据	据	据	据	据

据 據
jù
의지할 거

据 jù

处	处	处	处	处

处 處
chǔ/chù
곳 처

处 chǔ/chù

队 隊	队	队	队	队	队
duì 대오 대	duì				

南	南	南	南	南	南
nán 남녘 남	nán				

给 給	给	给	给	给	给
gěi 줄 급	gěi				

色	色	色	色	色	色
sè 빛 색	sè				

光	光	光	光	光	光
guāng 빛 광	guāng				

门 門
mén
문 문

门
mén

即 卽
jí
곧 즉

即
jí

保
bǎo
지킬 보

保
bǎo

治
zhì
다스릴 치

治
zhì

北
běi
북녘 북

北
běi

造 造
zào
지을 조

造

百
bǎi
일백 백

百

规 規
guī
법 규

规

热 熱
rè
더울 열

热

领 領
lǐng
거느릴 령

领

七	七	七	七	七
qī				

海	海	海	海	海
hǎi				

地	地	地	地	地
dì				

口	口	口	口	口
kǒu				

东	东	东	东	东
dōng				

七
qī
일곱 칠

海
hǎi
바다 해

地
dì
땅 지

口
kǒu
입 구

东 東
dōng
동녘 동

| 导 導 | 导 | 导 | 导 | 导 | 导 |
| dǎo
이끌 도 | dǎo | | | | |

| 器 | 器 | 器 | 器 | 器 | 器 |
| qì
그릇 기 | qì | | | | |

| 压 壓 | 压 | 压 | 压 | 压 | 压 |
| yā
누를 압 | yā | | | | |

| 志 | 志 | 志 | 志 | 志 | 志 |
| zhì
뜻 지 | zhì | | | | |

| 世 | 世 | 世 | 世 | 世 | 世 |
| shì
인간 세 | shì | | | | |

金	金	金	金	金
jīn				

金
jīn
쇠 금

增	增	增	增	增
zēng				

增
zēng
더할 증

争	争	争	争	争
zhēng				

争 爭
zhēng
다툴 쟁

济	济	济	济	济
jì				

济 濟
jì
건널 제

阶	阶	阶	阶	阶
jiē				

阶 階
jiē
섬돌 계

油	油	油	油	油
yóu				

油
yóu
기름 유

思	思	思	思	思
sī				

思
sī
생각할 사

术	术	术	术	术
shù				

术 術
shù
재주 술

极	极	极	极	极
jí				

极 極
jí
다할 극

交	交	交	交	交
jiāo				

交
jiāo
사귈 교

受
shòu
받을 수

受 受 受 受 受
shòu

联 聯
lián
잇달 련

联 联 联 联 联
lián

什 甚
shén
세간 집/열사람 십
/심할 심

什 什 什 什 什
shén

认 認
rèn
알 인

认 认 认 认 认
rèn

六
liù
여섯 육

六 六 六 六 六
liù

共 gòng 함께 공	共 gòng	共	共	共	共
权 權 quán 권세 권	权 quán	权	权	权	权
收 shōu 거둘 수	收 shōu	收	收	收	收
证 證 zhèng 증명할 증	证 zhèng	证	证	证	证
改 gǎi 고칠 개	改 gǎi	改	改	改	改

清 清
qīng
맑을 청

己
jǐ
몸 기

美
měi
아름다울 미

再
zài
다시 재

采
cǎi
캘 채

| 清 | 清 | 清 | 清 | 清 |
qīng

| 己 | 己 | 己 | 己 | 己 |
jǐ

| 美 | 美 | 美 | 美 | 美 |
měi

| 再 | 再 | 再 | 再 | 再 |
zài

| 采 | 采 | 采 | 采 | 采 |
cǎi

转 轉
zhuǎn/zhuàn
구를 전

| 转 | 转 | 转 | 转 | 转 |

更
gèng/gēng
다시 갱/고칠 경

| 更 | 更 | 更 | 更 | 更 |

单 單
dān
홑 단

| 单 | 单 | 单 | 单 | 单 |

风 風
fēng
바람 풍

| 风 | 风 | 风 | 风 | 风 |

切
qiè/qiē
끊을 절

| 切 | 切 | 切 | 切 | 切 |

打 dǎ 칠 타	打	打	打	打	打

打
dǎ

白 bái 흰 백	白	白	白	白	白

白
bái

教 教 jiào 가르칠 교	教	教	教	教	教

教
jiào

速 速 sù 빠를 속	速	速	速	速	速

速
sù

花 huā 꽃 화	花	花	花	花	花

花
huā

带 带 dài 띠 대	带 dài	带	带	带	带
安 ān 편안할 안	安 ān	安	安	安	安
场 場 chǎng 마당 장	场 chǎng	场	场	场	场
身 shēn 몸 신	身 shēn	身	身	身	身
车 車 chē 수레 거/차	车 chē	车	车	车	车

例
lì
법식 례

真 眞
zhēn
참 진

务 務
wù
힘쓸 무

具
jù
갖출 구

万 萬
wàn
일만 만

例 例 例 例 例
lì

真 真 真 真 真
zhēn

务 务 务 务 务
wù

具 具 具 具 具
jù

万 万 万 万 万
wàn

69

每	每	每	每	每
měi				

每
měi
매양 매

目	目	目	目	目
mù				

目
mù
눈 목

至	至	至	至	至
zhì				

至
zhì
이를 지

达	达	达	达	达
dá				

达 達
dá
통달할 달

走	走	走	走	走
zǒu				

走
zǒu
달릴 주

积 积	积	积	积	积
jī				
쌓을 적				

示 示	示	示	示	示
shì				
보일 시				

议 议	议	议	议	议
yì				
의논할 의				

声 声	声	声	声	声
shēng				
소리 성				

报 报	报	报	报	报
bào				
알릴/갚을 보				

积 積
jī
쌓을 적

示
shì
보일 시

议 議
yì
의논할 의

声 聲
shēng
소리 성

报 報
bào
알릴/갚을 보

斗 鬪
dòu
말 두/싸움 투

斗　斗　斗　斗　斗
dòu

完
wán
완전할 완

完　完　完　完　完
wán

类 類
lèi
무리 류

类　类　类　类　类
lèi

八
bā
여덟 팔

八　八　八　八　八
bā

离 離
lí
떠날 리

离　离　离　离　离
lí

华 華	华	华	华	华	华
huá	huá				
빛날 화					

名	名	名	名	名	名
míng	míng				
이름 명					

确 確	确	确	确	确	确
què	què				
굳을 확					

才	才	才	才	才	才
cái	cái				
재주/겨우 재					

科	科	科	科	科	科
kē	kē				
과목 과					

张 張 zhāng 베풀 장	张 zhāng	张	张	张	张
信 xìn 믿을 신	信 xìn	信	信	信	信
马 馬 mǎ 말 마	马 mǎ	马	马	马	马
节 節 jié 마디 절	节 jié	节	节	节	节
话 話 huà 말할 화	话 huà	话	话	话	话

米	米	米	米	米
mǐ				

米
mǐ
쌀 미

整	整	整	整	整
zhěng				

整
zhěng
가지런할 정

空	空	空	空	空
kōng				

空
kōng
빌 공

元	元	元	元	元
yuán				

元
yuán
으뜸 원

況	況	況	況	況
kuàng				

況 況
kuàng
상황 황

今	今	今	今	今
jīn				
이제 금				

集	集	集	集	集
jí				
모일 집				

温 溫	温	温	温	温	温
wēn				
따뜻할 온				

传 傳	传	传	传	传	传
chuán				
전할 전				

土	土	土	土	土	土
tǔ				
흙 토				

许 許
xǔ
허락할 허

许 xǔ

步
bù
걸을 보

步 bù

群
qún
무리 군

群 qún

广 廣
guǎng
넓을 광

广 guǎng

石
shí
돌 석

石 shí

记 記 jì 기록할 기	记 jì	记	记	记	记
需 xū 구할 수	需 xū	需	需	需	需
段 duàn 층계 단	段 duàn	段	段	段	段
研 研 yán 갈 연	研 yán	研	研	研	研
界 jiè 지경 계	界 jiè	界	界	界	界

拉
lā
끌 랍

拉	拉	拉	拉	拉
lā				

林
lín
수풀 림

林	林	林	林	林
lín				

律
lǜ
법칙 률

律	律	律	律	律
lǜ				

叫
jiào
부르짖을 규

叫	叫	叫	叫	叫
jiào				

且
qiě
또 차

且	且	且	且	且
qiě				

| 究 究 究 究 究 |
| jiū |

究
jiū
연구할 구

| 观 观 观 观 观 |
| guān |

观 觀
guān
볼 관

| 越 越 越 越 越 |
| yuè |

越
yuè
넘을 월

| 织 织 织 织 织 |
| zhī |

织 織
zhī
짤 직

| 装 装 装 装 装 |
| zhuāng |

装 裝
zhuāng
꾸밀 장

影
yǐng
그림자 영

影 影 影 影 影
yǐng

算
suàn
셈 산

算 算 算 算 算
suàn

低
dī
낮을 저

低 低 低 低 低
dī

持
chí
가질 지

持 持 持 持 持
chí

音
yīn
소리 음

音 音 音 音 音
yīn

众 衆
zhòng
무리 중

众
zhòng

书 書
shū
글 서

书
shū

布
bù
베 포

布
bù

复 復
fù
돌아올 복/다시 부

复
fù

容
róng
얼굴 용

容
róng

儿兒	儿	儿	儿	儿	儿
ér 아이 아	ér				

须須	须	须	须	须	须
xū 모름지기 수	xū				

际際	际	际	际	际	际
jì 사이/끝 제	jì				

商	商	商	商	商	商
shāng 장사할 상	shāng				

非	非	非	非	非	非
fēi 아닐 비	fēi				

验 驗
yàn
시험할 험

验	验	验	验	验
yàn				

连 連
lián
잇닿을 련

连	连	连	连	连
lián				

断 斷
duàn
끊을 단

断	断	断	断	断
duàn				

深
shēn
깊을 심

深	深	深	深	深
shēn				

难 難
nán
어려울 난

难	难	难	难	难
nán				

近近
jìn
가까울 근

近 jìn

矿鑛
kuàng
쇳돌 광

矿 kuàng

千
qiān
일천 천

千 qiān

周週
zhōu
두루/돌 주

周 zhōu

委
wěi
맡길 위

委 wěi

素	素	素	素	素

素
sù
흴 소

技	技	技	技	技

技
jì
재주 기

备	备	备	备	备

备 備
bèi
갖출 비

半	半	半	半	半

半 半
bàn
절반 반

办	办	办	办	办

办 辦
bàn
힘쓸 판

青 靑
qīng
푸를 청

青
qīng

省
shěng
살필 성

省
shěng

列
liè
벌일 렬

列
liè

习 習
xí
익힐 습

习
xí

响 響
xiǎng
울릴 향

响
xiǎng

约 約 yuē 맺을 약	约 yuē	约	约	约	约
支 zhī 가지 지	支 zhī	支	支	支	支
般 bān 일반/옮길 반	般 bān	般	般	般	般
史 shǐ 역사 사	史 shǐ	史	史	史	史
感 gǎn 느낄 감	感 gǎn	感	感	感	感

劳 勞
láo
일할 로

便
biàn
편할 편

团 團
tuán
둥글 단

往
wǎng
갈 왕

酸
suān
실 산

劳 劳 劳 劳 劳
láo

便 便 便 便
biàn

团 团 团 团
tuán

往 往 往 往
wǎng

酸 酸 酸 酸
suān

历 历 力	历	历	历	历
历 歷 lì 지낼 력	lì			

市	市	市	市	市
市 shì 저자 시	shì			

克	克	克	克	克
克 kè 이길 극	kè			

何	何	何	何	何
何 hé 어찌 하	hé			

除	除	除	除	除
除 chú 덜 제	chú			

消 消
xiāo
사라질 소

构 構
gòu
얽을 구

府
fǔ
곳집 부

称 稱
chēng
일컬을 칭

太
tài
클 태

消 | 消 | 消 | 消 | 消
xiāo

构 | 构 | 构 | 构 | 构
gòu

府 | 府 | 府 | 府 | 府
fǔ

称 | 称 | 称 | 称 | 称
chēng

太 | 太 | 太 | 太 | 太
tài

准 準
zhǔn
법도 준

| 准 | 准 | 准 | 准 | 准 |
zhǔn

精 精
jīng
깨끗할 정

| 精 | 精 | 精 | 精 | 精 |
jīng

值 值
zhí
값 치

| 值 | 值 | 值 | 值 | 值 |
zhí

号 號
hào
이름 호

| 号 | 号 | 号 | 号 | 号 |
hào

率
lǜ/shuài
비율 률/거느릴 솔

| 率 | 率 | 率 | 率 | 率 |
lǜ/shuài

族 zú 겨레 족	族 zú	族	族	族
维 維 wéi 맬 유	维 wéi	维	维	维
划 劃 huá/huà 그을 획	划 huá/huà	划	划	划
选 選 xuǎn 가릴 선	选 xuǎn	选	选	选
标 標 biāo 표할 표	标 biāo	标	标	标

写寫
xiě
베낄 사

写	写	写	写	写
xiě				

存
cún
있을 존

存	存	存	存	存
cún				

候
hòu
기후 후

候	候	候	候	候
hòu				

毛
máo
털 모

毛	毛	毛	毛	毛
máo				

亲親
qīn
어버이/친할 친

亲	亲	亲	亲	亲
qīn				

| 快 | 快 | 快 | 快 | 快 |
| kuài | | | | |

快
kuài
쾌할 쾌

| 效 | 效 | 效 | 效 | 效 |
| xiào | | | | |

效
xiào
본받을 효

| 斯 | 斯 | 斯 | 斯 | 斯 |
| sī | | | | |

斯
sī
이 사

| 院 | 院 | 院 | 院 | 院 |
| yuàn | | | | |

院
yuàn
집 원

| 查 | 查 | 查 | 查 | 查 |
| chá | | | | |

查
chá
조사할 사

江	江	江	江	江
jiāng				

江 jiāng 강 강

型	型	型	型	型
xíng				

型 xíng 본보기 형

眼	眼	眼	眼	眼
yǎn				

眼 yǎn 눈 안

王	王	王	王	王
wáng				

王 wáng 임금 왕

按	按	按	按	按
àn				

按 àn 누를 안

格 gé	格	格	格	格

格
gé
격식 격

养 yǎng	养	养	养	养

养 養
yǎng
기를 양

易 yì	易	易	易	易

易
yì
바꿀 역/쉬울 이

置 zhì	置	置	置	置

置 置
zhì
둘 치

派 pài	派	派	派	派

派
pài
갈래 파

层層	层	层	层	层	层
céng 층 층	céng				

片	片	片	片	片	片
piàn 조각 편	piàn				

始	始	始	始	始	始
shǐ 처음 시	shǐ				

却	却	却	却	却	却
què 물리칠 각	què				

专專	专	专	专	专	专
zhuān 오로지 전	zhuān				

状	状	状	状	状

状状
zhuàng
모양 상/문서 장

zhuàng

育	育	育	育	育

育
yù
기를 육

yù

厂	厂	厂	厂	厂

厂廠
chǎng
헛간 창

chǎng

京	京	京	京	京

京
jīng
서울 경

jīng

识	识	识	识	识

识識
shí
알 식

shí

适 適	适	适	适	适	适
shì 맞을 적	shì				

属 屬	属	属	属	属	属
shǔ 붙일 속	shǔ				

圆 圓	圆	圆	圆	圆	圆
yuán 둥글 원	yuán				

包	包	包	包	包	包
bāo 쌀 포	bāo				

火	火	火	火	火	火
huǒ 불 화	huǒ				

住	住	住	住	住

住
zhù
살 주

调	调	调	调	调

调 調
diào
조사할 조

满	满	满	满	满

满 滿
mǎn
가득찰 만

县	县	县	县	县

县 縣
xiàn
고을 현

局	局	局	局	局

局
jú
판/부분 국

照 zhào 비칠 조	照 zhào	照	照	照	照
参 参 cān 참여할 참	参 cān	参	参	参	参
红 紅 hóng 붉을 홍	红 hóng	红	红	红	红
细 細 xì 가늘 세	细 xì	细	细	细	细
引 yǐn 끌 인	引 yǐn	引	引	引	引

听 聽 tīng 들을 청	听 tīng	听	听	听	听
该 該 gāi 마땅히 해	该 gāi	该	该	该	该
铁 鐵 tiě 쇠 철	铁 tiě	铁	铁	铁	铁
价 價 jià 값 가	价 jià	价	价	价	价
严 嚴 yán 엄할 엄	严 yán	严	严	严	严

자격증 / 공무원 / 취업까지 Best 온라인 강의 제공
www.sdedu.co.kr

Begin
Again

여기서 멈출 거예요?
고지가 바로 눈앞에 있어요.
마지막 한 걸음까지 시대에듀가 함께할게요!

易知
중국어와 한자

합 격 ROADMAP

도서 및 동영상 강의 안내

www. **sdedu** .co.kr **1600-3600**

· 1,000문제로 끝내기
· 최종모의고사

STEP 2 문제를 풀어야 합격이 풀린다!

방대한 범위 때문에 이론 공부를 끝내고도 가장 찜찜한 과목이 바로 관광국사와 관광자원해설입니다. 하지만 의외로 단순하고 반복되어 출제되는 문제가 많기 때문에 문제집 한 권만 복습해도 시험장에서 답이 보이는 경우가 많습니다. 만약 네 과목이 모두 걱정된다면 종합 문제집인 관광통역안내사 최종모의고사를 추천합니다.

· 기출이 답이다 관광통역안내사 1차 필기

STEP 3 마무리는 기출문제로!

두말하면 잔소리! 기출문제는 반드시 풀고 가야하는 필수 코스입니다. 더 없이 상세하고 꼼꼼한 해설과 함께 총 10회분으로 최多 수록되어 있는 기출문제집을 통해 반복적으로 출제되는 핵심 내용들을 시험 전 꼭 짚고 넘어가세요!

· Wanna be(워너비) 관광통역안내사

STEP 6 최종 합격 그 후, 지금부터는 실전이다!

막연하게 관광통역안내사를 꿈꾸는 수험생과 갓 자격증을 취득한 초보 관광통역안내사들을 위해 일자리를 찾는 비결, 실무과정, 언어별 관광객·가이드의 특징, 11명의 현직자 인터뷰 등을 가득 담았습니다. 현직 관광통역안내사인 저자가 어디에서도 들을 수 없었던 가감 없는 이야기와 함께 실무 Tip, 노하우를 독자님들께 알려드립니다.

※ **본 도서의 세부구성 및 이미지는 변동될 수 있습니다.**

매력만점
꿀!팁

관광종사원 **합격**을 위한 **최고의 선택!**
시대에듀 온라인 강의로 합격을 준비하세요.

빠른 합격을 위한 최적의 구성!
단계별 학습 커리큘럼

1.

기본이론
체계적인 이론 학습으로
기본개념을 확실하게
수립하는 단계

2.

문제풀이
단계별 중요문제로
실력을 배양하는 단계

3.

핵심요약
전 범위 중요내용을
복습으로 점검하는 단계

4.

기출문제
기출해설 특강을 통해
출제경향 및 문제유형
파악하는 단계

합격에 꼭! 필요한 내용만 담았습니다.